KB089893

진실의 문 2
조선식민지 고대일본
한일 고대사 바로 잡기

조선식민지 고대일본

초판인쇄 | 2014년 6월 5일
초판발행 | 2014년 6월 5일

저   자 | 이선배
발 행 인 | 예영수
발 행 처 | 엠북스
출판등록 | 2008년 10월 1일

주   소 | 448-533 경기도 용인시 수지구 신봉2로 26, 108-504
전   화 | 031) 263-6511, 010-5474-6591
팩   스 | 031) 266-0810

값 15,000원

ISBN 978-89-97883-09-7 93910

ⓒ 판권 저자 소유
이 책은 일부분이라도 저자의 허락 없이는 무단복제 할 수 없습니다.
Printed in Korea

진실의 문 2

조선식민지 고대일본

한일 고대사 바로 잡기

이선배 지음

엠북스

고대 일본은 조선의 식민지였음을
밝힌 역사적인 귀중한 책

예영수 박사

미국 Oregon 대학 Ph. D.
영문학, 신학, 교육학 박사
전 한신대학교 대학원장

    이선배 선생님의 『조선식민지 고대일본』은 고대 일본이 조선의 식민지였음을 극명하게 밝힌 역사적인 책자임이 분명하다. 한일 고대역사에 대한 정확한 인식을 위해 많은 사람들이 필히 읽어야 할 귀중한 책이다.

    일제강점기에 대한 일본 정부 차원의 역사 왜곡·망언이 근래 우리의 귀를 어지럽히고 있는 와중에, 원로 건축가 이선배 선생님의 『조선식민지 고대일본』을 되풀이 읽고 잔잔한 감동과 동시에 놀라움을 금할 수가 없다. 일제의 학정을 직접 겪은 80-90세대들에게 악몽 같은 당시의 기억들은 잊히지 않는 트라우마Trauma로 몸서리치면서도 막상 구체적으로 그 망언들을 합당한 입증자료를 찾아내 논리정연하게 비판하기는 쉬운 일이 아니다. 여태껏 그러한 저서를 접한 기억이 별로 없는 것 같다.

다방면에 박식하신 이선배 선생님은 역사 전문가 못지않은 혜안과 끈기로, 다년간의 산고 끝에 마침내 이 한 권을 시의 적절한 시기에 탄생시키신 것을 진심으로 경하하는 바이다.

비단 노년층의 절실함은 아니더라도, 막상 일본의 역사 망언이 전파를 타면 노소老少 막론하고 온 국민이 울분을 쏟아내지만, 그 어떤 속 시원한 반박이 뒤따르지 않는 것이 현실이다. 정부 차원의 더 강력한 논리적 대응은 없을까? 한마디로 그 답은 이선배 선생님의 『조선식민지 고대일본』에서 찾을 수 있을 것 같은 생각이 든다. 고대 일본이 조선의 식민지였다는 주장은 비단 이 선생님뿐 아니라, 식자 간에 오래 전부터 있었던 이야기다. 하지만 유감스럽게도 그것을 이론적으로 입증을 시도한 역사학자가 이제까지 누구하나 나오지 않았던 것이다.

이 선생님은 일찍이 수학을 전공하시고, 영어와 한문과 일본말에 능통하시며, 독학으로 건축 설계를 본업으로 삼았던 특이한 경력을 갖고 계신 분이시다. 일제강점기에는 초등학교를 마치자, 바로 일본인 회사에 급사로 취직, 일제의 학정을 뼈저리게 체험한 마지막 세대로, 일본 정부의 역사 왜곡이나 망언을 도저히 그냥 지나치실 수가 없었던 것으로 보인다.

이 선생님은 획기적인 이론으로, 역사학자들이 기존 역사관에 억매여 미처 넘지 못했던 한계를 건너뛰어 새로운 경지에 도달하신 것 같다. 『일본서기』 "삼한정벌설"의 원문을 하나하나 인용하여 그 허구성을 철저히 파헤치셨을 뿐 아니라, 고대 일본의 유일한 역사 기록 사료史料인 중국의 사서史書를 근거 삼아, 왜국이 조선의 식민지였음을 설득력 있게 극명히 밝혀내신 것이다. 일본 역사교과서에 기재된 "왜병 조선남부 침공, 식민지적 거점 확보·지배" 등등의 전혀 근거 없는 허구적 내용과는 비교될 수 없이 논리적이며 실재적인, 역사적 현실감이 넘치는 이론이라고 단언할 수 있다.

일본정부가 역사교과서 허위 기술을 수정하여 바로 잡지 않는 한, 우리 정부도 특단의 대책을 마련하여야 한다. 일본의 역사 왜곡 대항마로, 그리고 먼 훗날을 위해서라도 "고대 일본이 조선의 식민지였다"는 사실을, 저자가 이 책에서 제창하신 바와 같이, 우리나라 역사교과서에 실어야 한다고 생각된다. 『일본서기』를 압도하는 역사교과서가 될 것이 틀림없다.

한일 고대역사 인식에 큰 도움이 될 이 책을 특히 젊은이들에게 서슴없이 추천하는 바이다.

혈연·유전자 정보(DNA), 또는 지리적으로 보아 우리와 가장 가까운 나라는 두말할 나위 없이 일본이다. 중국하고는 압록강과 두만강을 사이에 두고 마주 바라보고 소리를 지르면 들릴 수 있는 거리지만 지금은 북한이라는 장벽으로 막힌 지가 오래다.

지리적 거리보다도 더 소중한, 마음이 통하는 나라로 따진다면 근래 일본은 가장 먼 나라가 된 것 같다. 어느 두 나라가 대립 관계에 있다면 일반적으로 원인은 반반인 것이 상례일 것이다. 하지만 한국인 입장에서 본다면 원인 제공자는 전적으로 일본 측이다. 히틀러와 유태인 관계에 버금가는, 일제 강점기와 임진왜란 같은 일본의 침략에서 우리가 당한 상처 때문이다. 엄밀히 따진다면 그 상처보다 더 쓰라린 것이, 일본이 아직껏 간단없이 쏟아내는 시대착오적 역사 왜곡으로 인한 한국인의 정신적 아픔이다.

일제 강점기에 대한 일본의 역사 왜곡은 현재도 진행 중이지만, 필자의 저서 『일제강점기 진실의 문』에서 충분히 다루었기 때문에 여기서는 주로 고대에 관한 역사왜곡에 초점을 맞추고자 한다.

일본의 모든 고등학교 역사교과서에는 하나같이 "4세기 후반에 '야마도 통일정권'이 성립되어 대륙(조선반도)에 진출하여 조선반도 남단에 거점을 확보하고 임나일본부(가야)를 경영하였다는 취지의 기술을 하고 있다. 구체적으로는 "신공황후神功皇后가 삼한을 정벌하고 해마다 공물貢物을 받아들였다"느니, "강력한 고구려에 대등하게 대처하였다"느니 등등 별의별 가공의 소설 같은 이야기를 늘어놓고 있다. 물론 그러한 기술은 전혀 사실이 아니다. 합당한 참 근거가 전혀 없는 날조된 내용이다. 일본이 주장하는 근거는 무엇일까. 그것들을 열거해보자.

첫째는 720년에 나온 『일본서기』「제9권 신공황후」의 '삼한 정벌' 설이다. 하지만 그 내용이 황당무계한 괴기 소설과 진배없어, 일본학자들조차 실존적 현실성이 없다고 결론 난 상태이다(참조: 본문 신공황후기). 그럼에도 그들은 그 내용이 바로 조선반도 진출을 상징하는 것이라고 둘러댄다. 역사를 사실의 기술이 아니라 추상적인 상징으로 바꾼 것이다.

둘째는 일본 나라奈良 지방에 산재한 초대형 고분이야말로 야마도 정권의 성립과 대왕들의 존재를 입증하는 것이란다. 이것도 천만의 말씀이다. 고분의 조성연대가 관건인데, 발굴된 고총 중 5세기 이전의 피장자의 수장품 중에는 대왕은커녕 작은 나라 왕에 상응하는 부장품조차 출토된 적이 이제껏 없었다. 6~7세기에 조성된 다카마쓰고분高松古墳의 내부 장치도 순 조선식이었다(참조: 왜국 고분 시대의 진실). 고분의 주인공이 다름 아닌 조선 출신임을 말해주고 있는 것이다.

마지막으로 일본은 광개토대왕 공적비 비문을 들먹인다. 고구려가 왜병과 싸웠다는 비문 내용으로 보아, 왜군이 북방의 고구려 군과 대등하게 대적하고 맞싸운 사실을 입증하는 것이며, 4세기경에 왜국이 신라를 정복하고 조선 남단에 거점을 확보하고 있었음이 분명하다는 것이다. 자가당착自家撞着이라기보다 차라리 후안무치厚顔無恥하며 간교奸巧하기 이를 데 없다는 말밖에 다른 말을 찾지 못하겠다. 비문은 공적비의 성격상 광개토대왕廣開土大王의 혁혁한 업적을 기리는 내용이라는 것은 두말할 나위가 없을 것이다. 그 가운데 고구려가 조선 남단에 습래한 해적 규모의 왜구倭寇를 섬멸하였다는 내용이 몇 줄 들어 있었던 모양이다. 그것을 19세기 말에 일본군이 마모된 글자를 개찬改竄·날조해, 고대에 왜가 마치 조선을 점유하였던 것처럼 날조해 20세기 조선침략의 빌미로 삼았던 것이다. 하지만 역사의 진실은 4세기경의 왜국이란, 총인구가 60만 명에 불과한 가운데, 100여 개의 미약한 소국이 난립하고 있을 뿐, 삼한정벌은커녕 도리어 조선의 식민지에 불과하였던 것이 확연하다.

필자는 그러한 상황을 본서에서 중국 사서를 통한 당시의 시대 배경과 일본 인류학 학자들의 과학적인 계측방법으로 추계한 자료에 기반을 두어 당시의 왜국 상태를 재현해 기술하는 동시에, 『일본서기』의 부당성을 하나하나 확고한 논거로 타파한 것이다.

약 2만 년 전 선사 시대로 거슬러 올라가 한국과 일본과의 관계를 고찰한다면, 민족적 측면과 지리적 측면으로 대별될 수 있다. 지구상 마지막 빙하기가 끝나고 얼음이 녹아 해수면이 올라가기 직전의 한반도 주변의 해수면의 수위는 현재보다 130m 정도 낮았다는 것이 작금의 지구학자들 정설이다. 이는 현 대한해협의 수심과 큰 차이가 나지 않는 깊이다. 한국과 일본 육지 사이가 미간眉間의 거리였다는 것을 말한다. 작은 배나 뗏목 정도의 교통수단으로 왕래가 가능하였다는 뜻이다.

인적人的 또는 민족적 측면은 두 지역 간의 구분이 보다 더 힘들어진다. 당시 국경이라는 인위적인 선이 그어진 것도 아니고, 빤히 바라보이는 대안 육지에 대한 호기심과 가보고 싶은 유혹에 사로잡히는 것이 인류, 아니 모든 동물의 본성일 것이다. 무인도였던 일본열도에 첫 번째 이주민이 들어간 것이 언제였던 간에 그 루트는 서너 방면으로 추정되고 있다. 남쪽 유구열도를 타고 오키나와에서 올라온 남방계 민족, 사할린과 북해도를 통해 내려온 아이누족 같은 북방계, 그리고 주 루트인 조선 남단을 거쳐 대륙에서 들어온 알타이 어족語族들이다.

구석기 시대에 속하였던 B.C. 4세기 까지를 일본인들은 조몽繩文(구석기) 시대라 일컬으며, 총인구는 조몽 말기에 8만 명 내외에 불과하였다. B.C. 4세기 말경에 금속기와 벼농사 기술을 대동帶同한 조선반도 이주민이 무리를 지어 들어오기 시작하여 야오이(신석기) 시대를 열면서 인구가 급격히 증가해 서기 4세기까지 총인구가 60만 명으로 늘어났다. 그리하여 왜국은 필연적으로 조선 이주민의 천지가 되고 만 것이다.

이와 같은 시대 배경 하에 3세기 초경 왜국의 조선 이주민은 다수의 소 콜로니colony(식민지)로 난립亂立하여 서로 세력을 다투었다는 사실이, 중국 사서에 "왜국 100여 개의 소국으로 난립……. 운운" 기술하고 있는 것으로 뒷받침되고 있다.

본서는 현 일본의 고대 조선관계 역사 기술이 일고의 가치도 없는 허위·날조·왜곡으로 일관되었음을 과학적인 논거를 들어 하나하나 타파한 것이다. 즉 기원 전후 7~8백 년 간의 황당무계한 이야기 책 『일본서기』「삼한정벌설」 원문 전체를 인용하여 그 허상을 깨부순 것이다.

현 일본 역사교과서에는, 전술한 바와 같이 "4세기 강력한 야마도 정권 성립, 대륙에 진출하여 조선반도에 거점 확보, 조선남부 지배, 고구려와 패권 다툼……. 운운" 기술하고 있다. 전혀 근거가 없는 허위·날조일 뿐 아니라, 숨겨진 사실은 정반대로 고대 왜국이란 것은 의심의 여지없이 조선 이주민이 세운 여러 중소 식민지中小植民地 집단에 불과하였다. 이러한 사실을 제반 과학적인 근거와 중국 사서에 대비시켜 모름지기 입증을 시도한 것이 본서의 주된 목적임을 밝히는 바이다.

2014년 1월
저자 이 선 배

| 차례 |

후편: 한일 역사 인식 고찰 _223

전편

조선식민지 고대일본

서론

    고대, 현대사를 막론하고 일본 극우세력이나 정권 차원의 조직적인 한반도 관계 역사 왜곡은 근래 점차 도를 더해가는 판국이다. 필자는 이에 『**조선식민지 고대일본**』을 『일제강점기 진실의 문』의 후속편으로 내보내려 한다.

    기원 전후의 고대 왜국에 관해 기술한 역사 문헌은 현재 전해 내려오는 것이 거의 없다고 하여도 과언이 아니다. 문자가 없었던 왜국의 자체적인 역사기록은 전혀 있을 수 없는 일이다. 기껏 중국의 『위서緯書』『송서朱書』등 사서에 실린 「동이왜국전東夷倭國傳」에 "왜국 여왕이라고 자칭한 히미꼬卑微子라는 무속인이 생구生口(노예)를 공물로 바쳤다"는 식의, 내용이 검증되지 않은 막연한 기술이 간간이 눈에 뜨일 뿐이다.

    「동이왜국전」에는 "해중에 왜국이 있어, 100여 개의 소국으로 난립亂立하여 서로 다투고……. 운운" 하는 대목이 작금 고대 왜국에 관한 상황을 엿볼 수 있는 유일한 단서이다. 그 당시 왜국의 국력 규모를 짐작하기에 가장 긴요한 과제는 기원紀元을 전후하여 고립된 섬나라 일본 열도 총인구의 변천이 어떠하였나를 가늠하는 일일 것이다. 국가 성립의 기본적 요소는 국민이다. 총 인구 수가 한 나라의 부강이나 문명도文明度에 앞서 국가의 성질이나 규모를 나타내는 바로미터가 된다.

20세기 후반에 들어 인류민족학자들은 과학의 힘을 빌려, 역사 기록이 없었던 선사 시대의 유적지의 발굴에서 얻은 자료 분석으로, 특정지역의 시대별 동식물의 분포도를 측정하는 방법을 고안해 냈다. 일본은 무려 2만 8천여 군데의 전국 고대주거 유적지 발굴에서 얻은 자료 분석 결과, 조몽 후기(B.C. 2800~ B.C. 300)의 총 인구가 최저 8만 명에서 최대 26만 명, 평균 16만 1천 명으로 추계되었다. 일본 열도에 인류가 정착한 이래 수만 년이 흘렀을 터인데, 원주민의 자체적 인구 증식은 극히 미미하였던 것으로 밝혀졌다. 주된 원인은 원시적 식량 사정 때문이었을 것으로 생각된다. 그런데 그 후 불과 600년이 지난 기원 3세기 말에는 수만 년간 정체되었던 왜나라 인구수가 60만 명으로 급격히 늘어났다. 자연조건이 크게 바뀐 것도 아닌데 일본의 인구가 근 4배로 급증한 것이다.

한 마디로 조선반도로부터 볍씨와 금속기기를 지닌 문명인들이 수장_{首長}들을 필두로 무리를 지어 왜국 땅에 이주해와 소수 원주민을 제치고 제각기 작은 콜로니Colony(식민지)를 세운 것이다. 그것이 중국 사서에 100여 개의 소국으로 기술된 모양이다. 조선 이주민에 의한 선진적 식민지 경영으로 왜국은 4세기 이후 인구 면이나 식량 공급 면에서 빠른 속도로 획기적인 발전이 이루어진다. 온화한 기후에 비옥한 토지와 충분한 강우량에다 농업기술의 발전으로 먹을거리가 해결되면서 인구증식이 가파른 궤도를 달려 나갔다.

군거_{群居}하던 수장들의 패권 다툼에서 승자는 더욱 강해지고 약자는 도태되거나 강자에 통합되어 갔다. 5~6세기에 이르자 여러 소국들을 통합한 조선 이주민의 지배 계층 후예들이 연달아 왜국 대왕의 자리에 올랐다. 초기에는 가야계가 왜국 조정을 이끌었으나 562년 가야가 신라에게 멸망되면서 권력은 점차 백제계로 넘어갔다. 660년 백제마저 나당 연합군에 패망하자, 백제계 왜국 조정은 종주국 백제 재건을 획책한다. 일본으로 이름을 바꾼 왜국은 3년간의 준비 끝에 3만에 가까운 대군을 백제에 파병한다. 그리하여 백제 잔재세력과 힘을 합쳐 백촌강(현 금강) 입구에서 나당 연합군에 맞서지만 참담한 패전의 고배를 마시고 만다.

한편 조선반도 북부에서는 기원을 전후하여 강력한 고구려가 대두하여 한_漢나라가 설정한 대방군을 313년 힘으로 병합해버리고 남진을 이어갔다. 이에 백제가 남부로 밀리고 신라가 가야를 압박함으로써, 4~6세기에 걸쳐 많은 난민이 삼삼오오 끊임없이 바다를 건너 왜국으로 향했다. 그러던 참에 백촌강 패전으로 백제가 663년 완전히 패망해 재기불능이 되자, 일본군 패잔병과 함께 백제유민 지배계층의 대대적인 마지막 엑소더스Exodus로 약 1000년간의 조선인 왜국 대량 이주사移住史의 막이 내린다.

참패의 상처가 심대한 왜국 조정은 심히 우려되는 나당연합군의 내습에 대비, 규슈에 수성 구축·봉화대 설치 등 방비책을 세우고 방인防人을 두어 조선과의 왕래를 일체 금지시키는 등 전전긍긍 몸을 사리기에 바빴다. 그로부터 40여 년이 흐르는 동안 일본 조정은 672년 왕권을 에워싼 피비린내 나는 정쟁政爭을 치렀고, 686년까지 백제 유민의 힘을 빌려 율령律令국가로 정비를 하는 등 큰 변천을 겪는다. 무엇보다 2세대(약 40년)간이나 연을 끊은 종주국 백제에 대한 그리움도 회한도 모두 사라진지 오래전이었다.

700년을 전후하여 국력이 신장한 일본국 조정을 장악하고 있었던 백제계 후예들은 백제와 단절된 후 중국대륙과의 교류가 빈번해진다. 자연히 중국의 선진 문물에 접하면서 의식하게 된 빈약한 일본국 자체적 정체성 정립에 눈을 돌리게 된다. 짧고 유치한 역사에 대한 열등의식의 발로였던 것이다. 자체적인 실질 역사 기록이 단 수백 연간어치도 없었던 주제에 1천여 연간의 역사를 편찬한다고 법석을 떨었으니 결과는 뻔하였다. 다행인지 불행인지 대륙과 동떨어진 외딴 섬나라에서는 그 어떤 거짓 이야기를 작문하여도 거리낄 일이 아니었다. 그리하여 전혀 근거가 없는 상태에서 오직 허위 날조로 일관된 역사 기록 아닌 공상소설 같은 작품으로 720년에 출간된 것이 일본유일의 '고대사서'라는 『일본서기』인 것이다.

그 내용이 순전히 일본 관계로 한정되었다면 필자가 관여할 일이 아니다. 엉뚱하게도 『일본서기』에서는 조선에 관한 허황된 거짓 기술이 상당 부분을 차지한다. 특히 서기 200년경에 "신공황후라는 무녀巫女가 「삼한정벌三韓征伐」을 하였다"는 무속주문呪文과 다름없는 대목에선 집필자의 광기마저 느껴진다. 아마도 "왜국의 짧고 유치한 역사를 불식하고 그것을 황당한 내용으로 개찬창작하여 왜국이 마치 유구한 역사를 지닌 강대국으로 포장하라"는 집권층의 지침을 따른 모양이다.

조선관계를 필두로 5세기 이전의 『일본서기』의 모든 기술은 도저히 역사서라고 간주될 수 없다. 단지 가공架空의 비현실적 공상소설에 지나지 않는다. 필자는 신공황후 「삼한정벌」설 원문을 이 책에 옮겨 그 구절구절 사리에 어긋나는 이야기를 철두철미 논거를 들어 타파打破한 것이다.

서기 200년경의 왜국 실지 상태는 「삼한정벌」은커녕 조선의 식민지에 불과하였던 것이다. 필자는 그 사실을 중국사서와 현대 인류학에 기반을 둔 과학적인 논거로 본서에서 충분히 입증하였다고 믿는 바이다(참조: 본문 「제9권 신공황후」).

현시점에서 더욱 큰 문제는 현 일본의 정권차원의 역사왜곡이 여전히 다반사로 맹위를 떨치고 있다는 사실이다. 일본 정부는 불과 70년 전에 공공연히 강제 납치된 꽃다운 조선 처녀 15만~20만 명의 「일본군위안부사건」을 위시하여 강점기에 일제가 저지른 온갖 수탈행위를 일체 부정한다. 일본의 우익은 널리 읽히는 대중 매체에 왜곡된 역사기술을 예사로이 싣는다. 전 세계의 빗발치는 규탄도 아랑곳하지 않고 그들의 헛된 주장을 되풀이하고 있는 것이다. 심지어 『일본서기』에 빗대어 삼한정벌·대륙진출·거점확보·임나일본부경영 등등 범위가 오히려 더 넓어지고 있는 국면이다.

일본의 저명 학자들까지도, 『일본서기』가 일고의 가치도 없는 잡서雜書임을 뻔히 알면서도, 걸핏하면 "『일본서기』에 그렇게 쓰여 있다"는 식으로 거짓 인용을 하여 마치 전가지보傳家之寶처럼 절대 진실인양 몰아붙이는 것이다.

한 예로 일본의 대표적인 시사월간지 『문예춘추』 2013년 4월호에 실린 「日本人의 起源(기원)」이라는 표제의 일본 유수의 인류학人類學 교수들의 대담 기록을 살펴보자.

이소다磯田道史 교수: "한창때의 조몽인繩文人(기원전10,000~400

년)은 인구가 최대 26만 명이라 하지만, 기후의 한랭화나 질병 등으로 조몽 말기(기원전400년경)에는 8만 명으로 감축되었다고 하지요. 그에 반해 야오이인弥生人(기원전4세기에서 기원3~4세기)은 야오이 말기에 와서 약 60만 명이라는 설이 있지요. (생략) 야오이 초기에서 중기까지는 도입 초기의 유치한 벼농사만으로는 먹고살아갈 수가 없다가, 말기에 와서야 농사 기술의 향상으로 인구 증가율이 올라간 것이지요. 절대치에서는 고분古墳 시대 이후에 이주해 온 쪽이 훨씬 더 많을 것입니다. 그 이유는 서기 400년 직전 경부터 일본은 조선반도에서 폭력暴力을 왕성旺盛히 휘두르며 돌아다녔으니까요."

사이토齋藤成也 교수: "『일본서기』에 그렇게 쓰여 있지요."

두 사람이 북 치고 장구 치며 대담하는 과정에, 두 가지 특징을 엿볼 수 있다. 하나는 서기200~300년경의 일본의 총인구가 불과 수십(60)만 명에 불과하다는 '센리 인류민족학 연구'의 통계표와 큰 차이가 없다는 것이며, 또 하나는 『일본서기』의 허황된 내용이 유명 학자들 간에도 마치 진실인양, 대중 매체 상에서조차 예사롭게 왜곡되어서 거론되고 있다는 현실이다. 『일본서기』에는 '서기400년 조금 전'이 아니라 서기200년에 무당 귀신들과 물고기들이 신공황후가 승선한 배를 밀고 끌어 신라에 쳐들어갔다고 되어 있다. 신라왕이 놀라서 엎드려 공물을 바쳤고, 백제와 고구려도 겁이 나서 항복을 하였다 운운…… 하는 공상소설이 쓰여 있을 뿐이다. 『일본서기』에는 어디에도 "서기 400년 조금 전경前頃부터 일본이 조선반도에서 왕성히 폭력을 부리며 돌아다녔다"고 쓰여 있는 데가 없다. 더구나 현 일본 역사서에도 서기400년 조금 전경 100년간은 일본의 소위 궐사기 闕史期로 중국 사서에 간간이 비치던 동이東夷왜국의 책봉 시도 언급조차 전혀 없었던 시기였다고 쓰여 있을 뿐이다. 위 두 사람은 '서기200년 신공황후 삼한정벌설'이라는 공상 소설 구절에 빗대어 "일본군이 4세기에 실지 조선 땅에서 난폭히 설치고 다녔다"고 분명히 허황된 거짓 인용을 하고 있는 것이다.

당시 일본 전토에 분포된 총인구가 조선 이주민 위주로 수십만 명에 불과한 시기에 어떻게 "강력한 통일 정권이 출현할 수 있고, 신공황후가 삼한정벌을 하여 조선반도에 거점을 확보해 임나일본부를 두고 운운…" 할 수 있단 말인가. 『일본서기』 원문에는 분명히 소위 '신공황후의 삼한정벌'이 서기200년으로 되어 있다. 그런데 학자라는 사람들이 소설의 주인공인 가공의 신공황후를 역사상의 실존인물로 포장하여 생판 사실이 아닌 말을 수백만 독자에게 예사로 하고 있다. 더욱 가관인 것은 『일본서기』에 기술된 서기 200년경이 여러 면으로 보아 현실성이 없으니까 근래에는 그 시기를 임의로 4세기 후반 궐사기闕史期로 멋대로 옮겨와 교과서에 실어 학생들마저 호도糊塗하고 있는 것이다. 〔참조: 앞서의 「신공 섭정 39년 조」에는 그해가 중국 明帝 景初 3년(서기 239년)이라고 명기되어 있다.〕

그렇다고 일본의 역사학자가 하나같이 이러한 것은 아니다. 개중에는 양심적인 사람도 상당수 있어, "궐사기(역사기록이 없는 시기) 이전의 『일본서기』 기술은 현실성이 없는 것으로 허구虛構라고 생각된다"라는 식으로 기술된 저서도 필자는 여러 권 접한 적이 있다. 그렇지만 그러한 기술은 역사교과서나 정부 관료의 입을 통해서는 완전히 무시된다. 일본정부와 언론 매체의 한국 관계 역사인식은 반성의 징후는 추호도 없이 허위·날조·왜곡으로 일관되고 있을 뿐이다.

필자는 본서를 통해서 그들의 그릇된 역사인식과 주장의 근거를 샅샅이 검증하여 그 부당성을 타파하고, 확고한 사료에 기반을 둔 논거論據로 진실이 무엇인가를 명확히 밝히려 한 것이다. 하지만 그러한 의도만 앞섰지 소기의 성과가 충분히 이루어지기에는 직접적인 입증 사료의 부족으로 난관에 부딪치는 일이 비일비재했다.

다행히 중국사서의 덕으로 시대상황의 비교가 가능해졌고, 1980년대 이후의 인류학의 획기적인 과학적 발전으로 모계母系의 미토콘드리아Mitochondria DNA나, 2000년대의 부계父系 Y염색체染色體의 유전자 정보를 해독解讀한 자료의 출현으로 고대와 선사 시대의 상황을 상당 부분 가늠할 수 있게 되었다. 『일본서기』의 허구가 여지없이 밝혀졌을 뿐 아니라, 삼한정벌은커녕 도리어 고대 왜국은 조선의 이주민이 세운 식민지 아닌 그 무엇도 아니었음이 백일하에 드러난 것이다. 현 일본민족은 대다수가 조선 이주민의 후손들임을 DNA가 여실히 밝히고 있다. 일본열도 전체에 걸친 2만 8천여 고대 거주유적지 발굴에서 얻어 낸 인골의 유전자 정보와, 동식물의 종류·분포도 등 당시의 일본열도列島 상황狀況이 일본 인류학·고고학 연구자들의 과학적인 조사 분석으로 상세히 밝혀진 것이다.(참조: 「고대왜국의 인구 추계」, 61쪽)

고대 국가의 성립

    사람이라는 무리의 단위는 부부·가족에서 시작하여 친족·부족·종족으로 이어져 민족까지 통합 또는 분류될 수 있다.

    한국 민족처럼 국가적 규모로 혈연을 중요시하는 민족도 별로 없을 것이다. 민족이란 같은 문화를 공유하고 생활 양태樣態를 같이하는 인간 집단이라 하지만, 왠지 그것만으로는 부족한 것 같다. 생김새가 비슷하고, 더하여 같은 피가 흐르고, 같은 언어를 사용한다는 말이 부수되어야 같은 민족이라는 개념이 설명된 느낌이 든다. 혹 DNA를 피와 연계시킨다면 딱 우리 민족에게 해당된다고 자신 있게 말할 수 있을 것 같다. 한국인의 DNA는 95%가 동일하다는 통계 지수가 이러한 상황을 잘 설명해 주고 있다. 흔히 듣는 말인 '같은 피를 나눈 단일 민족'이라는 말이 무색하지 않다.

우리 민족은 언제 어떻게 형성되었을까. 먼저 동북아시아에 국가라는 개념이 없고 따라서 국경이라는 선 긋기가 없었던 먼 옛날로 거슬러 올라가 상상을 해보자. 그렇다고 신석기 시대를 넘고 구석기 시대까지 거들어 보자는 것은 물론 아니다. 우리민족 형성기 정도를 더듬어 보자는 뜻이다.

학자들은 우리를 몽골로이드Mongoloid족으로 분류하고 있다. 퉁구스Tungus족과 몽골족 등의 알타이어족Altai 語族에 속하는 유목 민족이 한반도에 남하해 오면서 일부는 수렵이나 초보적 농경지를 일구며 정착하기 시작하였고, 다른 일부는 2만여 년 전까지 거슬러 올라가, 마지막 빙하기말에, 아마도 얼음이 녹아 해면 수위가 오르기 전, 조선 반도 남부와 육지로 거의 이어지다시피 근접했던 지금의 일본 땅에 까지 들어갔을 것이라는 것이, 작금 일본 학계의 유력한 학설이다. 따라서 한반도에 사람이 정착한 것은 구석기 시대 유적지 발굴에서 드러났듯이 적어도 수만 년 전까지도 점쳐볼 수 있다.

그런데 사람이 살기 시작한 것과 상당 규모의 집단 거주가 이루어지는 것과는 전혀 별개의 문제다. 인구의 증식이 이루어 져 지탱되려면 충분한 식량의 생산과 확보, 그리고 동절기에 대비한 식량 비축이 필수적이다.

메소포타미아·이집트·인더스 등 대표적인 고대 문명의 발상지는 유프라테스·티그리스(현 이라크)·나일(이집트)·인더스(인도·파키스탄)와 같은 큰 강이 아열대 지방의 평야를 흐른다. 매년 우기에, 상류 지역 비非사막 지대에 내리는 우수의 대량 유입으로 인한 홍수로 강이 범람한다. 물이 빠지면 비옥한 유기질 침전토를 남겨 온 강변이 옥토로 변하여, 씨를 뿌려 가꾸기만 하면 되는 천연의 혜택이 주어진 땅들이다.

특히 이집트와 메소포타미아는 사막 지대인데도 농경이 일년 내내 가능하였던 것은 강변을 따라 대대적인 관개 사업이 실시되었기 때문이다. 그 옛날에 이미 고도의 토목 기술이 발달하였던 것을 말해 준다. 소수의 인원으로 몇 배의 인원을 먹여 살릴 식량 생산이 가능한 상황에서 인구의 급증은 당연하다. 이러한 상태가 이어지는 한 문명의 발생과 대소의 국가 성립은 시간문제일 것이다. 5000년~6000년 전에 바로 이들 지역에서 실제로 일어났던 일들이다.

반면 한반도와 같이 사계절이 뚜렷한 기후 조건과 국토의 3분의 2가 산악 지대이며 토양이 거친 땅에선 농경지를 개간하기가 쉬운 일이 아니다. 농경지를 마련하려면 적당한 도구의 사용이 필연적으로 따라야한다. 돌이나 나무로 된 도구로는 소수 인원이, 다수는커녕 자기네 가족의 양식을 충족시킬 농지를 일구기도 버거울 것이다.

한반도나 일본 열도에서 수천 단위의 대규모 고대 집단 거주지 유적의 발견이 없는 것도 무리가 아니다. 적어도 구석기 시대 말기부터 신석기 시대가 막바지에 이르러 금속기 문화가 싹이 터 농경문화가 자리 잡힐 때까지 이 지역 사람들은 숨을 죽이고 있어야 했다. 한국은 대략 B.C. 500~300년 전후, 일본은 B.C.가 끝날 무렵에도 기껏 대소 부락 단위 정도의 집성에 안주하고 있었던 것으로 생각된다.

이와 같은 추정의 근거는, 국가 성립의 기본 요소인 충분한 인구(국민)의 집성이 이루어져야 된다는 명제가 충족되기를 기다려야 했기 때문이다. 조선 반도가 이러한 조건을 충족시키는 것은, 대륙으로 인접한 이웃 고대 문명 중심지인 중국의 최초 국가 성립과 밀접한 관계가 있다는 것이 자명하다. 중국의 현 역사서에 의하면, 중국의 최초 국가 성립은 약 3600년 전의 은殷 나라로 되어 있다.

이와 같은 제반 사정으로 미루어 조선 반도의 실질적 국가 성립을 충족시킬 최소 80만 명 안팎의 총 인구 집성은, 유적지 발굴 현황을 참작하건데 빨라야 대략 3000년 전인 B.C. 1000년경이라고 추정할 수 있다. 고조선이 여기에 해당된다고 볼 수 있을 것이다.

국가성립의 필수조건

국가의 기본 요소는 국토, 국민 그리고 통치 기구로 대별될 수 있다. 국토와 국민은 국가 성립의 기본 요소이다. 국토와 인구는 크고 많을수록 좋겠지만, 자연이란 주어진 조건이지 인간이 만들 수 있는 것이 아니다. 네덜란드의 국토는 상당 부분이 해수면 아래에, 간척지를 개간하여 농토가 만들어졌다고 하지만, 따지고 보면 개펄도 이미 국토의 일부이며 인간이 한 일은 제방을 쌓고 그것을 농지로 개량한 것뿐이지 국토 자체를 만든 것은 아니다.

고대 국가의 형성 조건은 특히 인구의 집단화 면에서 많은 제약을 받는다. 한마디로 식량 생산이 주된 요건이 되는 것이다. 농사자의 잉여 농산물 생산이 늘어나야 인구의 증식이 가능해진다. 촌락과 고을이 형성되어야 하며, 더 나아가 최소한 소읍 정도의 집단 거주지로 발전하여야 한다. 그 과정에서 지배 계층의 출현이 이루어지는 것이다. 지배 계층의 필수 조건은 집단을 먹여 살릴 충분한 부와 그 집단을 지키거나 타 집단을 공격할 병력이 구비되어야 한다.

이때 비로소 규모가 합당한 고대 국가의 탄생이 이루어질 수 있는 조건이 충족되는 것이다. 금속기구 출현과 범국가적 보급 이전의 석기 또는 금속기 혼용 시대 초기에는 식량 대량 생산은 바라볼 수가 없는 일이다. 금속기 전파 시기가 상대적으로 늦었던 조선은 국가 성립이 중국보다 적어도 7~8백년, 왜는 조선보다 3~4백년 뒤졌던 것이 의심의 여지가 없는 역사적 사실이다. 금속기 보급률은 당시 중국·조선·왜 3국간의 문화 발전 수준의 바로미터라고 볼 수 있을 것이다.

이는 앞으로 본서에서 전개될 한일 간의 역사 왜곡 시비와 직결될 명제임을 예고하는 것이다. 이 문제는 이후 '고대 왜국 이야기' 등에서 상세히 논하기로 하겠다.

청동기 문화의 고찰

　인류가 구리銅와 주석을 발견하고 청동靑銅이라는 합금을 발명하여 청동기 문화를 일으킨 것은 언제 어디에서였을까.

　B.C. 4000~3000년 사이에 토질이 비옥한 메소포타미아 남부에서 관개 농법이 이루어져 쟁기가 사용되었고, 따라서 곡물 생산이 급증하여 인구가 폭발적으로 늘어났다. 이 시기에 인류 최초의 청동기와 문자가 발명되었고 B.C. 3500년경에는 도시국가가 성립되었다. 이와 같은 사실은 해당지역 유적지 발굴에서 설형문자楔形文字 점토판粘土版과 청동기의 출현으로 입증된 것이다. 그 후 청동기는 주변국가로 전파되어 B.C. 3000~2000년에 중앙아시아와 남 시베리아에서 '안도로노보' 청동기 문화가 성립되었다는 것이 역사계의 통설이다.

　하지만 동북아 3국의 사정은 다르다. 지리적 여건으로 동과

서아시아는 오랫동안 절연 상태로 상호교류가 제한되어 왔던 것이다. 동아시아에서는 B.C. 14세기 초 중국 은殷나라의 제20대 왕 반경盤庚이 천도하여 주周에게 멸망될 때까지 대략 270여 년간 수도였던 하남성안양현소둔촌河南省安陽縣小屯村 은허殷墟에서 주로 제기祭器 용도의 청동기가 무더기로 발굴되었다. 그러나 그 후의 수많은 발굴에서, 그 시기보다 더 이전에 청동기 문화가 존재하였다는 증표는 여태껏 출현된 적이 없다는 것이다.

동아시아 대륙 최 변방인 한반도에는 일러야 은殷나라 말기나 주周나라 중엽에 일부 이주 유민에 의해 청동기가 전파되었을 가능성이 있다고 점쳐 볼 수 있다. 또한 B.C. 7세기 무렵 서아시아 이란계 유목 기마민족인 스키타이 청동기 문화가 번창할 당시, 중앙아시아 유목민들이 알타이 산맥너머로 몽골 초원을 향해 동진하면서 만주와 한반도가 그 영향을 받았다는 학설도 참조해야 할 것 같다.

무엇보다도 한반도 도처에서 발굴된 청동기의, 유형별·시대별로 감정을 필한 과학적인 통계표의 작성이 시급한 과제인 것으로 보인다. 특히 청동 농기구의 제작 장소·종류·연대 구분표區分表가 절실히 요구된다. 문자로 된 기원전 고대 사료가 거의 없는 현시점에서 고고학적 유물이 신빙성 있는 역사 자료가 된다는 것은 세계 공통의 보편적인 상식이다.

청동기와 철기 농경문화가 어느 기년紀年 때쯤 한반도에서 성립되었나하는 것은 매우 중요한 문제이다. 국가 성립에는 양곡의 대량 생산이 절대조건이며, 조선반도에서의 대량 생산에는 금속 농기구의 보급이 또한 필수조건 중 하나이기 때문이다.

철기의 조선반도 도입은, 앞서의 청동기가 들어온 1백~2백년 후인 대략 B.C. 5세기 전후로 알려져 있는 데 별 이론이 없다.

반면 일본은 한반도를 통해서 금속기 문화가 들어갔지만 청동기와 철기 문화가 큰 시차 없이 둘 다 B.C. 3세기 전후 비슷한 시기에 전파가 시작된 것으로 근거를 곁들여 일본 역사서에 기술되어 있다. 이는 물론 야오이 시대 초기에 조선반도로부터의 이주민에 의해 반입된 것으로 보인다.

하지만 왜의 금속기 도입이 바로 농경문화와 연결된 것은 아니었다. 청동기는 처음엔 무기류와 제기祭器 용도에 국한되다가 소량이 농기구로 서서히 전용되었던 것이며, 철기가 발명되면서부터 무기에 이어 생활기구와 농기구가 보급되어 갔던 것이다. 그럼에도 그 성질상 철 생산 과정의 복잡성·기술 난도·다비용 때문에 왜의 철기 보급 속도는 지지부진하였다. 그 후로도 수세기 동안 농기구나 생활 용구는 대부분 석기 위주의 병용倂用이 6세기말경, 왜 나라 철의 자체 생산이 가능해질 때까지 불가피하였던 것이다.

따라서 고대 왜 나라의 갑작스런 식량 증산은 이루어질 수가 없었고, 인구의 증식도 일시적인 급증이 아니라 서서히 수 세기에 걸쳤던 것이다.

고대 조선과 왜의 금속기기 도입과 보급은 이상과 같이 대략 300~400년의 시차가 있었다. 물론 조선이 먼저이고, 왜국은 조선의 금속기 보급이 거의 보편화 단계이던 B.C. 3세기 무렵에 조선으로부터의 이주민이 볍씨와 함께 배에 싣고 무리를 지어 왜국에 들어가 식민을 한 데서 비롯된 것이다. 하지만 지리적 여건으로 조선으로부터의 공급량은 수세기 동안 제한적일 수밖에 없었다.

고대 문명의 발전도發展度는 한마디로 금속기와 문자의 보급도가 필연적으로 주요 잣대가 되는 것이 자명하다.

고대 왜국 이야기

왜倭민족의 성립

일본 역사책은 고대 왜국의 시대구분을 토기의 무늬를 기준하여, B.C. 4~3세기에서 위로 약 일만 년 전까지를 「조몽繩文(토기의 새끼 무늬)」시대라 하고, 그 아래로 3세기까지 600여 년간을「야오이弥生(신석기 빗살무늬 토기의 최초 출토지명)」시대로 구분하고 있다.

구석기 시대에 속하는 조몽 시대의 인구 구성은, 일본 규슈 남서쪽 유구琉球열도를 통나무배를 타고 몇 명씩 올라온 키가 작고 코폭이 넓은 남방계 민족과, 사할린과 북해도를 거쳐 들어온 아이누 같은 소수의 북방계 민족, 그리고 본격적 도래 이전의 조선 반도를 통하여 들어온 키가 크고 긴 얼굴형을 한 퉁구스계 민족으로 이루어졌다는 것이다.

이들은 채집·수렵·원시 농경 중심으로 인구의 증식이 크게 이루어질 수 없는 자연 환경 속에서 오랜 세월(약 10,000년)에 걸쳐 왜 민족의 원형을 만들었다는 것이 현 일본 학계의 통설이다. 그리고 야오이 시대 초기까지도, 고립된 왜국은 지리적 여건상 대륙과는 달리 아직 금속기가 없는 신석기 문화에 만족하고 있을 수밖에 다른 도리가 없었던 것이다.

한편 대륙에서는 청동기 시대를 지나 철기 문화가 꽃을 피워, 금속기 농경 기구와 무기류의 발전으로 식량 증산과 인구 증식이 급속도로 진행되었다. 자연히 국력이 커진 국가 간에 세력 다툼이 자주 일어났고 정세 불안과 영토 쟁탈전이 끊이질 않았다.

이 무렵, B.C. 403년 시작된 중국의 전국戰國 시대가 한창 진행되다가 B.C. 221년 진秦의 전국 통일로 잠시 전란이 주춤한 듯싶었지만, 불과 11년 후 진시황이 죽자 세력 다툼이 다시 일어나 정국政局이 문란해졌다. 곧이어 반란이 일어나더니, B.C. 202년에 한漢나라가 진秦을 멸망시키고 초楚와도 싸워 이겨 또 한 번 통일 국가를 이루었다. 때마침 북방에는 기마 민족인 흉노匈奴가 출현하여 시도 때도 없이 변방을 침범, 농작물 약탈과 무력 도발을 일삼아 한漢을 괴롭혔다. 흉노의 침입은 그 후로도 280여 년간 계속되다가 서기 91년 한의 공격을 받아, 일부는 한에 동화되고 주 세력은 북서 아시아로 쫓겨 감으로서 차츰 잦아들었다.

다른 한편 B.C. 108년에 한 무제漢武帝는 B.C. 194년, 연燕의 위만衛滿이 세운 위씨 조선衛氏朝鮮을 멸망시키고 낙랑樂浪·진번眞番·임둔臨屯·현도玄菟 4군을 두게 되었다. 하지만 B.C. 1세기에 가서, 낙랑군 하나만 남기고 나머지 3군은 폐지되었다. 그러다가 한의 말기에 낙랑군을 지배하던 요동의 태수 공손도公孫度의 아들 강康이 남방의 한·예족韓·濊族에 대처하기 위하여 낙랑군의 남쪽을 대방군帶方郡으로 분할하였다. 서기 238년 위魏가 공손씨氏를 멸망시키고 대방군을 지배하면서, 왜는 비로소 대방군의 중계를 통해 위나라와 접촉이 이루어지게 되었다.

그 후 낙랑군은 313년에 남하하는 고구려에 의해 멸망되었고 곧이어 대방군도 한韓·예濊족에 의해 병합되어 사라졌다.

기원 전후 수백 년간 이러한 잦은 전쟁과 정변으로, 또는 지역적 흉년으로 발생하는 수많은 유·이민이 조선반도로 밀고, 밀려 내려왔으며 도미노 현상으로 남부로 몰리는 3한4국 사람들은 일부가 바다 건너 왜인倭人(소위 원原일본인)땅으로 들어가기 시작했다.

이들은 천지 차로 벌어진 대륙의 선진 문명을 배에 싣고 무리를 지어 왜국에 이주해 갔다. 청동기靑銅器와 철기 문명을 지닌 조선 반도 이주민들은 각종 금속 지금地金과 금속 농기구·무기류·제기祭器 등과 생활 용구(금속기·토기·석기 등), 그리고 직기織機와 직조 기술, 고상식高床式건축 양식, 매장埋葬 문화 등 다 열거할 수 없을 정도로 여러 가지 문명의 이기와 생활 방식을 송두리째 배에 실었다. 무엇보다도 식 생활 선진화에 절대적 요체인 볍씨와 벼농사 기술이 이 가운데에 포함되어 있었던 것이다.

이들의 상륙 지점은 대충 두 군데로 갈라진 것으로 보인다. 대다수는 거리상 가까운 규슈九州 지방과 기내畿內 초입에 닻을 내렸으며, 일부는 조류潮流의 도움으로 뱃길이 트인 동해에 면한 이즈모出雲(현 돗토리현) 지방을 통하여 내륙으로 퍼져나갔다. 상륙을 하자마자 그들은 각기 집단에 따라, 농경지 개간에 적합하고 수렵과 어로漁撈도 가능한 해안에서 가까운 정착지를 물색하였을 것이다.

다행히 왜倭의 기후는 조선반도보다 온난하고 비가 자주 쏟아지며, 토지도 암석이 적고 비옥했다. 식량 생산성이 떠나온 고국 산천보다 더 나은 곳이 허다했다. 이들은 힘을 합쳐 온갖 고난을 극복하고 합동으로 촌락을 구성하였으며, 각 집성촌은 일취월장으로 질과 양적으로 성장해 갔다.

이들은 초기 유럽 개척민들이 아메리카 원주민을 손쉽게 밀어냈듯이, 왜의 원주민을 제압하기도 하고 다스리기도 하며 영역을 넓혀나갔으며 도처에서 점차 지배 계층으로 발전해 나갔다. 선진 금속 문화를 지닌 이들 수많은 조선반도 이주민 집단은 상대적으로 격차가 큰 기존의 주변 군소 집단을 흡수 합병해가면서 경제력이나 무력에서 원주민하고는 비교될 수 없을 정도로 큰 세력으로 성장하는 것이 당연한 귀추였을 것이다.

위와 같은 상황을 뒷받침하는 고대 일본 민족 형성 과정이 『일본고대사대사전日本古代史大事典(大和書房)』등에 아래 인용문처럼 상세히 실려 있다.

일본민족

"(생략) 후기 구석기 시대에 조몽인(승문인繩文人) 집단集團이 아이누족을 포함한 현대의 일본인의 기층基層이 되었다. 조몽 후기繩文後期 이후가 되면서 대륙으로부터의 도래渡來가 시작되었다고 생각된다. 이 도래는 특히 야오이 시대彌生時代(B.C. 300~A.D. 300)가 되면서 활발해져, 이후 7세기경까지 대략 1000년간 지속되었다. 이들 도래인의 대부분은 북동아시아의 집단이며, 주로 조선 반도 경유로 도래한 것으로 생각되지만, 중국에서 직접, 또는 중국→조선반도 남부→일본 열도 경로를 통했을 가능성도 생각된다. 이 사람들은 재래의 동남 아시아계 집단(조몽인繩文人)하고는 형태·유전적으로 상당히 차이가 나고, 더구나 쌀농사를 주체로 하는 농경이나 금속기의 사용 등, 고도의 문화를 수반하고 들어왔다. 따라서 야오이 시대 이후가 되면 골격 형태로 보아서 재래 계와 도래 계와의 이중 구조가 형성되었지만, 아마도 문화면에서도 조몽계(채집, 수렵 또는 원시농경 중심)와 도래계(수도水稻경작 중심)와의 이중 구조 내지 혼합이 생겼을 것이다. 도래 집단은 우선 북부규슈나 본주서단부本州西端部에서 살다가, 그 후 점차 본주 동방을 향해 확산됨과 동시에 재래계 집단과 혼혈이 진행되어 갔다. 또한 도래계 집단은 많은 수의 소규모 나라를 만들었다가, 점차 그것들이 통합됨으로서 조정朝廷의 기초가 구축되었다고 생각된다. 고분 시대가 되어서, 골격 상으로 서일본에서는 재래계의 특징이 비교적 농후하게 남아 있다. 같은 모양의 현상은 규슈 남부나 남서의 여러 섬에서도 확인되어, 골격 형태의 이중 구조가 더욱 현저해졌다. 고대에서 중세에 걸쳐, 에미시, 구마소, 하야도 등으로 불린 사람들은, 아마도 재래계의 특징과 조몽적 문화를 남긴 집단으로 생각된다. 『일본서기』·『속일본기』 등에 기록되어 있는 그들의 신체적·문화적 특징은, 조몽인의 흔적이 담겨져 있는 것으로 생각하여도 모순이 아니다. 역사 시대에 들어서서는 도래계 집단의 특징이 혼슈本州, 규슈, 시고쿠四國 등 각지로 확산되지만, 그 규모는 지방에 따라서 차이가 난다. 즉, 조정朝廷이 설치된 기내畿內를 중심으로 도래계의 특징이 농후하게 분포된 한편, 동 일본에서는 재래계의 특징이 비교적 많이 남았다. 남부 규슈나 남서 여러 섬에서도 거의 같은 양상이다. 이것은 조정의 중추부가 도래계 집단에 의해 구성되었다는 사실 말고도, 대륙으로부터 적극적으로 초치招致한 도래계 씨족이 기내에 농후하게 거주한 때문이라고 생각된다, 도래계 집단의 영향은 북해도나 유구琉球를 포함하는 남서의 여러 섬에는 거의 미치지 않았다. 따라서 이들 지방에서는 재래계와 도래계와의 혼혈이 본토에 비해 각별히 적었다. 그 때문에 아이누와 유구의 집단과 본토 집단하고의 차가 현저해져, 지금과 같은 지방적 특색이 나타나게 된 것이지만, 조몽인이라는 조상 집단을 공유하는 점에서는 본토 집단과 다르지 않다. 또한 문화적 요소를 다소 좁게 생각하면, 일본인 집단 중에서 소위 야마도 민족大和民族, 아이누 민족, 그리고 유구琉球 민족으로 구별될지도 모른다. 그러니 에미시, 구마소, 하야도 등의 재래계 집단도 당시의 지배층이 보기에는 이민족이었을 것이다. 따라서 일본은 국가 설립 당초부터 복합 민족 국가였다고도 생각될 수 있다."

고대 왜 민족 형성 과정이 대충 설명되었다고 보이지만, 소수에 불과한 원주민의 정체성正體性을 과대 포장한 감이 없지 않다. 또한 그 옛날에 중국에서 직접 왜국에 들어간 이주민의 존재 가능성에 큰 의문이 간다. 당시 중국인들에게 바다 멀리 왜 나라가 존재한다는 사실이 알려지지도 않았음은 말할 필요도 없거니와, 물리적으로 당시 왜 나라를 향해 중국에서 이주민이 탄배가 떠난다는 것은 상상도 할 수 없는 일이다. B.C. 4세기 이후 소위 도래인渡來人(이주민)의 95% 이상이 조선반도 출신임에는 의심의 여지가 없다.

조선4국 왜倭에 식민하다

가만히 눈을 감고 앞서의 묘사된 상황을 안막에 떠올려 보자. 고대 왜국이 형성되는 과정이 뚜렷한 영상으로 일목요연하게 비쳐지는 것을 볼 수 있을 것이다.

여기서 도래인渡來人의 주체는 두말할 나위 없이 바로 삼한三韓과 고구려·백제·신라·가야 등 당시 조선 반도에 있었던 나라에서 왜국에 이주한 사람들을 가리키는 말이다. 그런데 근래 외국에 이민을 가거나 탈북자가 북한을 빠져나오듯 몇몇이 흩어져 산발적으로 움직이는 것이 아니라, 한 족속 전체가 모든 생활 도구를 큰 배에 가득 싣고 집단으로 뭉쳐서 신천지에 이주해 들어가는 것이 빈번하였던 것이다. 원주민이나 먼저 건너가 자리를 잡은 조선 반도 다른 나라 이주민 집단과의 마찰이나 충돌(세력다툼)에도 대비해야 했기 때문이다.

이들 집단의 우두머리는 종족의 수장이나 삼한4국의 왕족과 장군들도 많이 포함되었던 것이, 전후 일본 열도 고분 발굴에서 고고학적으로 입증된 것으로 널리 알려진 사실이다. 좋은 예로 가야 수로왕 10왕자 중 7왕자가 서기 70년경에 규슈 남부에 집단 이주하여 각기 다른 일곱(7) 나라를 세웠다는 이야기를 들 수 있다. 『위서緯書』「동이전東夷傳」에 당시 왜국에는 100여 개의 나라가 있다고 나와 있는 것으로 미루어, 앞서의 『고대사대사전』의 '도래계 집단이 많은 수의 소규모 나라를 세웠다'는 기술과도 합치된다.

　　고대 왜국 건국 신화에 등장하는 하늘에서 내려온(사실은 조선 반도에서 건너 온) 주인공들은 말할 것도 없고, 그 후 야오이 시대 말기인 서기 4세기말에서 5세기 초경 도래계渡來系 야마도 통일 정권(현 일본 역사 학자들의 추정)이 들어설 때까지, 왜국에서는 이들 소위 도래계 집단의 주도권 쟁탈전이 도처에서 벌어져 강자 생존의 원리에 따라 도태 또는 통합의 길을 달려왔던 것이다.

　　이와 같은 이야기를 정리하면 '당시 금속 문화를 지니고 있어 상대적으로 고도의 문명국이던 삼한사국三韓四國의 이주민들이 그때껏 원시에 가까운 구석기 말기에서 신석기 초기에 있었던 고대 왜국에 집단으로 들어가 각각 콜로니Colony(식민지植民地)를 세워 군거群據했다'라고 하는 것이 자연스럽다. 마치 300여 년 전 유럽 열강들이 남·북 아메리카 대륙에 들어가 할거割據한 것과 유사하다 하겠다.

이 중에 대표적인 것이 미국의 경우이다. 영국의 이주민이 뛰어난 자연 환경을 지닌 신천지에 집단으로 들어갔다. 그들은 축산과 농경지를 개척하여 부강해지면서 독립하여 새로운 나라를 세우고 발전을 계속해, 마침내 물질 면이나 인구 면에서 본국(영국)을 능가하는 대국(미합중국)으로 성장시켜 나갔던 것이다.

고대 왜국의 경우도 이와 비슷한 경로를 밟아 갔다. 일본 열도의 남서부와 중부는 기후 조건과 자연 환경이 온난하고 토질이 비옥하며 비도 자주 온다. 따라서 농지 개간이 용이해, 농산물 생산성이 떠나온 고국산천보다도 유리한 면이 있었다. 4세기 후반까지 6~7백 년간 이들의 피땀 어린 노력으로 왜국 땅은 크게 발전을 이루었고, 인구도 자연 증식과 고국으로부터의 지속적인 이주민의 유입으로 7~8세기경에는 본국과 같거나 능가하는 규모로 늘어났다.

한편 그간, 각 이주민 집단의 고국인 조선 반도의 상황은 크나큰 변천을 여러 차례 겪고 있었다. 313년에 낙랑군을 점유한 고구려는 점차 한반도 남방으로 세력을 확대하기 시작했다. 4세기 후반에는 백제, 신라, 가야 간에 대립이 깊어져 갔다. 4세기 말에서 5세기 초 4국간에 세력 다툼이 일어나, 특히 강력해진 백제와 신라가 가야를 위협함으로서 압박에 밀린 많은 유민이, 기왕에 가야계가 자리를 잡고 있었던 왜 나라로 쉴 새 없이 이주해 들어갔다.

한반도에서 열세였던 가야계가 신천지에서는 도리어 다수의 이주자가 먼저 들어와 자리를 잡기 시작한 이점이 있었다. 자연히 집단(소국) 간의 세력 다툼에서 두각을 드러내 주변 소국을 평정 흡수 합병해 들어가, 4세기 후반에는 가야계 이주민이 주축이 된 야마도 통일 정권이 성립된 것으로 일부 일본 학계는 보고 있다.

그리하여 야마도 정권은 본국인 가야를 괴롭힌 신라에 대한 응징을 언젠가는 획책하기를 가상으로나마 꿈에서라도 바랐던 모양이다. 하지만 조선4국 중 상대적으로 힘이 달렸던 가야가 끝내 버티지 못하고 562년 신라에 멸망된다. 그간 왜국 조정도 백제계로 권력의 축이 넘어가 있었지만, 660년에는 종주국 백제마저 신라에 의해 멸망되는 것을 계기로, 왜국은 조선과의 연줄이 완전히 끊기고 만다. 이와 같은 왜국 조정의 뿌리 깊은 신라에 대한 원한의 배경이 700년 경 『일본서기』 편저 시에 「신공황후 삼한정벌」이라는 창작 소설의 근간이 되었던 것으로 보인다.

이렇듯이 왜국에 통일 정권이 성립되기 이전인, 3세기 초 왜국의 신라 침공이라는 가설은 이 일을 두고 희망 사항을 가상으로나마 『일본서기』에다 꾸민 날조된 이야기이다.

왜병의 침공은 고구려와 신라의 합세로 실패로 돌아갔다는 광개토대왕 비문 내용(일본 측 해석)이 있다지만, 이는 비문의 상당 부분을 일제 군벌이 조선 침략을 합리화하기 위해 개찬改竄한 것으로, '고대 왜국이 조선 반도를 점유하였다'는 낭설을 꾸며낸 것이다. 『일본서기』「신공황후기神功皇后記」'신라정벌新羅征伐'에 맞춰서 고쳐진 것으로 여겨지지만, 3~4세기 왜국의 국력이란 조선반도와는 비견될 수준이 아니었다. 일본 역사서에는 고대 왜국의 통일 왕권의 성립이 4세기 후반 정도로 추정하고 있다. 소위 야마도大和 정권이라는 것인데, 현 기내畿內 지방에 흐르고 있는 야마도 천大和川 유역에 산재하고 있던 작은 나라들을 통합하여 국가를 세웠다는 전혀 근거 없는 주장인 것이다.

설사 일본의 주장을 따르더라도, 이는 크게 보아 분명히 기내畿內 지역을 중심으로 한 중부 지방을 어우른 규모의 반쪽짜리 국가이지, 어떠한 규모의 통일 국가와는 거리가 멀다고 생각된다. 왜냐하면 이 당시 일본 열도 서남부에는 규슈九州에 구나국狗奴國이라는 상대적으로 강력한 라이벌이 대치하고 있었고, 동북 지방은 미개발 상태여서 행정권에 편입 자체가 무의미하였기 때문이다.

더구나 여기서 작은 나라(소국)의 왕이라는 것은 지금의 작은 군 정도의 땅에 산재하는 복수의 이주민 집단을 거느리는 수장 酋長을 호칭하는 것이며, 대왕이라는 것은 그러한 소국의 연합체의 지배적 위치에 있는 자로서 7세기 말 경부터는 천황으로 호칭하고 있는 것이다. 이렇게 미약하게 성립된 야마도 정권이 성장 속도가 느린 고대에, 불과 반세기도 안 되어서 그들이 떠나온 고국인 조선 반도를 정벌하러 바다를 건너 출병을 하였다는 주장을 하다니 이 무슨 소설 같은 이야기인가. 당시 조선 반도에는 고구려·신라·백제·가야 4국이 제각기 금속 무기로 완전 무장한 수만의 군대를 앞세워 서로 간에 확집確執을 하고 있을 무렵이다. 현 일본 교과서에는 『일본서기』「B.C. 200년 삼한정벌설」을 서기 4세기경으로 날조·변경 하였지만 비현실적임에는 여전히 변함없다.

당시 '성립된 지 얼마 안 되는 일본야마도(大和) 정권(성립 자체가 의심스런)의 유치한 군사력이 과연 조선 4국에게 상응할 수준이었을까' 는 극히 의심스럽다 못해 거의 불가능하다고 단정 지을 수 있다. 첫째 병력 수에서 격차가 클 것이고, 둘째로 철 생산이 전무하여 지금地金을 조선 반도에서 구해다 사용해야 되는 왜국 무기 수준이 철기 문화 선진국인 조선 반도에 크게 뒤져 있었던 것이 확연하였다. 또한 당시 선박 건조 능력이 없었던 왜는 조선 침공에 불가결한 해상을 통한 대대적인 병력 수송 수단이 전무하였다. 병력도 무기도, 그리고 이동 수단의 조달

방법 등등 아무 것도 없는 주제에 꿈보다도 더 허망한 날조된 이야기일 뿐이다.

결국 왜국이 3~4세기에 삼한정벌을 하여 조선 남부에 식민지적 거점을 확보하였다는 허무맹랑한 주장의 역사적 근거는 전혀 없는 것이다. 왜나라 역사서 편집자들이 꾸며놓은 가상의 신화적 소설에 불과한 『일본서기』의 「신공황후기」 말고는 아무런 티끌만한 근거의 흔적도 지구상에는 없는 것이 명명백백하다.

그럼에도 불구하고 물리적으로 도저히 불가능한 조선출병설을 입증한답시고, 비록 고구려에 소탕掃蕩되었을망정, '왜병의 조선 남단 출현설이 광개토대왕비에 기록되어 있는 것으로 미루어 왜의 출병이 틀림없는 사실'이라고 현 일본 역사서는 적고 있다. 그리고 한술 더 떠 '(출병이 틀림없으니까)「조선반도 진출, 거점 확보, 임나 경영」등의 『일본서기』 서술처럼 왜倭 최초의 통일 정권이 한반도에서 고구려와 대등하게 대치하였던 것으로 추정할 수 있다'고 비약시킨다. 작금에도 노골적으로 허위·날조된 가설을 만들어 내고 있는 것이다. 하지만, 광개토대왕 비문에는 왜의 조선반도 진출이나 거점 확보 등등의 사실을 내비치는 내용은 추호도 없으며, 도리어 고구려 군이 왜병을 섬멸시켰다는 승전기록이 있을 뿐이다. 애당초 비석을 세운 목적이 광개토대왕 서거 후, 왕위를 계승한 신왕이 선왕의 위대한 업적을 기리기 위한 것이었다. 따라서 당시 조선반도 남단 신라의 해안 마을에 출몰하여 약탈질을 하던 왜적(해적)을 일망타진한 내용을 다소 과장되게 왜병으로 기술하였거나, 아니면 제국주의 일제 침략자들이 20세기 들어 비문을 개찬한 것으로 여겨진다. 확실한 것은 비문 내용이, 광개토대왕 공덕비라는 비석의 성격상 왜적들 비하는 있을망정 적에게 유리한 기술은 있을 수가 없는 일이다. 허위·개찬이 의심되는 비문을 삼한정벌의 유일한 근거 사료라고 매달리는 일제의 침략 야욕이 유치·가련할 따름이다.

왜의 조선반도 진출과 거점 확보설의 모순

　『일본서기』「신공황후기」에는 삼한정벌이 신공황후 섭정 원년(서기 201년) 직전 해, 즉 서기 200년이라고 분명히 못을 박아놓았는데 현 일본 역사서는 이것을 180년(간지干支 3회순)이나 임의로 후대에 물려서 4세기 후반으로 바꿔놓은 것이다. 3세기에는 100여 개의 소국이 난립하고 있었다는 중국의 사서 내용 때문에 거짓이 탄로 나니까 가당치 않게 역사를 맘대로 180년이나 옮겨서 자기들 편리한 시기에 갖다 붙여놓은 것이다. 역사서는 단 한 글자도 근거 없이 바꿔서는 안 되는데 말이다.

　말도 되지 않는 내용이 또 있다. 당시 존재 그 자체가 의심되는 야마도 정권은 해외 출병은커녕 적대 관계에 있었던 규슈 지방의 구노국狗奴國 같은 비교적 연약한 라이벌조차 정벌하지 못하는 그런 주제였다. 허위 날조도 유분수지 어떻게 서진西晉을 낙랑군에서 몰아내고 백제를 남부로 몰아붙인 강력한 고구려와 신라를 감히 공격하여 항복을 받아냈다는 것인가.

바다 속에 갇혀 대륙과 격리된 미개한 왜 나라가 가상의 공상 소설을 써놓은 『일본서기』를 근거로, 현 일본의 사학자들은 작금에도 멀쩡히 눈을 뜨고 '4세기 삼한정벌·조선반도 거점 확보'라는 거짓 기술을 앵무새처럼 그들의 현 역사교과서에 되뇌고 있다. 고대 왜국의 그러한 열악한 상황 하에서, 조선반도 식민지에 불과한 꼴에 적반하장으로 조선반도 진출·거점 확보설이 어떻게 나오는 것인지 파렴치의 극치라 할 수 있다. 『일본고대사사전』「야마도 왕권의 성립」난에 저자 아베 다께시阿部 猛는 이렇게 썼다.

"(생략) 3세기에서 4세기에 걸친 시기에 성립하는 장대한 고총분묘高塚墳墓는, 강력한 지배자의 출현을 나타내며, 통일 국가의 성립을 말하고 있다. 야마도 천황가의 조상으로 생각되는 지배자·대왕들은 4세기 전후에, 일본 열도의 서반부에 통일 국가를 만들어내고, 이어서 조선반도에 출병하여, 반도 남부에 식민지적 거점을 확보한 모양 같다."

이것이 야마도 정권 성립을 설명하는 사전事典에 실린 일본 역사학자의 글이라고는 믿어지지 않는 어불성설이다. 야마도 정권 성립의 그 어떠한 근거도 없이 단지 일련의 추정만이 있을 뿐이다. 일본의 고대 역사는 실지 기록이 전무한데, 1500여 년이 흐른 현 시점에서 한 역사학자의 상상을 피력하는 꼴로 가술되어 있다. 어떠한 경우에도 역사서에 근거 없는 추정인 "식민지적 거점을 확보한 모양 같다"는 식의 기술은 절대로 용납될 수 없다. 이것이 역사서의 기본이다.

각 나라 사람마다 입장에 따라 생각이 다를 수 있지만, 야마도 정권 성립에 대한 필자의 견지는 정반대다. 필자는 4세기 성립설은 근거가 불충분하다는 정도가 아니라 차라리 합당한 근거가 전혀 없다는 입장이다. 근거가 얼마나 없었으면 추정만을 일삼겠나.

고총古冢이나 고분古墳의 피수장자가 야마도 왕권을 일으킨 세력과 밀접한 관련이 있는 지배자나 대왕일 가능성에는 필자도 동의한다. 하지만 그 시기는 4세기가 아니라 제반 여건으로 미루어 5~6세기 이후이며, 그 주인공은 일본 열도에 하늘에서 강림한 신화 상의 건국 신神의 자손이 아니고, 분묘 석실 내부의 수장품이나 장식 등 제반 출토품으로 미루어, 조선반도에서 배를 타고 건너온 조선반도 4국 중 어느 한 왕족의 핏줄이라고 판단된다. 특히 야마도 왕권의 성립 당시의 시대 배경이던 백제·가야계 왕손이나 호족豪族일 가능성이 매우 유력해 보인다.

고분 피장자의 선조는 일찍이 조선반도에서 일족을 거느리고 원시적 상태에 있었던 왜에 들어와 원주민을 정복하고 포용하여 각기 개별 소 식민지를 세우고, 선진 농경 수법手法을 전파하여 세력을 확대해 나갔던 것이다. 수 세기에 걸쳐 본국으로부터의 식민도 이어졌고 자체적인 인구 증식도 있어, 소국들의 연합·통합으로 이어져 보다 강대한 호족들이 출현하게 되었고 세력 다툼은 더욱 치열해 갔다. 그리하여 고분시대 후반기에 와서 국가 규모로 성장한 최후의 승자가 대왕 자리를 차지한 것으로 보인다. 물론 순수한 조선 반도 출신이다.

　　"일본 열도 서반부에 통일 국가를 만들어내고, 이어서 조선반도에 출병하여, 반도 남부에 식민지적인 거점을 확보한 모양 같다"는 소리는 현실성이 전혀 없는 꾸며낸 이야기에 불과하다. 너무나 뚜렷한 사실을 완전히 거꾸로 전도하여 임의의 허위 주장을 하고 있는 것이다. 진실은 오직 하나다. 서기 4~5세기 이전의 왜국은 조선4국 이주민에 의해 정복되어 조선의 식민지가 되어버린 것이다.

　　당연한 논리이지만 왜가 조선에 진출하여 거점 확보를 하였다는 가설과는 정반대로, 이 당시 왜는 전체가 조선반도 4국의 식민지 아닌 그 무엇도 아니었던 것이 확연하다. 왜의 인구 구성이 대부분 B.C. 4세기 이래의 조선반도 이주민과 그 후손, 그리고 계속 끊이지 않고 이어지고 있었던 동일 연고 지역 이주민으로 채워졌던 것은 과학적인 추계로 입증이 끝난 사항事項이다.

조선 반도에서 이주민이 금속 문화와 볍씨를 지니고 왜에 집단으로 들어가기 직전(대략 B.C. 4세기 경)의 왜는 어떠한 상태였던가를 돌이켜보자. 왜인은 키가 작고(평균 153cm) 코폭이 넓은 남방계와, B.C. 4세기 이전 조선반도 초기 이주민이나 아이누 같은 북방계 원주민이 가족 단위로, 식생활을 채집·수렵·어로漁撈에 의존하는 원시(석기) 시대에 살고 있었다. 식량의 잉여 생산이 불가능한 환경에서는 인구의 증식이 이루어질 수 없다는 것이 모든 인류의 보편적 철칙이다. 따라서 당시의 인구밀도는 원주민 기준으로 매우 낮은 상태였다는 것에 이론의 여지가 있을 수 없는 것이다.

B.C. 4세기 이후 이러한 왜국 땅에 들어온 조선반도로부터의 이주민 집단이 금속기와 선진 문화를 앞세워, 처음부터 이 땅의 지배 계층으로 자리를 잡은 것이 너무나 당연하다. 이주민 집단을 중심으로 농경문화가 틀이 잡혀 식량 사정이 개선되어감에 따라 인구의 급속한 증식이 비로소 시작되었을 것이 자명한 순리이다.

식량 사정이 취약한 원주민이 소수파로 전락되어 가는 것은 시간 문제였을 것이다. 그 후 이어진 수 세기 동안 대륙에서의 잦은 전란을 피해 조선반도로부터의 이주민 집단은 시시로 줄을 이어 들어왔다. 그리고 왜나라 각 지방으로 분산되어 각각 소국으로 자리를 잡아 가면서 서로 충돌도 하고 합치기도 하며 대소 호족 등으로 성장해 간 것으로 생각된다. 물론 이주민 집단들과 조선반도의 출신 국들 간의 유대 관계는 계속 긴밀히 이어져 왔다고 보는 것이 보다 자연스럽다. 대륙의 선진 문화에다 기술자와 금속 소재를 아낌없이 공급해주는 본국과 식민지 간의 관계 같은 것이었기 때문이다.

소위 야마도 정권이 성립된 후로도 철기 문화가 발달한 가야 하고는 당연히 밀접한 관계가 지속되었다. 금속기 완제품 공급에 이어, 왜국에서도 수입된 지금地金을 이용한 철기 직접 생산이 점차 소량씩 이루어지기 시작하였다. 이러한 관계는 6세기에 왜국에서 철의 자체 생산이 어느 정도 가능해질 때까지 이어진 것이다.

다시 말해 4세기 당시 왜 민족이란 하늘에서 떨어진 것도 아니고, 소수파에 속하는 원原일본인도 아니라, 대부분 조선 반도 집단이주민과 그 후예들로 구성되었던 것이다. 속설과는 달리 남방에서 가족 단위로 통나무배를 타고 들어온 소수의 원시 부족과 북방에서 제한적으로 유입된 아이누 족으로 대표되는 선주자의 후예들이 차지하는 총 인구 대비율은 극히 낮은 상태가 지속되었다.

현 일본 학자들에 의한 고대 왜국 조몽繩文 말기(B.C. 1000~B.C. 300년)의 원주민 총 인구 추계는 하나 같이 평균 약 5~6

만 명 내외이다. 이것은 앞서의 상황 설명에 부합하는 수치라 할 수 있다.

현 일본 역사서에 서술하기를 "B.C. 500년경부터 대륙으로부터 도래인渡來人이 일본열도 도처에 상륙하기 시작한다. 금속기 문명을 대동하고, 벼농사법을 도입한 문명인 집단이다. 이들은 원주민을 손쉽게 정복하고 지배하게 된다. 그 수가 대충 총계 어느 정도였을까"라고 묻고 있다.

저명한 일본 자연인류학자 하니와라埴原和郎 교수는 'B.C. 300년에서 고분古墳 시대 말인 A.D. 700년까지 대륙으로부터의 도래인 추계를 대략 1백만 명'으로 잡았다. 평균으로 매년 1,000명씩이다. 따라서 B.C. 500년부터 B.C. 300년까지 200년간 이주민 총계가 20만 명이 된다. 이미 이 시기에 그들이 전체 5~6만 명의 원주민을 정복하고 지배하는 것은 당연한 귀추라 할 것이다. 이와 같은 상황에 상응되는 연구 결과가 일본의 유수 민족학 연구 기관과 해당 분야 전문 학자들에 의해 근래 발표되기 시작하였다. 그 중 주목할 만한 몇 실례를 다음 쪽「고대 왜국의 인구추계」에 인용한다.

20세기 들어 범세계적으로 인류학의 과학화가 진척되어, 수천~수만 년 전의 어떤 특정 지역에 생존하였던 동식물의 분포도를 측정하는 방법이 개발되었다. 여러 지역의 고대 주거·문명 유적지를 발굴하면서, 출토된 유물의 연대 측정이 방사성

물질인 C14 탄소의 잔류량 계측·분석을 통한 산출에 의해 가능해졌다. 이는 지층地層마다 시간·시대 차를 두고 매몰된 유물에 부착한 유기有機 물질을 분석·측정하는 방법이다. 발굴된 각종 유골·화석이나 토양속의 씨앗·화분花粉 등의 종류와 수량·분포도의 측정 계수에 기반을 두어 한때 그곳에 서식하였던 동식물의 종류와 수량을 각 연대·지역·지층별로 계산해내는 길이 열린 것이다.

고대 왜국의 인구추계人口推計

    대륙과 동떨어진 섬나라 고대 왜는 역사 기록이 전혀 없기 때문에, 당시의 인구 추정이 불가능한 상태였다. 20세기 후반에 들면서 과학의 획기적인 발전으로, 역사 이전의 문자 기록이 없었던 선사시대의 인구 동태를 산출해내는 추계 방법이, 구미·일본 등의 인류·민족학 학자들에 의해 고안된 것이다.

    다음은 일본 「센리 민족학 연구 #2-1978」(Senri Ethnological Studies No.2-1978, 출전: 『일본어는 어떻게 성립되었는가』제6장, 大野 晉, 일본 中央公論新社)에서 인용한, 고대 왜국 인구 동태에 관한 추계표이다. 놀랍게도 앞서의 고대 국가 성립 과정의 서술 내용에 거의 합치되는 조사 결과가 나온 것이다.

    일본 고대의 시대 구분은 B.C. 4세기 이전 10,000년간을 조몽繩文 시대, B.C. 3세기이후 600년간을 야오이弥生 시대로 구분하는데, 조몽 시대를 다시 초창기, 전기, 중기, 후기로 나눈다. 위 연구 자료에는 이제까지 발견된 조몽 시대 초기에서 만기晩期까지 일본국 전 국토에 걸친 28,000여 개소의 유적에 대하여 촌락의 규모, 식량 저장구덩이, 무덤, 토기의 출토량 등을 감안하여 과학적 계수를 한 결과로부터 얻어낸 각 시대·기별 인구수 통계표가 들어 있다.

〈고대왜국 인구추계표〉

	시 대	일본 인구수 추계
조몽	초기(B.C.10,300~B.C.7,800)	22,000 명
	전기(B.C. 7,800~B.C.5,300)	106,000 명
	중기(B.C. 5,300~B.C.2,800)	263,000 명
	후기(B.C. 2,800~B.C. 300)	161,000 명
야오이	(B.C.4세기말~A.D.3세기말)	601,000 명

출전; Senri Ethnological Studies No.2-1978

위 표에서 받는 첫 느낌은 조몽 시대의 왜나라 총인구가 터무니 없이 소수인 것이 눈을 의심할 정도이다. 하지만 고립된 외딴 섬이라는 지리적 제약과, 당시의 채취·채집·어로·수렵 등 원시적 식량사정을 감안하면 수긍이 절로 가는 일이다. 총인구 면에서 1만여 년 간 잠들고 있었던 섬나라가, B.C. 4세기 초 야오이 시대로 들어서자 불과 600년간에, 별다른 자연적 조건의 변동 없이 갑자기 그 수가 직전 기인 조몽 후기 16만여 명에서 거의 3~4배인 60만여 명으로 전례 없는 증가를 이룬 것에 주목할 필요가 있다.

이는 B.C. 4세기 초 소위 야오이 초창기에 조선으로부터 이주민이 고도로 발달한 대륙의 문명을 대동하고 집단으로 이주해 들어가기 시작하였다는 앞서의 서술 내용과 합치하는 것이다. 인구 밀도가 극히 낮았던 원시적 왜倭에 전체 인구의 3~4배 이상에 달하는 문명인이 밀려 들어왔다면, 그 후의 상황은 쉽게 짐작되는 거 아닐까.

금속기 문화와 농업 기술을 지닌 절대 다수의 선진국 이주민이 수적數的으로도 절대 열세인 원주민을 지배하게 되는 것은 당연한 귀결이라 하겠다. 정복이니 식민지니 하는 말조차 필요 없는 무방비 상태인 원주민과의 대수로운 물리적 충돌 없이 자연스럽게 주종의 관계로 정착해 버린 것이다.

이렇듯이 고대 왜국은 근대 일본인들이 제국주의 군국 시대에 즐겨 사용하던 '식민지植民地'라는 어휘와 동일한 현상으로 저절로 되어 버린 것이다. 어쩔 수 없이 고대 왜국은 손쉽게 조선의 식민지가 되었던 것이다.

B.C. 300년을 전후해 일본 열도에 들어간 대대적인 조선반도

이주민이, 소수의 원주민을 제치고 고대 왜민족 형성의 기조가 되었다는 상황을 뒷받침하는 과학적인 연구 결과가 20세기 말경부터 일본에서 발표되기 시작하였다. 2003년 6월 24일자 중앙일보에 게재된, 일본 돗토리 대학의 이노우에井上貴央 교수와 도쿄대학 도쿠나가德永勝士 교수의 연구 논문 내용을 다음 쪽에 인용한다.

"일日 선조 한반도에서 왔다" 재확인

돗토리大 교수 "현대 한국인과 DNA 일치"
도쿄大 교수 "유전자 비교결과 조선족과도 비슷"

'일본의 선조先祖 집단이 한반도를 경유한 도래인渡來人에서 유래했을 것이라는 기존 학설을 방증傍證하는 연구가 일본에서 잇따라 나왔다'는 것으로, '기원전 5~4세기 중국 전국 시대의 혼란을 피해 대륙과 한반도로부터 다수의 도래인이 벼농사 기술을 갖고 일본 열도로 옮겨오면서 일본의 야오이彌生 시대(기원전 3세기~서기 3세기)가 열리게 됐다는 학설을 뒷받침하는 것이다'고 하면서, 이어 신문 기사는 '돗토리대학 이노우에 교수팀이 야오이인 유골의 미토콘드리아 DNA 염기배열분석 결과 이들이 현대 한국인의 그것과 일치한다는 결과를 얻었다' 하였고, '도쿄대 도쿠나가 교수는 인간의 6번 염색체 HLA 유전자 군을 이용한 인간 게놈 정보를 비교

연구한 결과 일본 본토인과 가장 가까운 집단이 한국인과 중국에 거주하는 조선족으로 추정된다는 결론에 도달했다' 는 것이다.

그렇다면 앞서와 같은 황당무계한 4세기 전후의 왜국 조선반도 정복설의 배경은 도대체 무엇일까. 걸음마 단계였던 미약한 식민지가 강력한 조선 반도의, 그들 자신의 출신 국들을 정복하였다는 얼토당토않은 가설이 왜 어떻게 나왔을까.

당시 왜나라 자체는 문자가 없었고, 소국으로 나눠져, 역사를 직접 기록할 계제가 아니었다. 5세기 초 조선에서 한자가 전래될 때까지 고대 왜 전체가 문맹이었던 것이다. 따라서 왜의 역사 전승이라는 것, 더구나 소국으로 쪼개진 상태에서 그 어떠한 국가 전체의 역사라는 것의 구두 전승이 가능한 상황이 될 리가 만무하였다.

작금 일본 사학계가 제시하는 조선 반도 점유 및 거점 확보의 유일한 역사적 근거는 『일본서기日本書紀』「신공황후기神功皇后記」와 압록강 건너 집안集安에 서 있는 「광개토대왕 비문」의 왜곡·날조된 해석이 전부다. 하지만 이는 둘 다 범세계적 판단 기준에 비추어, 통례상 역사 사료라고는 인정될 수가 없다. 전자인 신공황후기는 실존 자체가 의심되는 한 무속인의 황당한 주문呪文을 읊은 이야기이고, 후자는 주요 부분이 마멸·결손 되었거나 일제 군부에 의해 개찬·왜곡되어서 비문 내용 해독이 원문대로 이루어질 수 없기 때문이다.

당시의 시대 상황으로 미루어, 이상과 같은 논거에 의거하지 않더라도, 4세기 후반 야마도 통일 왕권의 성립설成立說조차 역사적 측면에서 보기에는 근거가 없는, 허위 또는 좋게 봐서 추정적 기술에 불과하다.

광개토대왕 사후에, 후손이 대왕의 위대한 치적을 기리기 위해 세운 공적비석에 대해 난데없이 왜소하고 미약한 왜국이 끼어들어, 강력한 조선 반도 제諸국을 왜가 침공하였음을 증언하는 비문을 새긴 것이라고 주장하다니 언어도단이다. 제대로 걷지도 못하는 주제에 마구 달려갔다는 것과 같은 말이다.

실인즉 당시 왜 해적의 조선 반도 남단 해안 마을 소규모 침공·약탈질이 간혹 있었다. 이를 고구려 군이 소탕·섬멸하였다는 비문 내용인데, 19세기 들어 일본군이 앞서 기술한 '신공황후 조선출병설'에 맞춰서 '강력한 왜군 출병설로 날조·왜곡하여' 왜를 억지로 강대한 존재인 것처럼 포장한 것으로 보인다. 20세기 과학 시대에 들어서도 태평양 전쟁 때 일본군은 일본 군함 10척이 침몰되고 미국 군함은 한두 척이 가라앉았다면 그 정반대로 발표하기가 다반사였다.

다른 한편 대왕 사후에 세운 공적비인 점을 감안하면 광개토대왕의 위대함을 부각시키기 위해 표현을 다소 과장하였다고도 볼 수 있다. 왜적倭賊을 소탕한 보람이 있도록 비문碑文에다 대상물인 왜병의 규모를 의도적으로 부풀렸다고도 볼 수 있다는 것이다. 여하튼 개찬 의혹이 계속 제기되고 있는 애매모호한 비문 내용에 큰 의미를 부여할 문제가 아니다.

신공황후기 자체도 『일본서기』 편집자가 조선 관련 기사를 송두리째 날조한 것인데, 그 거짓 이야기를 인용해 오늘날의 일부 일본 사학자들은 역사 왜곡을 이중 삼중으로 자행하고 있는 것이다. 그야말로 일본제국주의식으로 날조된 역사 소설에다 지금도 가필加筆을 하고 있는 것이다.

그렇다면 말썽 많은 『일본서기』는 도대체 어떻게 만들어진 것인가를 좀 더 구체적으로 파헤쳐 그 허구를 철저히 밝혀내야 하겠다. 고대 조선에 대하여 100% 허위로 기술하여 남의 나라 민족에게 모멸감과 혐오감을 일으키는 『일본서기』의 날조 과정과 그 배경을 다음 쪽에 논거論據를 들어 상세히 기술하겠다.

8세기 초 당시의 일본 정권은 실지 기록이 전혀 없는 과거사를, 자의로 만들어낸 구승·전승과 급조된 각 지방 풍토기 등을 기반으로 건국 신화를 곁들인 일본 최초의 역사서를 만들기로 한다. 자연히 멸망한 종주국인 백제의 역사서가 참고서로 안성맞춤이었다. 편자들은 백제의 역사서 연대에 맞춰 중국의 사서를 규범 삼아 기술을 해나가는 손쉬운 방법을 택했다. 하지만 그 내용을 임의로 개찬해 멸망한 종주국을 깔아뭉개고 주객을 완전히 전도시켰다. 왜국이 마치 조선 반도를 압도하는 강대국인 양 일본 고대사의 기록 아닌 창작이 진행된 것이다. 아래에 그 허구성을 낱낱이 파헤쳐 논증해 나가겠다.

『일본서기日本書紀』의 편저내력

　『일본서기』는 720년에 완성된 왜국 최초의 고대 역사서라 한
다. 일본의 소위 신대神代로부터 697년 지통持統 천황 11년까지
편년체로 되어 있다. 712년에 나온 『고사기古事記(こぢき)』와 짝을
져 『기기紀記』로 불리는 유일무이의 일본 고대사서日本古代史書라
는 것이다. 그런데 괴이하게도 현 일본 역사교과서에는 『일본서
기』의 기술내용이 거의 실려 있지 않다. 완전히 푸대접을 받고
있는 것이다. 기껏 책이 저술된 연대(720년)만 적고 있을 정도
다. 더 이상한 것은 조선 반도에 관해서는 일본 관계보다 몇 배
나 더 많이 인용하고 있어 『일본서기』가 아니라 『반조선서기反
朝鮮書紀』라는 조롱 소리가 나올 정도다. 물론 『기기紀記』의 일본
관계 기술 내용조차 내용이 너무 황당하고, 날조·왜곡·과장이
심해 교과서에 인용을 한다면 일본 역사 교육이 아니라 반역사

교육이 우려스럽기 때문일 것이다.

반면 조선에 대한 일본 교과서 기술은 마치 고대 일본이 선진 국인 조선반도의 식민지가 아니라, 반대로 조선이 고대 왜국의 식민지였다는 등 사실과는 정 반대로 전도顚倒되어 있다. 아직도 제국주의 본질을 버리지 못하고, 역사 열등의식을 불식시키기 위한 백일몽을 꾸고 있다고 밖에 생각이 안 간다.

그 대표적인 사례가 바로 『일본서기』에 허구 일변도로 기재된 「신공황후 신라정벌기」를 임의로 각색한 「조선반도 거점확보, 임나일본부 경영설任那日本府經營說」이다. 물론 두 개 다 실제 있었던 이야기 하고는 거리가 먼 날조된 내용이다. 특히 「신공황후」에 대해선 일본 학자들조차 이야기가 황당해서 믿기 어렵다는 반응이지만, 현실성이 전혀 안 보이는 「임나일본부설」은 일본 측 민·관의 상당수가 아직도 미련을 못 버리고 여전히 꿈속에서라도 사실인 양 생떼를 쓰고 있는 실정이다. 책 내용이 허구이든 말든 겉껍데기가 일본유일의 고대 역사서라는 강박관념 때문에 신주 모시듯 붙들고 놓지 못하는 꼴이다.

「신공황후기」에 대해서는 위 『일본고대사사전』의 저자 중 한 사람인 모리다森田 悌의 아래와 같은 해설이 작금의 대다수 일본 학자들의 의중이라고 볼 수 있다.

"신공황후의 조선반도 출병설은 황당한 내용이 많아, 사실이라고 는 인정하기 어렵다. 남편男便(중애천황仲哀天皇)이, 숭상하는 신의 뜻을 배신하고 죽은 후에, 신탁神託에 따라 조선에 출병하여 개선 한 후 응신應神천황을 출산하였다는 등 이야기가 가공으로 구상되 었다. (생략)

『일본서기』의 편자도 신공황후를 『위지魏志』「왜인전」 히미코卑彌子 여왕에 비정比定하고 있다."

여기서 히미코와 신공황후가 재미있는 공통점을 갖고 있다는 것을 알 수 있다. 3세기에 왜국의 여왕으로 『위서』에 등장하는 나이 10대의 비미자卑彌子는 60여 년 재위하였으며, 〈귀도鬼道에 종사하고 중衆을 혹惑하는데 특이한 능력의 보유자〉로 되어 있 다. 또한 「신공황후」라는 것도 〈남편이 숭상하는 신의 뜻을 배 신하고 죽자 신탁神託을 청하여 조선반도에 출병하였다가, 개선 후 응신 천황을 출산하였다〉는 등 신사神事에 봉사하는 영매자 靈媒者라는 성격을 지닌 것이다. 한 마디로 두 사람 다 가공의 인물이 아니라면, 조선반도의 무속인의 핏줄을 이어 받은 것이 확연하다.

『일본서기』「신공황후 섭정攝政39년조」에는 "이 해 태세기미 太歲己未 『위지』「왜인전」에 의하면, 명제 경초明帝景初 3년 6월에 왜의 여왕이 사자使者를 시켜 공물을 보냈다고 하였다"라고 쓰여 있다.

이 구절을 들어 현 일본 역사학자들이 비미자를 신공황후에
다 견주었다(擬)고 풀이하는 것이다. 동일 종류의 무녀巫女들이라
는 의미 같은데, 자국 여왕과 황후를 비하하는 말은 아닐 테고,
당연히 그녀들이 지녔다는 가공架空의 무속적 초능력을 신성시
하는 것으로 새겨야 할 것 같다. 부언하면 신공이 실존하였다는
역사 기록이 단 한 글자도 없으니까, 신공을 하다못해 연대조차
맞지 않는 『위지』의 '비미자'까지 끌어 들여 동일인으로 견주
는 것이다.

이상은 고대 왜국의 신화나 무속 설화일 수는 있을망정 도저
히 역사 기술이라고는 할 수 없다. 무슨 조선 반도 출병, 거점
확보, 임나일본부 경영 등이란 전혀 근거가 없는, 도저히 현실성
과는 동떨어진 허위 날조로 일관된 내용들이다.

이러한 내용과는 정반대로 당시의 시대 상황으로 미루어 고
대 왜나라는 엄연히 조선반도 4국의 왕족들과 호족豪族들이 세
운 식민지였던 것이다. 식민지 왜국의 수장들이 자신들의 출신
지이며 고국인 조선 반도를 자의로 출입하여 대륙의 신문명을
받아(얻어)가는 일을 두고 조선 반도 진출, 거점 확보라고 허위
로 써넣은 『일본서기』편자의 속사정은 너무나 뻔하다. 그 속내
와 과정을 아래에 상세히 기술하겠다.

『일본서기』 날조의 배경

『일본서기』가 만들어진 역사적 배경을 살피면 그 날조의 동기를 쉽게 볼 수 있다.

서기 660년 백제가 나당 연합군에게 패망하자, 당시 때마침 백제계系가 왕권을 장악하고 있었던 왜국 조정은 경악과 동시에 침통의 늪에 빠져들었다. 오랜 세월에 걸쳐 밀접한 연관을 유지하고 있는 왜국 대왕들 선조의 모국 백제가 멸망해버린 것이다.

이때쯤에는 야마도 정권도 조선반도 4국의 대륙 문명을 동반한 오랜 식민으로 인구 면이나 식량 생산에 상당한 힘을 지닌 세력으로 성장해 있었다. 562년 선조의 나라 가야에 이어, 660년 모국인 백제마저 신라에 의해 병합되어 소멸되는 것을 다시 속수무책으로 방관만 하고 있을 수는 없었다. 당시 순전히 백제

계였던 왜국 조정은 한시바삐 자신들의 본국인 백제의 부흥책復
興策을 강구하기에 발을 벗고 나섰다.

한편 백제 유민은 백제 멸망 후에도 무장武將 귀실복신鬼室福信
이 주동이 되어 부흥 운동을 전개하며 왜국에 협조를 요청하고,
당시 왜국에 체재하고 있었던 의자왕의 아들 부여풍장扶余豊璋을
불러들였다.

왜국 여왕 제명齊明은 백제 구원군을 파견하기 위하여 규슈
축자조창궁九州筑紫朝倉宮으로 옮겨가지만, 그곳에서 병으로 사망
한다. 그때 실질적으로 정권을 장악하고 있었던 아들 중대형 황
태자中大兄皇太子가 여왕을 대신하여 백제 구원군의 지휘권을 잡
고, 백제 유민들이 부여풍장을 백제왕으로 책봉함에 따라, 마침
내 3년에 걸친 준비 끝에 663년 3만에 가까운 대대적 구원군을
바다 건너로 보낸다. 그리하여 나라를 재건하기를 도모하는 백
제 잔존 유민과 힘을 합쳐 나·당羅唐 연합군과의 역사적인 백촌
강구白村江口(현 금강하구) 결전에 임한다.

『구당서舊唐書』「유인궤전劉仁軌伝」에는 "왜병의 배 400소艘가
불에 타 연기가 하늘을 덮었고 해수는 피로 붉게 물들었다"라고
기록되어 있다.

왜병은 이렇게 대참패를 당하고 백제는 완전히 멸망하고 만
다. 백제의 지배 계층 유민遺民은 거의가 서둘러 백제를 등지고
왜의 패잔병과 함께 무리를 지어 한때 백제의 식민지였던 왜국

으로 들어간다. 이렇게 하여 찬란한 백제의 선진 문화가 그들을 따라 송두리째 왜로 옮겨 가게 된 것이다. 한문학자, 행정 전문인, 도자기·금속기·건축 기술자 등이 침략자인 나·당의 간섭을 피해 일찍이 조상들이 식민한 신천지로 향한 것이다.

백촌강 패전으로 혼쭐이 난 왜병은 조선 반도에서 철퇴撤退한 후, 나·당의 내습 위협에 대한 경계심이 고조된 가운데, 북 규슈를 중점으로 왜국 방위 체제를 강화시켰다. 여왕의 대를 이을 중대형 황태자는 천지天智 연호칭제年號稱制만 사용하고 즉위는 미룬 채, 계속 실권을 쥐고 언제 있을지도 모를 나·당의 침공에 대비하는 방비책에 골몰한 것이다. 규슈 대재부大宰府에 수성水城을 쌓고 대마도·일기도壹岐島와 축자筑紫에 봉화대를 설치하여 방인防人을 두었다. 동시에 조선 반도에 대한 내·외국인의 출입을 엄히 통제하였다.

아마도 처참하게 패전당한 충격이 너무나 커서, 백제라는 이름도 듣기 싫었던 모양이다. 이후 중대형中大兄은 망명해온 백제인 학자들과 상통하여 국정 개혁을 추진해, 율령제律令制 정비로 내정을 확대하고 칭제稱制 7년(667년)에 오우미국 대진近江國大津 땅으로 천도하여 다음해 천지天智 천황(왕)으로 즉위한 것이다.

이상과 같은 배경 설명은 당시의 백제계 왜국 조정이, 점차적으로 모국인 조선 반도와의 연계를 단절하는 과정을 설명한 것이다.

천지 왕은 즉위 후 불과 3년 후 병으로 죽으면서 왕위를 관례에 따라 동생 대해인 왕자大海人王子에게 물려주어야 하는 것을, 욕심을 부려 아들 홍문 왕弘文王에게 넘겨주었다. 이일이 계기가 되어 3년 후 왕위 계승권 쟁탈 내란이 일어난다. 대해인 왕자가 혈전에서 승리해 천무天武 대왕으로 등극하여 686년 사망 시까지 14년 간 백제계 망명 학자들과 힘을 합쳐 중앙 집권 율령국가 작업을 완성한다.

700년을 전후하여, 왜국 조정은 조선 반도의 통일 신라와는 완전히 단절된 채, 왜국 정권은 백제계 유민 2~3세 출신의 지배 계층에게 장악되어 독립된 신생 일본국이라는 국가 의식이 팽배해진다. 멸망한 백제를 역사에서 완연히 지워 버리기로 한 것이다.

망명 제1세대들이 인지상정으로 멸망한 고국 백제에 대한 그리움과 미련을 버리지 못한 것과는 달리, 2~3세대들의 머리에는 30~40년 전에 완전히 소멸된 조상들의 고국을 아쉬워하는 감정은 편린조차 남은 것이 없었던 것이다.

되돌아보면 야오이 시대 초기부터 조선 반도에서 대소 집단으로 왜 나라에 식민을 시작한지 장장 1000여 년간, 석기 시대에 안주하고 있었던 원시적인 그 땅에, 볍씨와 선진적 농경법 그리고 금속기 문화를 들고 들어와, 피땀 어린 개척으로 식민지로 탈바꿈시켜 지배 계층으로 자리 잡아 어엿한 대국으로 만들어 놓은 것이다.

그간 조선 반도로부터의 이주민은 끊임없이 줄을 이어 들어왔다. 특히 고구려·백제·신라 등 조선 삼국이 삼한과 가야라는 누에고치를 벗고 강국으로 성장하는 과정에서, 서로 간의 확집確執 속에 밀고 밀리면서, 왕족이나 지배 계층을 중심으로 무리를 지어 왜국으로 이주해 들어왔다. 그리고는 같은 계열의 기존 집단에 합세를 거듭해가며 더욱 큰 세력(나라)으로 자리를 잡아갔다. 완성된 하나의 국가 정권의 핵심에는 필연적으로 문무를 겸비한 강력한 지배 계층이 형성되기 마련이다.

7~8세기 전후의 일본국(왜국에서 개명) 조정도 예외는 아니었다. 천황을 포함한 거의 모든 지배층은 백제계 일색이었다. 당시 일본 정권의 권력 암투는 뜻밖에도 같은 백제계 왕족과 귀족 간의 왕권을 에워싼 물고 뜯는 사생결단死生決斷의 싸움판이 벌어지고 있었다. 이 암투에서 승자로 솟아오른, 정권의 중심을 점유하고 있었던 귀족 집단이 소가蘇我와 후지와라藤原 집안이다. 그 대표적인 인물이 후지와라 후비도藤原不比等로서, 막강한 권력을 손에 쥐고 권모술책을 써 조정을 마음대로 좌지우지 마구 휘둘러 댔다.

이 무렵은, 663년에 백제가 완연히 소멸된 지 3세대 째였다. 그간 조선 반도로부터의 집단 이주민의 연줄도 완전히 끊긴 채,

할아버지 대에 목숨만 겨우 건지고 왜국에 마지막으로 망명해 온 쓰라린 기억도, 고국에 대한 그리움과 아쉬움도 잊은 지 오래되었다. 왜국에서 귀족 계층으로 자리 잡은 이들에게는 백제라는 이름조차 생소한 여운이 되어버린 것이다.

이때쯤 일본이란 이름으로 탈바꿈한 왜국은 접촉이 끊긴 지 오래된 조선 삼국과는 아무런 연관이 없는 독립 국가라는 관념이 팽배해 있었다. 일본 조야는 그때까지 당당한 독립 국가로서 자국 역사서가 없는 것에 중의가 쏠리기 시작하였다.

이리하여 714년 화동和銅 7년 2월에 일본 조정은 백제계 학자 집안에 더불어 기노기요히도紀清人와 미다께 후지마로三宅 藤麻呂에게 일본 국사 편수 명령을 내렸다. 실권을 쥐고 있는 후지와라 후비도의 간섭 하에 백제유민 학자들 후예를 중심으로 일본 역사 편찬 작업이 비로소 가동된 것이다.

이들은 참고 자료로 사용한 『백제기』 등의 백제사서와 『위지』 등의 중국 사서를 본 따서 서식을 취했다. 내용 자료는 고래古來로 구승된 신화나 설화 등을 기록한 『제기帝紀』『구사舊辭』 등을 참고로 삼았다. 아울러 713년에 다급하게 각 지방에 「풍토기風土記」를 작성토록 명하여, 씨족이나 지방의 전승 기록 등을 제출토록 하였다. 그러고는 그 내용을 임의로 왜곡·과대·날조를 일삼으며, 신생 일본국을 마치 역사가 깊은 강대한 국가로 조작해 가면서 기록해 나갔던 것이다. 즉 진정한 뜻에서의 역사서가 아니라 건국 신화를 창작하는 작업과 같은 것이었다. 이것이 조선에 관한 기술내용의 태반이 전혀 현실성과 동떨어진 황당무계하기가 이를 데 없는 허구·가공으로 일관된 소설이 된 연유이다.

『고사기』와 『일본서기』의 편자들은 역사가 얕은 일본국의 건국 기초 체제를 신화에 둘 수밖에 다른 선택이 없었던 것이 확연하다. 따라서 결과에 나타난 바와 같이, 자연스럽게 알타이Altai계, 다시 말해 조상의 출생지인 조선 반도의 동일 종족 신화 체계를 『백제기』 등 조선의 사서를 통해 기본적으로 계승 도입한 것이다. 조상이 하늘에서 강림하였다든가 삼종의 신기神器라든가 곰 숭상 등 유사함을 구한 것이다. 이리하여 10여 명의 왕의 평균 수명이 연달아 100세를 넘는 등 비현실적 기술이 전체의 대부분을 차지한다.

그 결과 도가 지나쳐 신화적 서술이 고대 건국 초기에 그치지 않고 서기 4세기까지 이어져, 황당하게도 전 세계 어디에도 볼 수 없는 역사라는 이름만 빌려온 공상 소설과 같은 창작 신화인 유사類似 역사서가 탄생한 것이다. 그 이름이 바로 『일본서기日本書紀』이다.

20세기에 와서 간행된 『일본고대사日本古代史』조차도 "기재 내용의 신빙성이 그나마 어느 정도 인정되는 것은 연대가 얕은 천무天武(672년)와 지통기持統紀(686년)뿐이고, 연대를 거슬러 올라갈수록 연기年紀나 사건·계보系譜, 인물의 실재성에 있어 전혀 괴상해지면서, 도저히 사서로 간주할 수 없다"고 기술하고 있는 실정이다.

그렇지만 작금 간행되는 거의 모든 '일본근현대사'에는 아직도 '4세기 신라정벌·조선반도 거점확보'라는 허구적인 어구가 어김없이 튀어나온다. 그 유일한 근거로 인용되고 있는 것이 『일본서기書紀』에 나오는 「신공황후神功皇后」 대목이다.

『일본서기』「제9권 신공황후神功皇后」

　　일본이 내세우는 유일한 고대 역사서이며, 말썽 많은 '신공황후'가 등장하는『일본서기』「제9권 신공황후」편을, 내용이 얼마나 황당한 가를 독자에게 확인시키기 위하여, 원문대로 아래에 인용하여 그 날조된 허구성을 파헤쳐 나가겠다.

　　「제9권 신공황후」에 들어가기 전에 독자의 이해를 돕기 위해 먼저 황후의 '삼한정벌' 직접 동기가 된 그녀의 남편인 중애천황의 소위 신탁神託사건의 개요를 기술해야 할 것 같다.

「제8권 중애천황」의 요약

　　『일본서기』제8권「제14세 중애천황」에 서술하기를: 성무왕

成務王 48년에, 용모 단정하고 키가 10척인 중애仲哀가 31세 때 황태자가 되었다. 성무 60년에 왕이 죽자, 이듬해 중애는 원년 춘 1월 11일에 왕위에 오른다. 중애 2년 춘 1월 11일 기장족희존 氣長足姬尊을 황후로 삼았다. 소위 '신공황후'로 22세 때이다. 3월 15일 중애는 남해도를 순행하였다. 기이국紀伊國에 이르러 덕륵진궁德勒津宮에 머물렀다. 이때 웅습熊襲이 배반하여 공물貢物을 바치지 않았다. 이에 중애는 웅습을 정벌하기로 마음먹고 황후와 함께 준비에 들어간다. 중애는 머물 곳을 풍포진豊浦津(현 山口縣豊浦)으로 옮겨 혈문풍포궁穴門豊浦宮이라는 거처를 짓고 사는데, 신공황후와 무속적 신령神靈과의 교류가 빈번해진다.

아래에 「제8권 중애천황」본문을 그대로 인용한다.

神의 계시啓示

본문:「중애 8년 추秋 9월 5일, 왕은 군신群臣에게 명하여 웅습熊襲을 칠 것을 토의시켰다. 그때 신神이 황후를 통하여 아래와 같은 신탁神託을 내렸다.」

"천황은 무엇 때문에 웅습국이 종속從屬하지 않음을 걱정하는가. 그곳은 황폐하고 메마른 땅이니 무력으로 칠 가치가 없는 땅이다. 그 나라보다 훨씬 더 우월하고 보물을 가진 나라가 있다. 말하자면, 처녀의 눈썹처럼 바다 위에 드러내 보이는 나라가 있다. 눈부신 금·

은·채색彩色 등이 많이 있는 나라다. 이를 고금신라국栲衾新羅國이라 한다. 만일 나(신)를 제사祭祀로 잘 섬기면, 칼에 피를 묻히지 않고 그 나라가 필히 복종할 것이다. 또한 웅습도 종속할 것이다. 그러한 제사에는, 천황의 어선御船과 혈문穴門의 직천립直踐立이 바쳤던 수전水田을 공물供物로 내놓도록 하라."

천황은 신의 말씀을 들었으나 의심스러웠다. 그래서 높은 산에 올라가 멀리 넓은 바다를 살펴보았지만 어떤 나라도 보이지 않았다. 그리하여 천황은 신에게 말하기를 "내가 두루 내다보았는데 바다만 있지 나라는 없다. 어떻게 빈 허공에 나라가 존재하겠는가. 어느 신이 감히 짐朕을 속이려는 것인가. 더구나 나의 황조皇祖 제諸 천황들은 빠짐없이 모든 신기神祇를 제사 지내셨다. 어찌 제사 지낼 신이 또 남아 있겠는가?"라고 하였다.

신은 다시 황후에게 탁託하여 말하기를 "물 위에 비치는 영상처럼 내가 선명하게 위에서 내려다보고 있는 나라를, 어찌하여 나라가 없다고 내 말을 비방하는 것인가. 왕이여 끝내 이와 같이 내 말을 믿지 않는다면 그대는 그 나라를 얻지 못할 것이다. 하지만 지금 황후는 처음으로 임신을 하였다. 그 아들이 나라를 얻게 될 것이다."

그럼에도 천황은 여전히 믿지를 못하고 웅습을 강력히 쳤지만 이기지 못하고 돌아갔다.

본문: 중애 9년(서기200년) 봄 2월 5일, 천황은 갑자기 병이 났다. 그리고 다음날 바로 사망하였다. 52세 때였다. (생략)

필자: 하루아침에 중애천황이 죽자 그의 처인 신공황후가 섭정 역할을 시작한다. 아래에 『일본서기』「제9권 신공황후」편을 I, II로 나누어 주요 '본문'을 차감 없이 인용하여 그 허구성을 철저히 타파하기로 한다.

「제9권 신공황후」 I

신공황후의 웅습정벌熊襲征伐

본문: 중애 9년(서기 200년) 춘 2월 중애천황이 축자筑紫의 향추궁香椎宮에서 사망하였다. 신공황후는 천황이 신탁에 따르지 않아 일찍 사망한 것을 가슴 아파하고, 신탁을 내린 신을 알아내어서 재보財寶가 있다는 나라를 구求하기로 욕심을 먹었다. 군신群臣과 백료百寮에게 명하여, 죄를 씻고 개과하여 다시금 재궁齋宮을 소산전읍小山田邑에 짓도록 하였다.

그 해 3월 1일, 황후는 길일을 택해 재궁에 들고, 스스로 신주神主(영매자靈媒者)가 되었다. 신공은 무내숙녜武內宿禰에게 명하여 거문고를 타게 하고, 중신中臣을 불러 심신자審神者(신탁의 해설자)로 삼는다. 그러고는 거문고 머리와 아래쪽에 많은 비단을 쌓아 놓고 신에게 청하여 우선 남편에게 신탁을 내린 신이 어디 신인지 이름이 알고 싶다고 하였다. (무당 굿) 낮밤 7일 만에 6명의 (귀)신神들의 이름을 가르쳐 받는다. 황후는 신의 말을 듣고 가르치는 대로 제사를 지냈다. 그러고 나서 웅습국을 쳤더니 얼마 되지 않아 절로 복종하였다. (생략)

필자: 그 후에도 신공의 신통력은 국내의 여러 장애물을 제거하는데 유감없이 발휘되어, 흰 날개가 달린 웅취熊鷲라는 강자를 처치하고 흙거미를 죽이는 등 연전연승한다. (생략)

본문: 하夏 4월 3일 (임인삭 갑진壬寅朔 甲辰), (생략) 황후는 신의 뜻을 물어 점을 치기로 하고 바늘을 휘어 낚싯바늘을 만들었다. 입고 있던 옷에서 실을 뽑아 줄로 삼아서 밥풀 알을 먹이로 하여 물에 던졌다. 그리고 빌기를 "나는 서쪽에 있는 재보의 나라를 얻기 원한다. 만일 성사가 가능하다면, 물고기야! 낚싯바늘을 물어라"고 하였다.
물고기가 바늘에 걸려 낚싯대를 올리니 잔 비늘 물고기가 걸려 있었다. 황후는 보기 드문 고기라고 말하였다. 황후는 신의 가르침이 그와 같이 영험靈驗이 있다는 것을 알게 되어 더욱더 신기神祇에게 제사를 바치고 나서 자신이 직접 서방西方을 치기로 마음먹었다. 그래서 신을 위한 수전水田을 정했다. 논으로 바꿀 밭에다 강물을 대려고 물길을 파는데 바위가 막혀 요지부동이었다. 황후는 신에게 물이 통하게 해달라고 빌었다. 갑자기 번개가 크게 치더니 벼락이 때려 바위가 산산 조각이나 물이 통하게 되었다. (생략)

필자: 이와 같이 유치한 공상소설 같은 기술은 끝이 없다. 이하 「신공황후기」에는 현대의 공상만화에 버금가는 온갖 황당무계한 귀신과의 대화와 그에 따른 행위 및 사건 등이 계속 쏟아져 나온다. 그 부분을 생략하고, 이제 『일본서기』「신공황후 신라정벌新羅征伐」 본문에 들어가 보자.

「신라정벌新羅征伐」 본문

본문: 추秋 9월 10일(경오삭 기묘庚午朔 己卯), 제국諸國에 영을 내려 배를 모으고 병사를 훈련시켰다. 그때 군졸 모집이 어려웠다. 황후는 "이는 신의 뜻일 것이다"고 말하고 즉시 대삼륜大三輪 사당을 세우고 칼과 창을 바쳤더니 군졸이 저절로 모여들었다. 이에 오옹해인조마여吾瓮海人烏摩呂를 서해로 내보내 나라가 있는가를 살피게 하였다. 그가 돌아와서 "그런 나라가 보이지 않는다"고 하여, 다시 기록磯鹿에 사는 어부 초草를 보내 살피도록 하였다. 며칠 후에 초가 돌아와서 "서북쪽에 산이 있고 구름이 띠처럼 옆으로 길게 끼어 있어 나라가 있는 것 같습니다"라고 보고하였다. 그리하여 길일을 점 쳤더니 출발할 날까지는 여유가 있었다. 황후는 자진해서 부월斧鉞(도끼)을 잡고 삼군에 영을 내려 일장연설로 군기를 잡는다.

"사기를 북돋을 금고金鼓(금으로 된 북) 소리가 조절이 안 되고 군기軍旗가 제자리를 못 지킨다면 군졸이 흐트러지며, 또한 재물을 탐하고 욕심이 많아 사사私事에 빠지면 적에게 잡히기 십상이다. 적이 적더라도 얕보면 안 되고 적이 많더라도 겁먹으면 안 된다. 부녀자 겁탈을 허용치 말고 스스로 항복한 자를 죽이지 말라. 싸움에 이긴 자에겐 반드시 상을 내리고 도망치는 자는 처벌된다."

이어 신의 교시가 있어 다시 말하기를 "화혼和魂은 왕의 몸과 생명을 지키고, 황혼荒魂은 선봉으로서 군선軍船을 이끌 것이다"라고 한 다음 귀신의 가리킴에 따라 큰 절을 올렸다. 때마침 황후의 산월이어서, 그녀는 돌을 허리에 차고 소망하기를 "일이 끝나고 돌아오는 날에 이곳에서 출산하게 하소서"하고 빌었다. 그 돌은 지금 이도현伊覩縣의 길가에 있다. 이리하여 황혼을 청하여 군의 선봉으로 삼았고, 화혼을 청하여 군선의 수호를 맡겼다.

新羅征伐(위 번역문의 원문)

秋九月庚午朔己卯 令諸國 集船舶鍊兵甲 時軍卒難集 皇后曰 必神心焉 則立大三輪社 以奉刀予矣 軍衆自聚 於是 使吾瓮海人烏摩呂 出於西海 令察有國耶 還曰 國不見也 又遣磯鹿海人名草而令視 數日還之曰 西北有山 帶雲橫絚 蓋有國乎 爰卜吉日 而臨發有日 時皇后親執斧鉞 令三軍曰 金鼓無節 旌旗錯亂 則士卒不整 貪財多欲 懷私內顧 必爲敵所虜 其敵小而勿輕 敵强而無屈 則奸暴勿聽 自服勿殺 逐戰勝者必有賞 背走者有罪 旣而神有誨曰 和魂服王身而守壽命 荒魂爲先鋒而導師船… 則得神教 而拜禮之 因以依網吾彦男垂見 爲祭神主 干時也 適當皇后之開胎 皇后則取石插腰 而祈之曰 事竟還日 産於玆土 基石今在干伊覩縣道邊 旣而則攜荒魂 爲軍先鋒 請和魂 爲王船鎭

본문: 동冬 10월 3일 (기해삭 신축己亥朔 辛丑), 화이진和珥津에서 출발하였다. 그때 바람이 불어대고 파도가 일기 시작했다. 바다 속의

큰 물고기들이 거의 다 떠올라와 배를 빨리 달리도록 도우며 밀고 당겼다. 큰 바람이 순조롭게 불고 돛단배는 파도를 따라 달려 나갔다. 노를 저을 필요도 없이 곧 신라에 다다랐다. 동시에 배를 따라온 파도가 멀리 나라 안까지 밀려들어갔다. 그 일로 인하여 천신과 지기地祇(땅귀신)가 모두 다 도와준 것을 알게 되었다.

이에 신라왕은 걷잡을 수 없는 전율에 어찌할 바를 몰랐다. 여러 사람을 모아놓고 말하기를 "신라가 건국한 이래 해수가 나라 안까지 들었다는 일을 이제껏 들은 적이 없다. 혹 천운이 다하여 나라가 바다로 되는 것 아닐까." 말이 끝나기도 전에 군선이 바다에 가득 차고, 깃발이 햇빛에 빛났으며 고적소리가 산천에 울려 퍼졌다. 신라왕은 멀리 내다보고 "비상한 강병들이 내 나라를 멸망시키려는 것이 아닌가?" 하면서 겁이 나 실신상태에 빠졌다. 겨우 정신을 차리고 말하기를 "동쪽에 일본이라 부르는 신의 나라가 있단다. 성왕聖王이 있어 천황이라 한다. 틀림없이 그 나라의 신병神兵일 것이다. 도저히 군사로 대항할 수가 없다" 하며 백기를 들었다. 그리고 흰 줄로 목을 감고 자승자박하였다. 지도地圖와 호적을 내놓고 왕의 배 앞에서 항복하였다.

머리를 깊이 숙이고 하는 말이 "금후에는 길이길이 복종하고 말을 키우는 일을 하겠습니다. 배편이 끊이지 않을 것이며, 봄과 가을에는 말을 손질하는 빗과 채찍을 바치겠습니다. 또한 먼 바다 길이지만 해마다 남녀가 만드는 물품을 바치겠습니다. 거듭 맹세 하건데 동에서 뜨는 해가 서쪽에서 뜨지 않는 한, 또한 아리나례阿利那禮 강물이 거꾸로 흐르고 강바닥 돌이 하늘로 올라가 별이 되지 않는

한, 춘추의 조공을 거르거나, 말의 빗과 채찍 상납을 게을리 한다면 천지 신의 벌을 받아도 좋습니다."

이때 누군가가 신라왕을 죽이고 싶다는 말을 하였다. 이에 황후는 "처음에 신이 가르쳐주기를 장차 금은의 나라를 주시겠다고 한 것이다"라고 말하였다. 또한 삼군에 호령하기를 "지금 이미 재보의 나라를 얻었는데 스스로 항복을 원하는 자를 죽이면 상스럽지 않다" 하면서 왕의 포승을 풀고 말을 사육하도록 하였다.

드디어 그 나라 안으로 들어가 중보고重寶庫를 봉封하고, 지도와 호적문서를 거두었다. 황후가 지니고 다녔던 창은 신라왕 문에 세우고 후세의 증표로 삼게 하였다. 그 창은 아직도 그곳에 서 있다. 신라왕 파사침금波沙寐錦은 미질기지파진간기微叱己知波珍干岐를 인질로 삼아, 금·은·채색 및 능綾·나羅·겸견縑絹을 80척의 배에 싣고 관군을 따라가도록 하였다. 그 때문에 신라왕은 항상 80척의 조공을 일본에 보내고 있는 것이다. 신라가 지도와 호적을 내놓고 일본국에 항복하였다는 것을 들은 고구려와 백제 두 나라 왕은, 몰래 그 군세를 살펴보도록 하였지만 도저히 이길 수가 없다는 것을 알았다. 군진軍陣 밖으로 나와 머리를 숙이고 "금후에는 길이 서번西蕃이라 칭하고 조공을 그치지 않겠습니다"고 하였다. 그리하여 일본의 내관가둔창內官家屯倉을 정한 것이다. 이것이 소위 삼한三韓이다.

(위 번역문의 원문)

冬十月己亥朔辛丑 從和珥津發之 時飛廉起風 陽候擧浪 海中大魚 悉 浮扶船 則大風順吹 帆舶隨波 不勞櫓楫 便到新羅 時隨船潮浪 遠逮國中 卽知 天神地祇悉助歟

新羅王 於是 戰戰慄慄 厝身無所 則集諸人曰 新羅之建國以來 未嘗聞海水凌國 若天運盡之 國爲海乎 是言未訖之間 船師滿海 旌旗燿日 高趣起聲 山川悉振 新羅王遙望 以爲 非常之兵 將滅己國 譬焉失志 乃今醒之曰 吾聞 東有神國 謂日本 亦有聖王 謂天皇 必其國之神兵也 豈可擧兵以距乎 卽素旆而自服 素組以面縛 封圖籍 降於王船之前 因以 叩頭之曰 從今以後 長與乾坤 伏爲飼部 其不乾船柂 而春秋獻馬梳及馬鞭 復不煩海遠 以每年貢男女之調 則重誓之曰 非東日更出西 且除阿利那禮河返以之逆流 及河石昇爲星辰 而殊闕春秋之朝 怠廢梳鞭之貢 天神地祇 共討焉 時或曰 欲誅新羅王於是 皇后曰 初承神教 將授金銀之國 又號令三軍曰 勿殺自服 今旣獲財國亦人自降服 殺之不祥 乃解其縛爲飼部 遂入其國中 封重寶府庫 收圖籍文書 卽以皇后所杖予 樹於新羅王門 爲後葉之印 故其予今猶樹干新羅王之門也 爰新羅王波沙㝎錦 卽以微叱己知波珍干岐爲質 仍齎金銀彩色及綾羅縑絹 載干 八十艘船 令從官軍是以 新羅王 常以八十船之調貢干日本國 其是之緣也 於是 高麗百濟二國王 聞新羅收圖籍 降於日本國 密令伺其軍勢 則知不可勝 自來干營外 叩頭而款曰 從今以後 永稱西蕃 不絶朝貢 故因以 定內官家屯倉 是所謂之三韓也 皇后從新羅還之

이상이 소위 『일본서기』 「신공황후 신라정벌」 전문全文이다. 내용이 전적으로 비현실적이며 황당무계하기 이를 데 없어, 구태여 비평할 가치조차 없는 공상 만화 같은 괴기소설에 불과하다. 이것을 진중珍重한 역사 자료라고 내세우는 일본인들이 작금에도 여전히 활개를 치고 있다니 전 세계의 웃음거리밖에 되지 않을 것이다.

이 일의 진위를 가리기 전에, 먼저 사건이 일어난 서기 200년 당시 왜의 객관적인 나라 상황을 살펴볼 필요가 있다. 앞에서

「고대 왜국 이야기」로 상세히 서술한 바와 같이, 서기 3~4세기의 왜국은 조선반도와는 비견될 수 없는 뒤처진 일련의 부족部族국가 무리였다. 『위지』「왜인전倭人傳」에 의해서라도, 당시 왜는 100여개의 소국으로 난립하여 서로 닭싸움 같은 세력다툼을 벌이고 있을 때였다. 그러한 작고 미약한 나라들도 통합할 수 있는 세력이 없는 주제에 감히 무슨 수로 바다를 천여 리里나 건너가 금속무기로 무장한 강대국 신라군을 쳤단 말인가. 당시 왜나라는 군선軍船은커녕 작은 돛단배조차 만들 능력이 없었고 금속기의 보급도 초기 단계여서 나라 전체가 대부분 석기를 병용하는 신석기 시대에 머물고 있을 때였다. 따라서 위 이야기는 100% 날조된 것이며, 신석기 말기(소위 야오이 중기) 조선반도의 식민지였음을 적반하장 격으로 위장하려는 시도임이 확연하다 하겠다.

다음은 앞서의 『일본서기』에 기재된 삼한정벌 이후에 벌어진 일들이다. 그 황당무계한 괴기소설을 좀 더 읽어보자.

본문: 12월 14일(무술삭신해戊戌朔辛亥), 황후는 신라에서 돌아와, 예전譽田(응신) 천황을 축자에서 출산하였다. 당시의 사람은 그 출산지를 우미宇濔라고 불렀다.

…… 이어 '어떤 설에 의하면' 하는 말로, 다시 여러 무속신과

사망 직전 남편과의 비현실적인 언쟁이 서로 횡설수설하면서 길게 이어지다가 (생략) 결국 중애가 급사하고, 앞에서 서술된 신공이 삼한정벌을 하는, 동일한 이야기가 두서없이 반복된다. …… 그리고 또다시 '일설에 의하면' 하면서, 황당하다 못해 괴이한 공상만화소설이 다음과 같이 끝없이 이어진다.

본문: 신라왕을 포로로 잡아 해안으로 끌고 가 무릎 뼈를 뽑고 나서, 돌 위에 포복匍匐시키고 칼로 몸을 베어 시체를 모래 속에 묻게 하였다. 그리고 그들 중의 한 사람을 일본의 사자使者로 남겨두고 돌아갔다.

연후에 신라왕의 처는 남편의 시체가 묻힌 곳을 모르기 때문에 사자인 제辜를 유혹할 마음으로 말했다. "그대가 왕의 시신을 묻은 곳을 알려주면 반드시 보은을 하고 그대의 처가 되겠다." 사자는 꾐에 넘어가 그 말을 믿고 시체 묻은 자리를 몰래 알려주었다. 왕의 처와 나라 사람들은 공모하여 사자를 죽이고 왕의 시신을 파내어 다른 곳에 이장하였다. 이때 사자의 시체를 왕의 시신이 누운 관 밑 땅 속에 묻고 "귀하심과 비천함의 순위는 당연히 이런 것이다" 라고 하였다.

천황이 이 일을 듣고 크게 노하여 대군을 보내어 신라를 멸망시키려 하였다. 바다에 가득한 군선이 신라에 다다름에 신라국 사람들은 두려워하며 어찌할 바를 몰랐다. 함께 모여 모의하여 왕의 처를 살해함으로써 사죄하였다.

군을 따라갔던 3신 표통남表筒男·중통남中筒男·저통남底筒男이 황후에게 가르치기를 "우리 황혼荒魂을 삼전읍 혈문=田邑穴門에 사당을 지어 제祭를 올리도록 하라"는 영을 내렸다.(생략)

필자: 이상은 『일본서기』「신공황후기」가 역사서가 아니라, 얼마나 가학加虐적이며 황당무계한 괴기 소설인가를 독자에게 알려주기 위하여 원문 그대로 옮긴 것이다.

이 원문에 이어져, 삼한과는 관계가 없는 피비린내 나는 왜국의 왕권 다툼이 혈족 간에 오래도록 벌어지는 내용은 생략하고, 다시 조선 관계 원문을 다음 쪽에 계속하겠다.

편의상 섭정 원년을 기점으로: 「제9권 신공황후」 II 로 하였다. 섭정 원년은 서기 201년으로 왜나라 신석기 시대 말기에 해당된다. 신공이 실질적인 왕 역할을 하면서, 온갖 무당행실로 조선에 대해 귀신들 굿판을 연출한다.

「제9권 신공황후」 II

본문: 동冬 10월 2일(계해삭갑자癸亥朔甲子), 군신은 황후를 존중하여 황태후로 높였다. 이 해가 태세신사太歲辛巳(서기201년)로, 섭정 원년攝政元年으로 삼았다.

필자: 이후 서기269년 4월 17일 신공이 100세에 사몰死沒할 때까지 섭정 연호는 69년 간 이어진다. 물론 이 기간 후에도 수백 년간 고대 왜국에는 어떠한 문자도, 기록도 당연히 없었다. 그것을 다시 500여 년이 지난 서기 720년에 와서 '서기 200년대의 실제 있지도 않았던 순전히 날조된 사건들을 연월일별 편년체로 조작하여 『일본서기』에다가 일본 역사라고 기술해 놓은 것' 이다.

역사적 근거가 있을 리가 만무하다. 당시의 시대 상황 하에서는 물리적으로 도저히 불가능한 이야기이다. 역사 소설도 아니고 가상假想의 대중 소설도 될 수 없다. 오직 왜국의 종주국宗主國이었던 백제를 멸망시킨 신라에 대한 원한의 염으로 일관된, 악의에 찬 역사 조작·날조임이 확연하다. 더구나 멸망한 종주국 백제조차도 일본의 식민지로 둔갑시켜 왜국 휘하에 편입해버렸다. 일본을 무속적 초능력의 귀신이 영도하는 역사가 오랜 정통적 초강국으로 탈바꿈시켜 놓은 것이다. 그리고는 이러한 '삼한 정벌설' 이야 말로 '일본의 고대 조선반도 거점 확보설' 을 뒷받침하는 역사적 근거라고 현 일본 역사교과서에다 기재하고 있는 것이다.

21세기 과학·논리 시대에, 일본은 아래에 인용하는 『일본서기』「신공기」를 유일한 근거로 하여 야만국에서도 볼 수 없는 파렴치한 역사 허위 날조·왜곡을 일삼고 있다. 저희네 것에 국

한시키는 것조차도 역겨운데 파렴치하게도 조선(한국)을 대상으로 황당한 역사 왜곡을 여전히 멈추지 않고 있는 것이다. 『일본서기』「신공황후 삼한정벌」이라는 황당한 괴기소설을 좀 더 읽어 보자.

본문: 섭정 2년(서기 202년) 동冬 11월 8일(정해삭갑오丁亥朔甲午) 중애천황을 하내국 장야 능에 장사 지냈다.

섭정 3년 춘春 정월 3일(병무삭무자丙戌朔戊子), 예전별譽田別 왕자를 황태자로 정하고 반여磐余에 도읍을 세우고 약앵궁若櫻宮이라 불렀다.

섭정 5년 춘 3월 7일, 신라왕이 한례사벌汗礼斯伐·모마리질지毛麻利叱智·부라모지富羅母智 등 세 사람을 보내 조공을 하였다. 세 사람은 먼저의 인질 미질허지벌한微叱許智伐旱을 데려갈 마음으로 그에게 거짓말을 하도록 하였다. "사자使者가 알려주기를〈나의 왕이 내가 오랫동안 돌아오지 않기 때문에 처자를 관노官奴로 삼았다〉고 합니다. 제발 잠시 본국에 돌아가서 거짓인가, 사실인가를 알아보고 싶습니다."
황태후가 듣고 허락을 하며 갈성습진언葛城襲津彦이 함께 돈행하도록 하여 그들은 대마도에서 묵었다. 이때 신라의 사자 모마리질지 등은 몰래 배와 뱃사람을 마련하여 미질한기微叱旱岐를 싣고 신라로 도망치게 하였다. 풀로 인형을 만들어 미질허지微叱許智의 잠자리에

놓고 마치 병에 걸린 것처럼 위장하고 습진언襲津彦에게 '미질허지가 갑자기 죽을병에 걸렸다'고 알렸다. 습진언이 사람을 시켜 병자를 간병토록 하였다. 그는 금시 속은 것을 알고 세 사람을 잡아 우리 안에 가두어 놓고 불로 태워 죽였다. 습진언은 신라에 가서 답비진蹈鞴津(다대포)에 진을 친 다음 초라성草羅城을 공략하고 돌아왔다. 이때 잡혀 온 포로들이 지금(필자 주: 서기 720년)의 상원桑原·좌미佐糜·고궁高宮·인해忍海등 네 읍의 한인漢人들의 시조들이다.

필자: 섭정 5년은 서기 205년이다. 그 당시 신라를 공략하는 것이 마치 식은 죽 먹기보다도 더 간단하다. 습진언 한 사람이 신라에 가서 진을 치고 초라성을 공략하고 포로까지 데려온다. 나라 하나를 치는 것이 꼭 깡패가 이웃집을 약탈하듯 일시에 끝내버렸다. 유치원생이 보는 만화 같은 것이 『일본서기』라 하는 것을 여실히 드러내고 있다.

본문: 섭정 13(서기 213)년 춘春 2월 8일(정사삭갑자丁巳朔甲子), (생략) 이날 황태후는 태자를 위하여 주연을 베풀고 잔을 들어 노래를 부르고나서 말했다. "신주의 사司인 소어신少御神이 곁에서 가무에 미쳐 빚어 만든 술이다. 이 맛 좋은 술을 남기지 말고 마셔라."

필자: 이것을 어떻게 역사 기록이라고 적어놓았는지 가늠이 안 간다. 무슨 근거가 있겠는가. 중국 역사서와 『백제기』를 펼쳐

놓고 연표에 날짜까지 맞춰 거짓말 만들기에 여념이 없다 보니 앞뒤가 맞을 리 없다.

본문: 섭정 39년(서기 239년), 태세기미太歲己未 -『위지』「왜인전」 魏志倭人伝에는 "이해 명제明帝 경초景初 3년 6월에 왜의 여왕이 대부 난승미難升米를 파견하여 천자를 알현하기를 청하고저, 조공을 갖고 대방군에 보내와, 태수 등하鄧夏가 관원을 딸려 경도京都에 보냈다" 라 고 쓰여 있다.

필자: 명제 경초 3년은 서기 239년에 해당한다. 왜의 여왕이 란 이때 10대였던 비미자卑微子를 지칭한다. 신공은 섭정 초년이 32세이므로 이때에는 71세가 된다. 이것을 가리켜, 『일본서기』 가 신공을 비미자에 비정하였다고 현 일본 역사서는 서술하고 있는 것이다. 두 사람의 나이 차이가 50~60년이 나는 데도 저 희들 편의상 제멋대로 올렸다 내렸다하는 것이다. 그뿐 아니라 현 일본역사서에서는 신공이 소위 삼한정벌을 하였다는 해의 간지를 3순(180년)정도 옮겨서, 4세기 전후로 잡혀 있는 것이 허다하다. 이때(4세기) 신공이 살아 있다면, 그녀의 나이는 210 여 세가 되는 것이다.

본문: 섭정 46년(서기 246년) 춘 3월 을해삭乙亥朔, (신공이) 사마숙

녜斯摩宿禰를 탁순국卓淳國에 보냈다. 탁순 왕 미금한기未錦旱岐가 사마숙녜에게 말했다.

"갑자년 7월 중순, 백제인 구저久氐·미주류彌州流·막고莫古 3인이 내 나라에 와서 말하기를 〈백제왕은 동방에 일본이라는 귀한 나라가 있다는 것을 듣고 신들을 보내 그 귀한 나라에 가도록 하였습니다. 따라서 그곳에 가는 길을 찾고 있습니다. 그러하오니 우리들에게 길을 가리켜주시고 그곳에 가게 해주신다면 우리 백제왕은 깊이 귀 왕의 덕으로 여길 것입니다〉라고 하였다. 그래서 내가 답하기를 〈이전부터 동방에 귀한 나라가 있다는 것은 들어 알고 있다. 하지만 아직은 통행할 바닷길이 열리지 않았기 때문에 그곳에 가는 길을 모른다. 해로海路는 멀고 파도는 험하다. 큰 배를 탄다면 간신히 갈 수 있을지 모르겠다. 도중에 배가 머물 곳이 있더라도 어떻게 도달하겠는가?〉를 물었더니, 구씨 등은 대답하기를 〈그렇다면 지금 당장은 갈 수 없으니 돌아가서 큰 배를 준비하여 다시 한 번 나오겠습니다. 만약 귀한 나라의 사신이 오면 반드시 우리나라에 알려주시기 바랍니다〉라고 이야기가 된 다음 돌아갔습니다."

이 말을 들은 사마숙녜는 종자從者인 이파이爾波移와 탁순인 과거過去 두 사람을 백제에 보내 왕을 위로하였다. 백제 초고왕肖古王은 매우 기뻐하고 이들을 후대하여 5색 채견綵絹 각 한 필에다 각궁전角弓箭과 철정 40매를 이파이에게 주었다. 또한 보물 창고를 열고 여러 진귀한 물건들을 보여주며 "우리나라에는 보물이 많이 있지만 귀국에 바치려 해도 길을 몰라 뜻대로 못하고 있으니 지금 사자에게 드리겠다."고 말하였다. 이파이는 봉사奉事하고 돌아와 사마숙녜에게 그렇게 고하였다. 사마숙녜는 탁순국에서 귀환했다.

필자: 당시 백제와 왜나라 간에는 해로海路가 이미 열려 있었다. 46년 전인 섭정 1년(서기 201년) 10월에 신공이 백제를 정복하여, 공물을 받고 있는 것으로 앞서의 신공 삼한정벌기에 기술되어 있다. 그런데 여기에서는 백제가 왜국이 어디에 있는지도, 찾아가는 방법도 모르는 것으로 나와 있다.

백제의 고초왕古肖王을 이때 만났다고 한 것도 언어도단이다. 고초왕(166년~214년, 한국사 연표 참조)은 이미 32년 전인 서기 214년에 붕어崩御하였는데 섭정 46년에 만났다니……

그렇다면 진실은 어떠하였을까. 앞서의 「고대왜국 이야기」에서 전술前述한 바와 같이 당시 왜국은 조선 반도에서 들어간 이주자 집단들이 각기 식민지로 세운 소국들로 분리되어, 해외 출병은커녕 자국 내 통합도 그 후 200여 년 간 꿈도 꿀 수 없는 상태였다.

본문: 섭정 47(서기 247)년 하夏 4월, 백제왕은 구저久氏·미주류弥州流·막고莫古를 보내어 조공을 하였다. 그 때 신라국의 조공 사자가 구저와 같이 왔다. 황태후와 태자 예전별존譽田別尊이 매우 기뻐하며 "선왕께서 원하시던 나라 사람들이 이제 왔구나. 천황이 보지 못하심이 애석하도다"하고 말하자 군신들이 모두 눈물을 흘렸다. 두 나라의 공물貢物을 조사하니 신라의 공물에는 진귀한 물건이 많았지

만, 백제의 공물은 양도 적고 질도 좋지 않았다. 구저에게 "백제 공물이 신라 공물에 미치지 못하는 까닭이 무엇인가"라고 물었다. 구저가 대답하기를 "신들은 길을 잃어 신라에 들어갔습니다. 신라 사람들은 신들을 잡아 감옥에 넣었다가 3개월이 지나자 죽이려 하였습니다. 구저久氐 등은 하늘에 대고 저주를 하였습니다. 신라인들은 그 저주가 두려워 죽이지는 않았으나, 우리의 공물을 탈취하여 자기네 공물로 둔갑시켜 신라의 천한 물건과 신의 나라 공물을 바꿔치기한 것입니다. 그러고는 신들에게 〈만일 이 일을 누설한다면 돌아와서 너희들을 죽이겠다〉고 하였습니다. 구저들은 두려워서 그 말에 따랐습니다. 때문에 간신히 천조天朝에 다다른 것입니다"라고 하였다. 황태후와 예전별존은 신라의 사자를 책망하고 나서, 천신에게 빌고 묻기를 "사실인지 거짓인지 밝혀내기 위해 누구를 백제에 보내야 하겠습니까." 다시 "누구를 신라에 보내어 그 죄를 문책하면 좋겠습니까"라고 물었다. 이에 천신이 가르쳐 주기를 "무내숙녜武內宿禰와 상의하되 천웅장언千熊長彦을 사자로 삼으면 소원대로 될 것이다"고 하였다. 이리하여 천웅장언을 신라에 보내어, 백제가 헌상하는 공물을 더럽혔음을 책망하였다.

필자: 점입가경이다. 이상은 물론 전형적인 괴기怪奇 소설의 한 장면이지만, 소설작품에도 어느 정도의 논리는 있어야 된다. 『일본서기』의 작가(편자)는, 왜나라 안에서나 일어날 수 있는, 공물을 바꿔치기한 것으로 상황을 설정하여, 난데없이 무속 귀

신을 등장시켜, 신라를 응징하기 위한 침략 전쟁을 준비시킨다.

가상의 시나리오이지만 공물 사건의 비중은 신라 침공의 구실로는 너무나 미약하다. 일본은 근세기 대륙 침략의 구실로 '유조호柳條湖 사건'을 조작하여 만주사변을 저질렀지만, 이는 『일본서기』의 편자가 사소한 공물 사건으로 수작을 부려 가상의 조선 침략을 허구로 꾸몄던 전철을, 20세기에 와서도 똑같이 되밟은 것으로 보인다. 여하튼 『일본서기』는 전대미문의 고대 조선반도 침략전쟁을 지면紙面상에서 일으켜 7개 나라를 점유해, 드디어 가상의 임나任那일본부를 가당찮게 조선 반도에 설치한 것으로 꾸며낸다.

『일본서기』「신공황후기」가 얼마나 황당한 소설인가를 독자들이 실감할 수 있도록 원문 번역문을 가감 없이 좀 더 인용한다.

본문: 섭정 49(서기 249)년 3월, 황전별荒田別과 녹아별鹿我別을 장군으로 세웠다. 구저久氐들과 함께 병사를 정비하고 탁순국에 다다라 신라를 막 치려고할 때 어떤 사람이 "병사가 적으면 신라를 쳐부술 수가 없다. 사백沙白과 개로蓋盧를 보내 증병을 청하라"고 하였다. 목라근자木羅斤資와 사사노궤沙沙奴跪에 명하여 정병精兵을 이끌고 사백과 개로와 함께 보내자, 다 같이 탁순국에 모여서 신라를 쳐부쉈다. 그리하여 평정한 것이 비자발比自㶱, 남가라南加羅, 훼국喙國, 안라安羅, 다라多羅, 탁순卓淳, 가라加羅 7국이다. 이후 군병을 서쪽으로 옮겨 고해진古奚津에 이르러 남만南蠻의 침미다례忱彌多禮(제

주도)를 공략하여 백제에 주었다. 이에 백제왕 초고肖古와 왕자 귀수貴須가 군병을 거느리고 왔다. 그러자 비리比利, 벽중辟中, 포미지布彌支, 반고半古 4읍이 스스로 항복하였다. 이리하여 백제왕 부자와 황전별·목라근자 등은 의류촌意流村에서 서로 만나 기뻐했고, 예를 두터이 해 보냈다. 다만 백제왕과 천웅장언千熊長彦은 백제국으로 가서 벽지산辟支山에 올라 맹세하고, 다시 고사산古沙山에 올라, 함께 반석 위에서, 백제왕이 맹세하기를 "만일 풀을 깔고 앉으면, 풀은 언젠가는 불에 탈지 모르고, 나무 위에 앉으면 언젠가는 물에 떠내려갈지도 모른다. 그렇지만 반석 위에서 맹세를 하면 영원히 썩지 않을 것이니, 금후 천추만세에 끊어지는 일이 없을 것이다. 항상 서번西蕃이라 칭하고, 춘추에 조공하겠다"고 하였다. 그리고 바로 천웅장언을 데리고 도하로 가서 예우를 두터이 하고 또한 구저久氐들을 동반하게 해 함께 보냈다.

필자: 신공섭정 49년 조條는 소설 『일본서기』 「삼한정벌」의 압권이라 할 수 있다. 위 소설 기술의 해당 시대 배경인 서기 200년은, 일본이 섬으로 고립된, 자체 역사 기록이 전혀 없는, 즉 문자 없는 선사 시대이다. 문화적으로는 생활 방편의 주류가 채집·수렵·어로와 소규모 농경이 이루어지는 신석기 시대 말기이다. 정치적으로는 조선 반도에서 식민한 집단 이주민들이 세운 규모가 작은 백여 개의 소국(식민지)들이 난립하고 있어, 도무지 그 어떤 통일적인 국가의 형성이 불가능한 상태였다. 배를

만드는 기술도 통나무배 정도이고, 제철 기술은 물론 생각도 하기 어려운, 이주민이 철기를 약간 지니고 들여오는 수준이었다. 자국 내 소국들도 통합 못하는 주제에 감히 어떻게 해외 원정을 꿈꾼단 말인가. 원시적이며 미약한 당시의 현실을 외면하려는 욕심에서, 마약에 취해 환상에 젖은 가련한 왜인들이라고 말할 수밖에 없는 것 같다.

다시 말해 위 이야기는 사실이 전도된 것이며 진실은 오로지 하나다. 고대 왜국이 조선 반도의 식민지였던 것이다. 전도된 배경은 앞서의 「일본서기의 내력」에서 충분히 논증된 것이다.

더더욱 가관인 것은 전전戰前 소위 대일본제국시대에 군국주의 신봉자들이 정치적 목적으로, 역사적 사실이라고 날조하여 말뚝을 박은 임나일본부경영설을 지금까지도 요지부동으로 극우파와 일부 학자들, 그리고 일본정부까지도 붙들고 놓지 못하는 것이다.

본문: 섭정 50년(서기 250년) 춘春 2월, 황전별荒田別이 돌아왔다. 하夏 5월 천웅장언과 구저들도 백제에서 돌아왔다. 황태후는 기뻐하며 구저한테 묻는다. "바다 서쪽의 여러 한韓 나라를 그대 나라에 주었는데 무슨 일로 다시 왔는가." 구저 등이 아뢰기를 "천조天朝의 큰 혜택이 나라 안 먼 곳까지 이르러, 저희 왕은 환희에 들떠 몸 둘 바를 모르십니다. 그래서 귀국하는 사신 편에 지성을 다하신 것

입니다. 만세가 다할 때까지 조공을 어찌 빠뜨리겠습니까?"라고 하였다. 황태후가 말씀하기를 "좋은 말을 하였구나. 그것이 내가 바라던 바이다"라고 한 다음 다사성多沙城을 덧붙여주고, 왕복 길에 머물 수 있는 역으로 사용토록 하였다.

필자: 다사성多沙城이 어디에 있는지는 몰라도, 마치 떡 한 개 집어 주듯이 선뜻 내주는데, 그것이 조공의 대가라니 애들 땅 따먹기 놀이와 같다. 기술된 내용 전체가 자아도취에 빠진, 허구의 소설조차 될 수 없는 어린이용 만화와 다름없다.

본문: 섭정 51년(서기 251년) 춘春 3월, 백제왕은 구저久氐를 보내어 조공하였다. 황태후가 태자와 무내숙녜武內宿禰에게 "내가 친하게 지내는 백제왕은 하늘이 내게 내리신 것이다. 사람이 한 일이 아니다. 이제껏 가져보지 못한 진기하고 좋은 물건들을 때를 가리지 않고 늘 바치러 온다. 나는 그 정성이 기특해 늘 기꺼이 사용하고 있다. 이후에도 내 생존 시와 다름없이 은혜를 돈독히 베풀도록 하여라"고 말하였다. 황태후는 이 해에 천웅장언千熊長彦을 구저들에게 딸려 백제에 보냈다. 그리고 말을 전하기를 "왕인 나(신공)는 신神이 내려주신 뜻에 따라, 왕래하는 길을 열고, 바다 서쪽을 평정하여 백제에다 주었다. 지금 다시 우의를 두텁게 맺고 오래도록 총애하고 가상嘉尙토록 하겠다"고 하였다. 이때 백제왕 부자는 나란히 땅에 이마를 대고 "귀국의 큰 은혜는 하늘과 땅처럼 중重히 여겨 앞으

로 여하한 날 여하한 때에도 감히 잊을 수는 없을 것입니다. 성왕이 위에 자리하신 것이 해와 달과 같이 분명합니다. 지금 내가 아래 지위에 있다는 것은 산악과 같이 확고합니다. 영원히 서번西蕃으로 남아 끝내 두 마음을 갖지 않겠습니다"라고 엎드려 말하였다.

섭정 52년(서기 252년) 추秋 9월 10일(정묘삭병자丁卯朔丙子), 구저久氐 등이 천웅장언을 따라왔다. 그리고 칠지도七支刀 한 자루, 칠자경七子鏡 한 면과 여러 종류의 귀중한 보물을 바치고 말하기를 "신의 나라 서쪽에 강이 있는데 수원은 곡나谷那의 철산에서 나옵니다. 그곳까지는 멀어서 7일이 걸려도 다다르지 못합니다. 마땅히 이 강물을 마시고 그 산에서 철을 캐어 길이 성조聖朝에 바치겠습니다"라고 하였다. 그리고 손자 침류왕枕流王에게 말하기를 운운……. (생략) 이후 해마다 조공은 계속되었다.

필자: 어쩌다가 벼락부자가 된 종놈이 망해버린 옛 주인을 도리어 종으로 만들어 자리바꿈을 꾀하듯이, 왜는 후대에 와서 멸망한 종주국 백제를 가공架空의 식민지로 만들어 『일본서기』라는 위작 소설을 쓴 것이다. 왜가 조선의 지배를 받고 있었다는 역사적 기록들은 당시의 시대 상황이 기록된 중국과 조선의 사서에 뚜렷이 적혀있다. 단적으로 객관적인 비교 판단 기준이 될 수 있는 중국의 책봉 제도가 그 사실을 확연히 말해준다.

『일본고대사연표日本古代史年表』에 의해서라도, 일본이 최초로 중국의 책봉을 받은 것은, 서기 438년에 왜의 5왕 중 한명인 진珍이 송의 문제文帝로부터 안동장군 왜국왕安東將軍倭國王 칭호를, 또한 443년에 역시 5왕 중 다른 한명인 제濟가 송에 조공하고 받은 칭호가 안동장군 왜국왕이다.

하지만 이에 앞서 420년에 고구려왕은 정동대장군征東大將軍, 백제왕은 진동대장군鎭東大將軍 호칭을 각각 송으로부터 이미 받고 있었다.

이것은 송의 장군으로 새로이 책봉된 왜왕들이, 송의 대장군으로 각각 책봉된 고구려왕과 백제왕 휘하에 부하로 들어가 지휘를 받게 된 것을 여실히 입증하는 엄연한 역사기록이다. 즉 왜왕이 안동장군으로 책봉되었다는 사실은 고구려와 백제가 이미 18년 전에 책봉된 대장군이라는 직위 밑에 들어가 왜국이 조선 지배하에 놓여 있다는 것을 중국사서가 엄연히 입증하고 있는 것이다.

본문: 섭정 55년(서기 255년), 백제 초고왕이 붕어崩御하였다.
섭정 56년, 백제 왕자 귀수貴須가 왕위에 올랐다.

필자: 섭정 55년은 서기 255년이다. 이때 백제에는 초고왕이 생존하고 있지 않았다. 한국사 연표에는 초고왕은 246년에 붕어한 것으로 되어 있다.

본문: 섭정 62년(서기 262년), 신라가 조공을 하지 않았다. 이해 습진언襲津彦을 보내어 신라를 공격하게 하였다. 『백제기百濟記』에 이렇게 말한다. "귀한 나라는 사지비궤沙至比跪를 보내 신라를 치게 하였다. 신라인은 미녀 2명을 시켜 사지비궤를 유혹하여, 신라 대신 가라국을 치게 해 가라를 멸망시켰다. 천황이 크게 노하여 목라근자木羅斤資를 군사와 함께 가라에 보내 나라를 복권시켰다. 운운

필자: 더 이상 인용하는 것이 역겹다. 어린이들 전쟁놀이를 방불케 한다. 섬나라에 갇혀 아무도 보는 사람이 없음을 기화로 맘껏 공상의 날개를 펼치고 있다.

본문: 섭정 66년, 이해 진무제 태초晉武帝泰初 2년(서기 266년), 진晉나라 『기거起居』에 주注하기를 「무제태초 2년 10월에 왜 여왕이 통역을 거듭 내세워 공헌貢獻하였다」고 기술하였다.

섭정 69년(서기 269년) 하夏 4월 17일(신유삭정축辛酉朔丁丑), 황태후가 치앵궁稚櫻宮에서 붕어하였다. 나이 일 백세一百歲. 동冬 10월(무오삭임신戊午朔壬申) 협성순열능狹城盾列陵에 장사를 지냈다.

필자: 이상이 『일본서기日本書紀』 「제9권 신공황후」의 대략적인 원문 번역문이다. 소설의 주인공인 신공은 시종일관 비현실적인 행실로 100세까지 살고 생을 마감한 것으로 되어 있다.

연대를 실질 역사 기록인 『백제기』나 중국의 사서에 무리하게 끼워 맞춰 넣었지만, 결과적으로 시대 상황과의 괴리가 너무 벌어져 지금에 와서는 도리어 조작의 증거가 되어주고 있다. 『위지』「왜인전」에 따르더라도 소국이 100여 개가 난립하던 왜 나라 야오이 시대에 난데없이 웬 대규모의 통일 국가가 갑자기 생겨나다니 언어도단이다. 더구나 조선 반도를 침공하여 식민지로 만들고, 연년이 조공을 받았다는 공상 만화 같은 이야기책을 가지고 역사서라고 내세우니, 일본 사학자들의 사고 판단력이 제대로 된 것인지 극히 의심스럽다. 그들은 잘못된 고정관념에서 하루 속히 벗어나야 할 것이다.

'신공황후 삼한정벌설'의 진실

『일본서기』「신공황후」권卷의 요약

앞서의 「신공황후기」를 요약하면 대략 다음과 같다.

서기 200년 경 중애仲哀 천황이 웅습 토벌熊襲討伐을 위해 규슈 축자筑紫에 갔을 때 신의 계시가 있었다. 서쪽 방면에 금은재보財寶로 가득 찬 나라가 있으니 그 나라를 토벌하라는 권유를 받은 것이다. 그러나 천황은 서방西方을 바라보아도 땅이라고는 보이지 않아 신의 명에 따르지 않았다. 그 때문에 화가 난 신이 천황을 죽음으로 몰아넣었다. 이에 신공황후는 신의 가르침대로 서방의 신라를 치기로 하였다. 이때 황후는 산기가 있었지만 돌로 복부를 잡아매고 출진出陣하였던 바, 귀신이 순풍을 일으켜주고 큰 물고기들이 물 위로 떠올라와 배를 밀고 당겨 주었다. 군선軍

船은 즉시 신라에 다다랐으며 바닷물이 나라 안까지 밀려들었다. 신라왕은 공포에 떨어 항복하였고, 또한 고구려·백제도 이 소식을 듣고 겁이 나서 항복하였다.

백제왕은 머리를 땅에 대고 엎드려 왜나라 사자使者에게 고하기를 만고의 신하로서 앞으로 길이 공물貢物을 올리겠다고 맹세한다. 이후 신라와 백제는 해마다 80소(척)의 배에다 중보重寶한 물건을 실어 왜나라 대왕에게 바쳤다. 만일 공물을 결하는 날이면 왜군이 조선을 거듭 침공하여 해당 왕의 처(왕비)를 죽이는 등의 가혹한 처벌을 가했다는 등등…… 신공황후의 삼한정벌은 서기 200년 첫 침공으로 끝난 것이 아니다. 그 후로도 섭정 69년간 수시로 이웃집 드나들듯이 205년, 249년, 262년 등 서너 번이나 침공을 거듭해 신라뿐 아니라 백제로부터도 조공을 지속적으로 받아냈다는 것이다. 조선 4국 이주민이 세운 미약한 식민지 소국들 주제에, 가상의 신공황후 섭정 기간 내내 조선반도 남단을 완전히 제압하고 살상과 약탈을 일삼았다고 허위 날조되어 있으니 포복절도할 일이다.

이상이 일본의 조야가 일본 역사기록이라고 전가보도처럼 휘둘러대어, 20세기에 들어 조선 침략의 방책으로 이용하였던 『일본서기』「신공황후 삼한정벌」이라는 황당무계한 망상妄想의 전말이다.

그뿐 아니라 21세기에 들어와서도, 일본 역사교과서는 여전히 『일본서기』에 기반을 두어 '4세기 조선 반도 진출·식민지적 거점 확보'라고 기술하고 있다. 더욱 괴상한 것은 그 시기를 『일본서기』상의 3세기 대에서, 당시 일본 자체는 물론, 중국 사서에서조차 100여 년간 왜국 관련 기록이 전혀 없었던 왜국의 궐사기闕史期인 4세기 후반에다 제멋대로 옮겨놓고, '일본 임나부任那府 경영설'과 함께 학생들에게 허위 사실을 가르치고 있다. 그 속셈은 3세기 대의 왜국 시대상이 원시 상태를 겨우 벗어났던 것으로, 문자도 없던 시대의 역사 기록이 너무나 비현실적인 연대年代 설정으로 가당치 않은 상정想定이었음이 백일하에 드러났기 때문으로 보인다.

　왜국하고는 격차가 큰 대륙의 선진 강국인 고구려·신라·백제를 정벌·거점 확보 운운할 수 있기는커녕, 당시의 왜국으로서는 해외 원정 자체가 불가능하였던 것을 작금 일본 역사학자들 스스로가 더 잘 알고 있는 것이다. 그렇다면 100% 날조된 '신공황후기'를 마땅히 당장 송두리째 말소할 일이다. 아니면, 시대까지 조작하면서 남의 나라 위상을 모독하는 제국주의 근성에 집착한다는 세계의 비난을 영영 모면하지 못할 것이다.

공상괴기소설空想怪奇小說「신공황후기」

한마디로 일본의 고대 역사서라는『일본서기』「신공황후」권은 해괴망측駭怪罔測하기가 잡소설도 될 수 없는 낙서집이다. 이것이 고대 조선 역사와 하등의 관련이 없다면 반 푼어치 관심도 보내지 않을 폐지로 버리고 말 일이다. 하지만 조선에 대한 악의적인 비하로 인하여 자라나는 일본 어린 학생들에게 앞으로도 기약 없는 미래에 걸쳐, 미칠 악영향을 고려하면 도저히 그냥 지나칠 문제가 아니다.

필자가 본서에서『일본서기』의 황당무계한 역사 왜곡·날조를 확고한 입증사료와 논리로 반박 입증한 내용을 정리하면 다음과 같다.

1. 시대적 배경:『일본서기』에는 신공황후가 삼한정벌을 한 것이 서기 200년 31세 때이고, 269년 4월 17일 100세 때 사망하였다고 기술되어 있다. 서기 200년 경 왜의 실태는 일정 규모의 국가나 군대의 존재는 말할 것도 없고, 원시인들이 움집에서 채집으로 연명하는 신석기시대였다. 「신공황후 삼한정벌」설이 비현실적 허구임이 명명백백하다.

2. 시대 배경 조작: 현 일본 역사서에는 왜국 최초의 통일

정권 성립 시기를 서기 370년 전후로 추정하고 있다. 이에 맞춰 「삼한정벌」도 4세기 말경으로 옮겨놓았다. 통일 정권 추정치조차도 역사적 근거가 있는 것이 아니고, 적어도 60년을 임의로 앞당긴 것이다. 『일본서기』에 명기된 조선 침공 연대가 서기 200년이라는 것은 고대의 삼한침 공설 자체가 허구임을 스스로 밝힌 꼴이다.

3. 야오이 시대 왜의 인구 상황: 야오이 말기, 3세기 왜국의 전 국토에 분포된 총 인구는 60만 명 안팎이다(앞서의 「고대왜국의 인구추계 참조」). 이 인구로는 해외 원정에 필요한 군대는커녕 당시 규모가 현재 군郡 정도의 크기에, 면面 인구보다 적은 소국들의 통합조차도 어려웠다. 더구나 당시의 왜국 인구 구성은 80% 이상이 조선 이주민으로 성립된 100여 개의 콜로니Colony 무리였다.

4. 무기 사정: 200년 당시 왜국에는 금속 기기가 희귀하였다. 가야로부터 철정 수입이 약간 있었다지만, 이주민이 생활 용구와 무기 몇 점을 들여오는 것이 전부였다. 자체 무기라고는 수렵용의 석촉石鏃·석창·석도 정도였고, 금속 무기의 보편적 보급은 빨라야 6세기 초에나 가능했다.

5. 선박사정: 조선에서 왜국까지는 험난한 파도와 빠른 조류로 악명 높은 현해탄 뱃길로 최단 거리가 200km가 넘는다. 원시적 왜국이 금속 무기로 무장한 강력한 조선 4국을 정벌하려면, 적어도 수천·수만의 병사를 일시에 싣고 갈 수 있는 군선이 수십·수백 척이 있어야 한다. 당시 왜국에는 군선은커녕 소형 배도 건조할 능력이 없었다. 금속 기기가 없는 왜인들은 연안 어로용으로 뗏목이나 소형 나룻배나 만들 수 있는 수준이었다. 조선에서 이주민을 실어 나르는 배들은 곧 조선으로 되돌아가기 때문에 왜국에는 군선으로 이용할 큰 배는 남아 있지 않았다.

6. 『일본서기』 출생의 배경: 서기 660년 백제가 신라에 의해 멸망되자, 백제가 세웠던 식민지 일본은 백제 유민과 더불어 본국이던 백제 부흥에 나선다. 3년간의 준비 끝에, 663년 일본군과 백제유민 3만 명은 금강 입구에서 나당 연합군과 맞섰지만, 완패하여 백제는 완전히 소멸된다. 백제의 문물·문화유산·학자·제반 기술자 등이 송두리째 일본으로 망명길에 올랐다. 그 후 700년을 전후하여 백제 유민의 후예로 이루어진 일본 조정은 소멸된 본국에 대한 미련도 아쉬움도 모두 사그라져, 일본국이라는 국가 의식이 팽배해지는 가운데, 백제를 완연히 배제한 채, 위대하고 장대한

역사를 지닌 독자적인 건국 신화 창조에 들어간다.

그리하여 탄생한 것이, 712년 『고사기古事記』에 이은 720년의 『일본서기』인 것이다. 5세기 까지도 통용되는 문자가 없었던 왜국으로서는, 역사 기록이 전무한 상태에서, 『백제기』·중국 사서 등을 참고삼았지만, 내용을 전부 바꾸어 소멸된 백제를 종주국이 아니라 식민지로 둔갑시키고, 마치 3한이 왜국에 의해 정복된 것처럼 역사 아닌 소설을 창작하면서, 기년제紀年制만 『백제기』를 이용한 것이다(본서 6세기 전후의 왜국상황 참조).

이상은 현 일본 역사학자들이 흡사 일본 신도神道나 귀신을 믿듯이, 「삼한정벌설」을 기정사실화하고 시종일관 끈질기게 밀어붙이고 있는 현실이 얼마나 보편성을 이반離反한 짓인가를 지적하기 위하여 내용을 간추려 열거한 것이다.

유감스럽게도 이러한 허위 날조된 삼한정벌설을 역사적 사실이라고 믿는 자가 사라지지 않는 것이 작금 일본의 현실이다. 이들의 그러한 가상적 상념이란, 현실성이 전혀 없는 편집병 환자들의 망상과도 다를 것이 없다고 할 수 있을 것이다.

추서: 이상으로 '신공황후 삼한정벌설'에 대한 비판을 줄이기로 한다. 하지만, 같은 내용이 되풀이된 감이 적지 아니한 것에

대한 부언을 몇 줄 더 적어야 할 것 같다.

무릇 현 일본고대사의 수많은 저서들은 천편일률적으로 『일본서기』「신공황후 삼한정벌설」에 기반을 두어 그 황당무계한 비현실적인 서술을 되풀이 인용하고 있다. 뿐만 아니라 한술 더 떠, 그것을 기정사실로 고착시킴과 동시에 더더욱 비약시켜, 조선 남단에 식민지적 거점 확보·임나일본부경영 등의 조작·날조된 내용을 고등학교 역사교과서와 교수자료에까지 싣고 있는 실정이다.

이에 필자는, 그러한 부당한 기술 내용을 각 저술자에 따라 몇몇 예를 들어, 독자에게 사태의 심각성과 그러한 허위 기술의 다양한 현실감을 일깨워 줄 양으로, 케이스 바이 케이스Case by case로 대응하다 보니 부득이 되풀이해서 비판하게 되었음을 밝히는 바이다.

일본 역사서의 고대 연대古代年代 조작

일본 고대 역사서의 특징은 문자가 없어 자체 기록이 전혀 없었던 5세기 이전 B.C. 300년에서 A.D. 400년까지 6~7백 년 간의 역사를 300여 년이 지난 서기 700년 초에 와서 아무런 근거 없이 최초의 역사서라는 『일본서기』를 허위로 조작하여 편찬한 데 있다.

역사의 기본은 언제·어디서·누구에 의해·무슨 일이·어떻게· 왜 일어났다고 기록하는 것이다. 왜국에는 이러한 기록이 600 년 대까지 전혀 없었다. 그런데 『일본서기』「삼한정벌」에는, 이 보다 500여 년 앞선 서기 200년 9월 10일에 신공황후가 신라정 벌 준비를 시작해 10월 3일 출병하여 신라를 정복하고 규슈 축 자筑紫에 돌아와 12월 14일 애를 낳았다고 기술되어 있다. 신공 의 200년 삼한정벌설을 700년 당시, 마치 근래에 일어난 사건처럼 연월일 별로 상세히 기술한 것이다. 그 후로도 신공이 섭정 69년(서기 269년) 4월 17일 100세로 죽을 때까지 69년 간, 삼한 침공을 거듭하며 속국으로 거느리고, 공물貢物을 받아들이는 가공의 이야기가 연월일 별로 빠짐없이 이어진다. 물론 모든 기술은 허위 날조로 일관되어 진실이라곤 단 한 줄도 찾아보기 어렵다.

근래 지진이 일어나 일본 동북지방 일부가 엉망진창이 된 것보다 더 심하게 뒤틀린 것이 현 일본 역사교과서이다. 일본의 역사책에는 한결같이 〈4세기 야마도 통일정권 성립〉〈신공황후 4세기 조선 남단 거점 확보·일본임나부 설치〉라는 취지로 적혀 있다.

뿐만 아니라 『일본서기』 원본에 분명히 기술된 서기 200년이라는 침공 연대를 임의로 180년을 내려서, 현 역사서에는 괴이하게도 삼한 정벌을 4세기 후반이라고 바꿔 놓았다. 간지干支를 3회순 편리한대로 옮겨서 시대적 배경을 나름대로 합리화한 것이다.

4세기로 옮겨서 기술하고 있는 이유는 뻔하다. 20세기 들어 과학의 발달로 역사의 연대 추정이 가능해졌기 때문이다. 서기 200년 당시 왜국의 상황은 총인구 60만 내외의 신석기 말기인 야오이 시대로, 해외 원정 삼한정벌이 가당치 않다는 인식이 대두되었기 때문이다. 통일국가가 존재할 수 있는 상태가 되어 있지 않았음이 밝혀짐에 따라, 현실성이 없다고 판단한 것이다.

하지만 일본 역사학자들이 간과한 것이 있다. 앞서 인용한 바와 같이 『일본서기』에는 신공 섭정 39년이 중국 위魏 나라의 경초景初 3년에, 그리고 섭정 66년이 진무제 태초晉武帝泰初 2년에 각각 해당된다는 내용이 뚜렷이 기술되어 있다. "그 해에 왜의 여왕이 위나라 명제魏明帝에게 조공을…… 운운"하는 내용이다. 또한 이것보다 27년 후인 신공 섭정 66년에도 『일본서기』에 기술하기를 "섭정 66년과 동일한 해인 진무제 태초 2년에 진晉나라 『기거起居』에 주注하기를 왜왕이…… 운운"이라고 되어 있다.

위魏 경초景初 3년은 서기 239년이며, 진무제 태초晉武帝泰初 2년은 서기 266년이다. 이는 움직일 수 없는 엄연한 중국의 역사다. 만일 신공 섭정 원년 직전 해인 서기 200년에 있었다는 삼한정벌의 연대를 4세기로 옮긴다면 위나라 명제魏明帝뿐만 아니라, 서진西晉 무제武帝의 연대도 4세기로 이동시켜야하는 모순이 생긴다. 설마 중국 위와 서진의 역사 연대를 바꿀 수는 없을 것이고, 서기 200년의 삼한정벌설이 허위·날조라는 것이 만천하에 명백히 드러났을 뿐이다.

일본 역사계가 국제적 수치와 망신에서 벗어나는 길은 한시라도 빨리 일본역사서에서 삼한정벌설을 말소시켜 참 역사의 진실을 밝히는 일이다.

1300년 전에 편저된 일본 최초의 역사서라는 『일본서기』 내용이 근거 없이 허위 날조된 것이 밝혀진 이상, 일본은 마땅히 그 것을 휴지통에 폐기해야 할 것이다. 그럼에도 불구하고 가장 중요한 역사상의 시대 배경을 저희들 편리한 시점으로 임의로 옮겨가며 또 다른 역사 왜곡을 작금도 시도하고 있는 것이다. 조선을 고대 왜국의 피점령국으로 억지로 몰아붙이는 일을 예사로 지속하고 있다니, 시대착오적 제국주의 본성에서 여태껏 벗어나지 못하는 것이 분명하다.

3~4세기 왜의 몸부림

　재차 강조하지만 3~4세기 일본은 철기의 직접 생산은 전무하고 벼농사도 유치한 초보 단계이며 문자도 없는, 따라서 조선 삼국과 같은 강력한 선진 국가가 성립될 수 있는 땅이 아니었다. 한마디로 조선 4국의 식민지 역할을 할 수 밖에 없는 상태였던 것이다. 그런데 적반하장도 분수가 있지, 왜국을 세워준 종주국 조선 삼국을 감히 역으로 정복하였다고 허위로 날조를 한 것이다.

　앞에서 대략 기술한 700년 전후의 **일본 역사서 편찬의 동기는 종주국 백제의 소멸**로 인한 **일본국**이라는 정체성 확립의 **필요성**의 대두에서 비롯되었던 것이다. 멸망한 종주국 백제의 탈에서 벗어나기를, 일본국 창건의 근원적 뿌리의 정립을 고대로 거슬러 올라가 독자적인 건국 신화 창조에서 찾았던 것이다. 참

역사의 기록이 조선 반도를 떠나서는 전혀 없는 일본의 현실로 미루어 다른 선택의 여지가 없었던 모양이다.

이들은 과욕을 부려 고대 원시적 왜국이 조선 4국보다도 강력한 국가였다는 설화의 창작에 들어갔다. 특히 종주국 백제를 멸망시킨 신라를 가공으로나마 응징을 가해야 했다. 712년 『고사기古事記』에는 신라만 정벌하였던 것이 불과 8년 후인 720년에 편찬된 『일본서기』에서는 고구려·백제·신라 3국을 정벌한 것으로 둔갑했다.

차마 실화라고 기술할 수가 없으니 초능력을 구사한다는 여자 무속인巫俗人을 왕·왕후로 등장시켜 물고기 떼가 군선을 신라 나라 안으로 밀어 넣어 공포를 느낀 신라왕의 항복을 얻어냈다는 만화 같은 이야기가 만들어진 것이다. 그런데도 21세기 일본 역사학자들은 『일본서기』의 허구적 서술을 신화도 아닌 역사라고 내세우는 것이다. 그러고는 막상 자기 나라 역사책에는 일본국 관련 기술(우스갯감 밖에 안 될 만화 같은 이야기)은 차마 거론하지 못하고 남의 나라 조선 역사에 대해서는 하도 많이 언급을 해 『일본서기』가 아니라 『반反조선서기』라고 빈정대는 말이 일본인 사이에서도 들리고 있는 실정이다.

당시 왜의 실상이 삼한정벌이 가능한 나라였나를 살펴보자. 3세기 중반에서 4세기 중반 너머까지 100여 년간 왜는 궐사闕史

시대라 하여 역사의 암흑 시대였다. 문자가 없는 원시 사회였기 때문에 원래 기록된 역사가 전무하였던 터에, 그나마 중국 사서에 조공을 받쳤다고 간간히 기술되던 것마저, 100여 년 동안 왜국에 관한 중국 측 문헌 사료가 완전히 두절되어 버린 것이다. 약삭빠른 일본 사학자들은 이 기간을 일본의 강력한 야마도大和 통일 정권 성립 기간으로 현 일본역사책에 집어넣은 것이다. 국가 성립의 입증 자료가 일본국에 없다는 것은 반대로 타국에 의한 불不성립의 입증 자료도 없다는 것과 동일한 뜻이다. 신이 있다 없다하는 논쟁과도 같은 것이다.

과연 토종 왜인(소위 원原일본인)에 의한 통일 정권이 존재하였을까. 천만의 말씀이다. 이 기간이야말로 조선 반도 출신 지배 계층 간의 왜국 통일 정권 수립 이전의 치열한 암투 시기였다고 생각된다. 5세기 들어 그 최후의 승자가 조선 4국에서 식민한 어느 불특정 왕족·호족이었으며, 드디어 왜나라 대왕(조선 총독)으로 등극한 것이다. 그 직접 증거가 기내畿內지방에 현존하는 조선 반도식 왕릉들(4~7세기 전·중·후기 고분군前·中·後期古墳群)이다.

소위 응신應神 왕능과 전인덕伝仁德 왕능 출토품을 위시하여, 공개된 7세기 말의 다까마쓰총고분高松塚古墳의 내부 사진으로 미루어, 현 일본 나라奈良지방에 산재한 4~7세기에 조성된 왕릉 규모 고분의 피수장자가 대부분 조선 반도계라는 것은 널리 알려진 사실이다. 다까마쓰 고분 벽화를 비롯한 장식품·부장품과 위 두 왕릉王陵의 출토품이 조선 반도에서 발굴한 왕릉 출토품과 거의 유사·일치한다는 것이 움직일 수 없는 증거일 것이다. 의심스러우면 비공식으로라도 출토 인골人骨의 DNA 검사에 응해야 할 것 아닌가.

그런데 더욱 기가 막히는 것은, 일부 일본 역사학자 중에는 일본에서의 출토품이 조선에서의 출토품과 같은 것조차도, '일본에서 만들어진 것이 조선반도 식민지에 역수출된 것'이라며, '그것이 바로 조선이 일본의 식민지였다는 증거'라고 일본 역사책에 기술하는 자가 있다는 사실이다. 그렇다면 우리도 고대 왜국이 조선 4국의 이주민이 세운 나라이기 때문에 일본 전체가 우리 땅이었다고 이제라도 주장해야 되는 것이 아닌지 모르겠다. 우리 국사 교과서에 그렇게 기술하여도 꺼리길 것이 없다고 보인다. 그렇게 주장하는 것이 일본의 삼한정벌·임나경영설보다 훨씬 논리적이고 합리적이며 더욱 역사적이라고 단언할 수 있다.

7세기경의 일본의 신화 창작 과정을 살펴보면 너무나 인위적인 것이 확연하다. 일본 국사 교과서는 '대왕과 호족豪族'난에 -"대왕은 호족들에게 씨성氏姓제도를 도입하여 씨와 성을 부여하고, 호족들은 씨상氏上을 중심으로 정치적인 동족 집단을 만들어 고유 씨명氏名을 갖게 되었다. 이에 정신적인 연대 의식으로 씨신氏神이 숭배되게 되어, 대왕 집안과 호족의 조상 신화神話가 만들어져, 후에 『제기帝紀』·『구사舊辭』로 마물러진 것이다"라고 기술하고 있다. 여기 저기 앞뒤가 맞지 않는 이야기가 하도 많이 나와서 제3자인 필자로선 어리둥절할 따름이다. 여기서는 신화라 하고 저기서는 그것이 역사로 둔갑을 하니 정신을 못 차리겠다.

『일본고대사사전』「제기帝紀」와 「구사舊辭」난에는 - "고래古來로 구승되어온 신화나 설화 등을 필록筆錄한 것이며, 『제기』는 역대 천황의 이름·연령·궁의 소재·치세 기간·사적·능묘 등 계보적인 기사를 편년으로 적은 것이다. (생략) 그리고 『구사』는 『제기』에서 취급되지 않은 부분, 즉 전승傳承되었다는 이야기이거나 만들어진 신화이며, 야마도 정권이 대왕의 권력 강화를 도모하기 위하여 성씨의 신화·전승을 대왕 중심으로 짜 맞출 의도가 있었다고 생각된다"라고 되어 있다. 바르고 정직한 고찰이다.

이게 무엇을 의미하느냐하면, 일본의 유일한 고대 역사서라는 『일본서기』가 편찬의 기본 골조로 이용한 『제기』·『구사』·『황통보皇統譜』 등이 역사적 기록이 아니라 전부 가공의 신화였다는 사실을 수백만 일본 고등학생에게 고백한 것이 된다. 그 대표적인 사례가 문자가 없었고 일정 규모의 통일된 국가 존재 자체가 불가능하였던, 『기기記紀』 편저 당시로부터 500년 전인 서기 200~269년의 「신공황후기」를 들 수 있다. 신통력을 지녔다는 일개 무속녀巫俗女를 신공황후로 둔갑시켜 섭정 69년간 기년제로 삼한정벌을 위시해 온갖 귀신 행실을 면밀히 창작하여 적고 있는 것이다. 그리고 그것이 후대에 와서 역사로 바뀌는 것이다. 따라서 일본 고대사는 추정이나 일반적인 신화적 서술 말고는 실제 일어난 사건이나 인적 기록은 전혀 존재할 조건이 못되는 것이다.

신공황후가 실존 인물이라는 입증 사료는 전혀 없다. 순전히 만들어진 가공의 인물을 『백제기』 같은 역사서 기년을 빌려 편입 배치하여, 시대 배경을 제멋대로 꾸며서 소설 작품화한 것에 불과하다. 구승口承이라는 핑계가 도처에 자주 나오는데 언어도단이다. 100여 개의 고대 소국이 수백 년간 난립하여 얽히고설킨 상태에서, 어찌 계통적인 한 줄기 구승이 500여 년간 전해 내려올 수 있단 말인가. 물리적으로 도저히 불가능한 일이다.

도대체 신화의 구승이라는 것은 네댓 세대만 지나도, 후손들에 의해 내용이 더 가해지기도 하고 빠지기도 하며 점차 현실성이 없어져 가는 속성을 지니고 있는 것이다. 일본인들은 역사적 근거 자료가 하도 없다보니, 건국 신화라는 것을 멋대로 연대를 고쳐가면서 임의의 시기에 끼워 넣고, 그것이 움직일 수 없는 확연한 일본 고대사라고 청소년들을 가르치고 있는 것이다.

일본은 근래 왜곡된 거짓 역사를 배운 사람들이 자칫 일생을 허구와 착각 속에 살아가는 악순환을 되풀이할 우려가 있는 것 같다. 그들은 이웃 나라, 아니 전 세계인의 빈축거리가 되고 있다는 사실을 왜 알아차리지 못하는 것일까. 도대체 그들이 역사 왜곡에서 얻는 이점이 무엇일까. 아무리 반추하여도 떠오르는 것은 허황된 자존심과 역사 부재로 인한 민족적 열등의식, 제국주의 시대에 대한 향수 충족 말고는 다른 아무것도 있을 수 없다.

4세기 왜국의 통일정권설에 대하여

여기서 애매모호한 일본의 고대사를 잠시 접어놓고, 시점視點을 바꿔 과학적·인류학적 견지에서, 고대 왜국의 실상을 검토해 보자.

현 일본 역사서는 '서기 4세기 후반에, 강력한 야마도 통일 정권이 성립된 것으로 보인다'고 천변 일률적으로 기술하고 있다. 그 유일한 근거는, 서기 5세기 전후의 고분 군 중에서 몇몇 대형 능묘의 피수장자가 강력한 통일 정권의 대왕의 능묘로 추정된다고 주장하고 있는 것이다. 그렇다면 4세기 중반에, 즉 야오이 시대 후기인 서기 3~4세기 대 왜의 총인구가 과연 강력한 통일 국가 성립 조건을 충족시킬 수 있는 수준인가를 살펴볼 필요가 있다.

앞서의 『센리 민족학연구 No. 2-1978』 「고대인구추계표」에

는 야오이 시대 일본 총인구를 60만 명으로 추계하고 있다. 그런데 60만 명 중 적어도 40~50만 명은 조선 반도 이주민과 그 후예들이다. 중국 『위지魏志』에 실린 3세기 비미자卑彌子여왕 시대(야오이弥生)의 왜국 100여개 나라國들이란 지금의 군, 현 정도 크기의 행정 단위에 해당하는 지역을 지칭한 것으로 보인다. 이 당시 추정 총인구 60만 명을 100나라로 나누면 나라 당 평균 6,000명이 된다. 일본어로 나라國를 '구니'라고 발음한다. 일본 말 구니く に國란 국가·지역·지방·출신지·고향 등등을 총괄하여 개별적으로 일컫는 말이다. 또한 옛날 일본의 행정 구획의 호칭이기도 하다. 따라서 고대에 인구 6,000명 안팎의 100여개의 소국이라고 한 것은 당연히 그 어떤 국가를 지칭하는 말이 아님을 알 수 있다. 이것은 설사 당시 비미자가 지배하였다는 현재의 규슈九州 지방이나 긴키近畿 지방 중 어느 하나를 가상하더라도, 비미자 지배하의 총 인구는 각 지방의 인구분포도가 비슷할 것으로 가정해 최대로 잡아 20만 명 내외였음을 의미하는 것이다.

다시 말해 현 일본 역사서가 주장하는 4세기 중반(야오이 말기)의 강력한 통일 정권 성립설이 얼마나 비현실적이며, 황당무계한 주장인가를 드러내는 사실 아닌 그 무엇도 아니라는 것이 명명백백하다.

신공황후 삼한정벌설을 비롯해, 『일본서기』에 기술된 모든 고대사 관련 내용이 비현실적 공상 소설 같은 이유가 바로 4세기 강력한 야마도 통일 정권이라는 실체가 최대 총인구 20~30만 명의 소국에 불과하였던 사실이 드러났기 때문이다. 그야말로, 실제 상황을 기록할 수 없었던 사정을 여실히 드러낸 것이다.

『일본서기』에 기술된 연대를 원래의 것 보다 120~180년을 죽기 살기로 내려서 합리화하려는 의도를 이제야 알 것 같다. 『일본서기』가 인구의 증식이 충분히 이루어지는 것에 맞춰서 역사를 기록한 것이 아니라, 국가 성립의 요건을 갖추려고, 손쉽게 붓으로 역사서의 연대를 조작하는 수법을 선택한 것이다. 그러한 모순을 발견한 과학 시대의 현 일본 역사학자들이, 합당한 기준을 날조·조작하여, 임의로 연대를 옮겨서, 서기 720년에 이어, 근세에 와서 또다시 두 번째의 가필로 역사 왜곡·날조를 일삼고 있는 것이다. 애당초 역사 아닌 고대 신화로 서술된 『일본서기』 고대사를, 기를 쓰고 역사서라고 떠받들다가, 그것도 모자라 역사 기술에서 결정적 요소가 되는 시대와 연대를 마음대로 위 아래로 옮겨 대는 놀이를 작금에도 계속하고 있는 것이다. 자국 역사에 한정된 일이라면 모르지만, 엉뚱하게도 외국의 종주국이던 고대 조선에 관한 허위 서술이 거의 전체를 차지하고 있다는데 문제가 있는 것이다.

이렇게 과대 포장된 허위의 탈을 송두리째 벗기고 고대 왜국이 조선식민지라는 참모습을 만천하에 적나라하게 노출시키는 것이 이 글의 목적임을 밝히는 바이다.

일본 고대사의 허구

새가 덫으로 쳐놓은 그물에 걸려들면 그물 구멍에 머리가 끼이지 않았어도, 제 발로 줄을 잡고 놓지 않고 있는 경우가 있다. 줄을 놓으면 몸이 그물에서 풀려 날아갈 수 있을 터인데, 몸무게로 그물이 흔들리는 통에 겁이 나서 줄을 더 힘껏 움켜쥐게 된다. 그 바람에 도망을 못 가고 잡히는 경우가 있다. 이렇게 잡힌 새들을 보고 사람들은 어리석다고 말한다. 일본 사람들이 허위의 역사라는 그물에 걸려 떨어지지 않으려고 발버둥치는 꼴이 연상되는 장면이다.

일본의 고대사가 허위로 날조된 것이라는 사실은 누구나 다 아는 바이다. 범세계적 기준으로 판단해 어느 한 나라의 역사서에 단 몇 건의 모순이 드러나기만 해도 문제 삼는 것이 상례이다. 그런데 일본의 고대사는 모순이 하도 많아 수백 개, 아니

거의 전부가 상식을 벗어난 모순 덩어리로 서술되어 있다. 육하원칙에 맞는 것이 거의 없다. 어떤 역사적 사실을 확연한 사료에 기반을 두어 기술한 것은 단 한 쪽도 찾아낼 수가 없다.

B.C. 660년 초대 신무 천황부터 4세기 말까지 1천여 년 간 실지로 있었던 역사의 기록이라고 여겨지는 기술은 전무하고, 그 후 7세기 지통기持統期 이전까지 이어진 300여 년간의 연기年紀·사건·계보系譜·인물의 실재성實際性 등에서도 대부분 현실 세계에 걸맞지 않은 것이 태반이다. 역사서라 일컬어지기보다 소설이라고 하는 것이 맞을 것 같다. 소설도 일반적인 리얼리티re-ality가 아니고, 전적으로 현실성과 진실성이 결여된 가공적 이야기로 점철되어 있다. 그 구체적인 예 몇 개를 들어보겠다.

가. 초대 신무神武 천황부터 16대 인덕仁德까지 16명의 수명壽命 합계가 1746년이며 평균 수명은 한 사람 당 109세이다. 당시의 인간 평균 수명은 30~40세 전후라는 것이 통설인데, 일본 천황들은 한명도 아니고 16대를 연이어 평균 109세씩을 살았으니 사람이 아니라 귀신들인 모양이다. 그 유명한 신공神功도 100세까지, 아들 응신應神은 111세까지 그리고 손자 인덕仁德도 110세까지 살아 섭정과 왕위에 있었다. 가공架空의 인물들이라는 것을 스스로 밝히고 있는 것이 아닌가.

일본은 6세기 초반에 조선으로부터 한문이 전수될 때까지 문자가 없는 원시 상태였는데, 『일본사교수자료日本史教授資料』 「역대천황일람표」에는 초대 신무神武에서 124대 소화昭和 천황까지 천황 전원의 생년·즉위·퇴위·사망 등의 각 연월일이 2600여 년 동안 빠짐없이 100% 죄다 기록되어 있다. 아무도 상상하지 못할 허위 역사 작문이라 할 수 있다.

나. 『일본서기』 응신기 25년 조條에 백제 직지왕直支王(腆支)이 붕어崩御하였다 하였는데, 같은 응신기 39년 2월조에는 이미 14년 전에 사망한 직지왕이 난데없이 다시 살아나와 신제도원新齊都媛을 왜에 보내 봉사를 시켰다고 되어 있다. 당시 일본의 국가사업인 자국의 역사 편찬에 이러한 모순 투성이 기록이 연달아 나온다. 스스로 날조와 조작을 일삼았다는 것을 보여주는 증거가 아닌가.

다. 「신공황후 신라정벌기」의 서술은 『일본서기』라는 만화 같은 소설 작품의 압권이라 할 수 있다. 〈바다 밑의 큰 물고기들이 물위로 떠올라와 신공을 실은 군선을 밀고 끌어당겼다. 동시에 귀신이 순풍을 일으켜 노를 저을 필요 없이 군선이 이내 신라에 다다르자, 배를 따라온 파도가 멀리

나라 안까지 밀려들었다. 순식간에 바다에 가득 찬 군선에 놀란 신라왕이 싸움도 하지 않고 항복하였다. 운운……〉

〈임신한 신공이 복부에 돌을 매고 출진해 신라를 정복한 후, 축자에 돌아와서 낳은 아이가 111세까지 산 응신 천황이다. 등등……〉

아이러니하게도 원시적 일본국의 대왕들이 평균 109년 씩 천수를 다하고 있었던 B.C. 3세기 초경, 선진 초강대국 중국에서는 진시황秦始皇이 천하 통일을 하고 영화를 누리고 있었던 것이 실지 역사의 기록이다. 그는 오래 살기를 갈망하고 불로초를 구하기 위해 해동에 사람을 보냈으나 별 성과 없이, 권좌에 오른 지 10년 만에 요절하고 만다. 만일 진시황이 동해바다 속 왜국 땅에 사는 대왕들 모두가 109년 씩 천수를 누리는 사실을 알았다면, 그는 당장에 왜국으로 쳐들어가 그러한 장수長壽의 비결을 알아냈을 것이다. 그리하여 진시황이 109세까지 살았다면, 세계사는 어떻게 달라졌을까.

고대 왜국은 조선 4국의 식민지

한마디로 기원 전후 수세기간의 고대 왜국이란 조선 4국(고구려·신라·백제·가야)으로부터의 수많은 이주 집단이 제각기 세운 여러 곳의 소규모 식민지가 뿌리를 내리는 과도기라 할 수 있다. 중국사서史書『위지魏志』「왜인전倭人伝」의 히미코卑微子에 관한 서술 중에 "왜국은 난세亂世라 100여 개의 나라가 난립해 서로 다투기를 여러 해"라고 한 것이 바로 조선 4국의 이주민들이, 집단 간에 서로 세력 다툼을 하는 상황을 설명하는 것이다.

비미자(히미코)는 왜의 자마다이(사마대邪馬臺)국의 여왕이라는 자리를 차지하고, 경초景初 3년(서기 239년) 위魏의 대방군帶方郡을 통하여 중국의 책봉冊封을 획책한 것이다. 그런데 왜국 여왕이라 일컬어지는 히미코야 말로 조선 반도 출신의 무속인임이 틀림없다. 아니고서는 어떻게 그녀가 대륙과 멀리 격리된 왜국에서 책봉 제도에 대한 내용을 소상하게 파악하고, 조선 반도 대방군을 거쳐 조공朝貢을 헌상獻上하고 천자 알현謁見을 구하였겠는가?

그해 12월에 천자의 조서詔書가 대방군 태수를 통하여 왜국 여왕에게 아래와 같이 임시로 내렸다는 것이다.

"너를 친위親魏 왜왕으로 삼고, 금인자수金印紫綬를 가假(임시)로 꾸며 포장裝封해 대방군 태수에게 부쳐 가수假受(임시로 받게)한다."

중국의 책봉 제도에 대해 좀 더 부언하면, 왜왕이 이처럼 손쉽게 중국에 책봉된 까닭을 알 수 있을 것이다. 중화사상이란 중국이 온 세상 중심에 있고 그 주변의 이민족 국가는 전부 다 오랑캐(畜生)로 취급해, 그들이 고개를 숙이고 조공을 바치며 중국에 종속되기를 원하는 경우 거의 다 받아들였다. 왜는 바다 건너 멀리 떨어져 있는 섬나라이기 때문에 중국 조정에서 사실 여부를 확인할 리가 만무하였던 것이다.

조선반도 출신의 비미자는 이 사실을 숙지하고 있었기 때문에 신하인 대부大夫를 시켜 대방군 태수나 부관府官에게 뇌물을 듬뿍 주어 매수를 한 다음 일사천리로 일을 성사시켰다고 생각된다. 왜국이 어디에 붙어 있는 지도 모르는 태수가 말도 통하지 않는 일본 현지를 답사시켰으리라고는 상정하기 어렵고, 눈앞의

재보財寶에 현혹되었을 것이란 생각이다.

비미자가 사망한 지 수세기 후인 **5세기 일본 다섯 왕의 중국 책봉 설**은 더욱 황당무계한 내용이다. 일본 국사 교과서에는 고대의 역사적 사실 기술은 없고, 이러이러한 설이 있다고 연달아 가상만 하고 있을 뿐이다. 그도 아니면, '무엇, 무엇이라고 생각된다'가 나온다. 역사가 아니라, 완전히 추리 소설을 쓰고 있는 것이다. 아래는 말썽거리인 '왜국 5왕'에 관한 『일본고대사』의 제멋대로의 서술을 인용한 것이다.

"『송서宋書』「왜국전倭國伝」에 왜국 5왕이라 칭하는 찬贊·진珍·제濟·흥興·무武라는 각각의 왕이 대대로 줄지어 사신을 보내왔다"라고 기술되어있다. 또한 "왜의 5왕은, 서기 413년부터 478년까지, 종종 공물貢物을 헌상獻上함과 동시에 중국의 칭호를 얻는 것으로, 고구려에 대항하고 국제적 지위의 향상을 바란 것이다. 찬은 응신應神이나 인덕仁德 또는 이중履中에, 진은 반정反正이나 인덕仁德에, 제는 윤공允恭, 흥은 안강安康, 무는 웅략雄略 등 각 천황에 해당시키는 설 등이 있다."

야마도 정권의 역사적 기술이라고 확언을 못하고, 하나의 설이라고 적고 있는 것이다. 그런데 적어도 역사교과서라는 것이 이러한 제멋대로의 무슨 설(떠다니는 소문)을, 어디에 근거를 둔 것인지 암시조차도 없다. 하도 닮은 데가 없는 자식을 빗대어 발가락이 닮았다고 하는 말이 항간에 있듯이, 간지干支 60년을 몇 순씩 아래 또는 위 시대로 끌고 다니면서 아무 왕에나 갖다 붙이는 꼴이 너무나 태연자약하다. 눈도 깜짝 않고 공공연하게 역사 왜곡을 예사로 하고 있다. 역사의 시대를 아무렇게나 편리 한대로 옮겨도 추호의 거리낌이 없는 모양이다. 최근에 발간된 역사책에 적혀 있는 서술이 이 지경이니 과거사는 두말할 필요도 없다. 전통적으로 이어져 내려온 일본의 상투적 역사 왜곡 수법은 어떠한 가설보다 더 인위적이다.

근래 일본 사학자들이 고대 왜국을 중국의 책봉을 넘보는 세력으로 포장시키려는 의도는 뻔하다. 그들에 비해서는 상대적으로 초강국이며, 철기 문명으로 무장된 조선 4국에 대해, 비록 현 역사서에서나마 대등한 관계로 조작하려는 것으로 판단된다. 당시 보잘 것 없는 신석기 시대에 머물러 있던 왜 민족에 대한 열등의식을 불식시키기 위한 몸부림인 것이다. 억지를 써서라도 최소한 조선과는 대등하였다느니 또는 '고구려에 대항하고 국제적 지위의 향상을 바란 것' 이라는 거창한 가설을 근래 발간되는 역사책에서나마, 그 꿈을 실현하려는 듯이 그릇된 허세를 부리고 있다. 미약한 섬나라인 원시적 왜가 구한 책봉이 감히 대륙의 강대국 고구려에 대항하기 위해서라니 언어도단이다. 고금을 통해 일본은 하룻강아지 범 무서운 줄 모른다는 말대로 과대망상에서 도저히 깨어나지 못하는 모양이다.

현 일본역사서에 의하면, 앞서의 5왕 시대인 5세기 중반 60여 년간은 야마도 정권이 피비린내 나는 왕권 쟁탈의 혼돈 속에서 국내적으로 한창 세력 다툼이 벌어지고 있던 때였다.

오늘날 일본 역사학자들은 5왕에 대해서 자의로 해석하기를 '그 어려운 중국의 책봉을 얻는 큰 성과를 이뤘다'고 자화자찬한다. 하지만 중국 사서에 적혀 있는 이러한 소위 5왕 이야기는 막상 일본 측의 고대 유일한 사서인 『일본서기』에는 단 한 줄도 언급된 것이 없다. 『일본서기』「신공기神功記」에는 편찬 4~5백 년 전인 서기 200년대 60여 년간의 역사가 편년체로 온갖 너절한 거짓 이야기까지 전부 기술되어 있다. 그런데 『일본서기』편저 시점으로부터 불과 2백여 년 전에 왜왕들이 중국에 책봉되었다는 왜국의 가장 중요한 역사적 성과에 대해서는 정작 기술된 내용이 보이지 않는다. 다시 말해서 야마도 통일 정권 초기 미약한 왜국의 지위 향상에 절실히 갈망했던 중국 책봉을 받아냈다는 왜국 5왕들에 대해서는, 어찌하여 단 한마디도 기록되어 있는 것이 없단 말인가.

5왕에 대한 기술이 『일본서기』에 빠져 있다는 사실은 그들이 야마도 정권하고는 아무런 연결 고리가 없다는 반증이 되고도 남을 일이다. 『송서宋書』에 나오는 왜의 5왕이란 분명 야마도 정권이 아닌 별도의 세력 내지 다른 정권의 존재를 추정해 볼 수 있을 것 같다. 당시 왜국 각지에 산재하고 있었던 조선반도 출신의 왕족이나 장군들이 세운 조선 식민지격의 나라 중, 가령 규슈 지방에서 출중한 맹주가 나름대로 통일 국가를 꿈꾸고 야마도 정권에 대항하기 위한 방편으로, 중국의 책봉을 시도·확보 또는 사칭한 것으로 추정해 볼 수 있다.

일본에서 번역 발간된 『송서宋書』「왜국전倭國傳」(1985, 이와 나미岩波서점, 이시하라石原 편저) 등과 『일본고대사연표』를 대조하여 살펴보기로 한다. 아래는 「왜국전」해설 중 일부이다.

"왜국은 고구려의 동남 바다 속에 있으며, 세세로 공물을 바치고 있다. 왜 5왕이라 불리는 찬讚에 의한 영초永初 2년(서기 421)의 공납貢納이나, 송宋원가元嘉15(서기 438)년의 진珍에게 안동장군 왜국왕 사수賜授, 제濟에 의한 원가元嘉28(서기 451)년의 견사봉헌遣使奉獻과 안동장군사지절도독·왜·신라·임나·가라·진한·모한육국제군사安東將軍使持節都督·倭·新羅·任那·加羅·秦韓·慕韓六國諸軍事의 사제賜除와, 대명大明 6년(서기462) 흥興에게 안동장군 왜국왕의 사수, 마지막으로 흥 사후에 즉위한 무武가 순제승명順帝昇明 2년(서기 478)에 상정上呈한 장문의 상표문上表文이 인용되어 있다. 이 글은 5세기, 왜 5왕 시대에 관한 확실한 사료로써 매우 진중珍重되어야 한다."

진중한 사료가 되어주는 것은 도리어 조선쪽이다. 그 이유는 다음 쪽 「왜 5왕 이야기」에서 상세히 논거하겠다.

왜 5왕 이야기

앞서의 글에서 우리는 서기 450년 전후 약 60년간의, 중국의 책봉 국가인 조선 반도 제 나라와 왜국 간의 현저한 국력의 차이를, 중국의 객관적인 평가로 뚜렷이 확인할 수 있다. 여기서 간과되어서는 안 될 중요한 대목이 있다.

왜가 안동장군 사지절도독으로 책봉되었다는 항목인데, 그 관할이 왜倭·신라·임나·가라·진한·모한 등 6국 제 군사로 되어있다. 마치 왜가 신라와 가야까지 관할에 넣은 것처럼 자랑스럽게 내세웠는데, 천만의 말씀이다. 고구려·신라·백제 각국이 이미 대장군에 책봉된 훨씬 후에, 왜왕들이 기껏 그 아래계급인 안동장군에 책봉되었음을 잊은 채 제 분수를 알아차리지 못하고 환호작약歡呼雀躍하는 우愚를 범하고 있을 뿐이다. 왜왕의 책봉 시기는 조선보다 한참 뒤져, 진珍이 438년, 제濟가 451년, 흥興이

462년에 각각 안동장군에 책봉되었으며, 마지막으로 무武가 478년 안동대장군을 사칭詐稱한 상표문상정사건上表文上程事件을 헛되이 일으켜 그나마 안동장군 책봉마저 허사로 끝나버렸던 것이다.

역사적 진실은 왜 5왕이, 이미 오래 전에 대장군으로 책봉된 고구려·신라·백제 등 조선 3국의 각各 왕들 관할 밑에, 스스로 단순한 장군이라는 아래 계급으로 책봉되어 들어옴으로써, 왜나라는 조선 반도 대장군들의 휘하에 편입된 신하로써 지휘와 지배를 받게 된 것뿐이다. 즉 당시 패권국覇權國인 중국의 지배구조 하에서 왜는 공식적으로 **조선의 관할 밑에 스스로 들어온** 것이다. 왜국이 조선의 식민지로 편입된 사실을 극명히 나타내는, 이보다 더 뚜렷한 중국의 사서도 드물 것이다.

왜의 5왕은 5세기 말경까지도 **누구 한사람 대장군으로** 정식 **책봉된 사실이 없고**, 희망 사항으로 스스로 대장군이라 자칭·사칭自稱·詐稱하고 공물을 바치며 엎드려 책봉을 갈구하였지만 끝내 허사였다는 것을 알 수 있다. 그들은 **조선 삼국의 제 대장군 휘하에** 간신이 **장군으로 책봉되었을 뿐이다.** 그러한 장군 명분으로 우위를 차지하여, 왜국 내의 패권 쟁탈전에 이용하려던 꿈이 어찌 되었는지는, 그 후 일본 안에 합당한 기록이 없기 때문에 알 길이 없다.

분명한 것은 420년, 무제武帝가 동진東晉을 무너뜨리고 송宋을 일으켜 남북조 시대가 열리자 송은 영초 원년永初元年(서기 421년)에 즉시 고구려왕을 정동대장군政東大將軍, 백제왕을 진동대장군鎭東大將軍으로 책봉하였다. 422년에는 다시 고구려왕에게 보다 높은 관작官爵인 산기상시독평주제군사散騎常侍督平州諸軍事의 호号가 추가된다.

반면 왜는 찬讚에 의한 조공이 421년, 425년, 430년에 있었고, 438년에 찬이 사망하자 동생 진珍이 송에 조공을 하면서 안동대장군 왜국왕이라 사칭詐稱하고 정식 임명을 구하였으나, 송의 문제文帝는 진珍에게, 이미 조선 삼국이 책봉 받은 대장군의 휘하에서 지휘를 받아야 하는, 안동장군 왜국왕安東將軍倭國王의 칭호를 처음으로 주었을 뿐이다. 이어 443년과 451년에 제濟가 다시 송에 조공하여 안동장군 왜국왕의 호칭을 허락받는다.

462년에는 왜의 왕세자 흥興이 역시 안동장군 왜국왕으로 책봉되었지만 477년에 사망하자 동생 무武가 등극한다. 무왕은 송宋 승명昇明 2년(서기 478)에 드디어 대장군을 거짓으로 사칭詐稱한 말썽 많은 사이비 상표문上表文을 올렸지만 아무런 소득도 없는 헛된 수작으로 결말나고 말았던 것이다.

작금 일본 역사학자들이 매우 진중珍重한 사료라고 평가하는 이 상표문처럼 허황된 외교문서(?)는 고금을 통틀어 유례가 없을 것 같다. 이 상표문이란 흥의 사망 전후에 일어난 왕권을 에워싼 쟁탈전의 혼란 속(참조: 『일본서기』)에서, 자국 내 지위 상승을 갈망하여 스스로 「사지절도독·왜·백제·신라·임나·가라·진한·모한칠국제군사慕韓七國諸軍事·안동대장군安東大將軍·왜국왕」이라고 사칭詐稱하며 거창하게 기술하였던, 소위 무왕武王(물론 조선반도 이주민 후예)이라는 자가 벌인 사기 조작극에 불과하다. 시쳇말로 공문서 위조 사기범에 지나지 않는다.

『송서宋書』라 함은, 상표문사건 이듬해인 479년에 송이 멸망하고 제齊나라가 성립되며, 양梁의 심약沈約이 제 무제齊武帝의 칙명을 받아 저술한 남조 송南朝宋의 정사正史다. 제기帝紀·지志·열전列傳 등 100권으로 되어 있다. 왜 관계 기술은 제97권 이만전夷蠻傳 가운데 왜국에 관한 부분에 나온다. 이만夷蠻이라는 하찮은 오랑캐에 관한 기술이지만, 심약은 송의 마지막 직전 해에 있었던 관작官爵을 사칭한 중대한 사건으로 취급하여 상표문 전문을 빠짐없이 게재하였다. 유교적 도덕심이 숭상되던 중국 조정에 감히 허위 문서로 책봉을 구걸한 몰염치한 범죄 기록으로 영원히 남게 된 것이다.

자칭 왜왕 무武가 작성한 이 수치스러운 국제적 사기 외교 문서를 한 자도 빼지 않고 기록하여, 후대에게 이런 일이 되풀이되지 않도록 영원한 교훈을 주고 있는 것이다.

왜왕을 자칭한 사기꾼 무武는 책봉 제도에 상통한 사자使者를 안동장군부安東將軍府에 보내어 조공朝貢과 더불어, 송조宋朝에서 파견된 부관府官을 뇌물로 매수해 그로 하여금 중국 고전古典 중 비슷한 유서類書를 본받아, 성어成語를 많이 사용한 사자구四字句를 연이음 하여 변려체騈儷体로 상표문을 작성시킨 것으로 추정된다(출전: 『일본사사전日本史事典』 朝倉書店). 따라서 내용에 현실성이 부각되지 않아, 송조宋朝의 웃음거리로 끝난 것 같다.

무武는 송의 도움을 간절히 바랐지만 결국 그 간청은 받아들여지지 않았던 것이다.

반면 일찍이 제반諸般 대장군大將軍으로 책봉된 조선 반도 제국諸國은, 당시 왜국이 왕권을 둘러싼 세력 다툼으로 닭싸움Chicken game이 한창 벌어진 소국들의 연합체였던 것과는 달랐다. 상대적으로 막강한 고구려·백제·신라·가야는 어깨를 부대끼는 확집確執 상태였기 때문에, 감히 바다 건너 식민지격格의 소국들의 연합체인 왜가 조선 반도를 넘본다는 것은 상상도 할 수 없는 일이었다.

도리어 조선 반도 안동대장군 휘하에 자진해 들어온 안동장군·왜국왕들의 행동이야말로, 당시의 왜국이 중국 책봉 제도라는 중화中華중심의 세계 질서 아래에서 조선 4국의 식민지였음을 여실히 드러낸 움직일 수 없는 확증이라고 할 수 있다.

현 일본 역사서에는 왜나라 궐사闕史(역사기술이 없는) 시대인 4세기 후반에 강력한 야마도 통일 국가의 성립이 있었다고 주장하며 이를 기정사실화하고 있지만, 무슨 역사적 근거가 있는 것은 아니다. 기껏 정황 증거라고 내세우는 것이 왕릉으로 추정된다는 5~7세기경에 축조된 기내畿內 지방의 규모가 큰 고분군을 들먹이는 것이 고작이다. 그런데 이들 고분의 피장자被葬者들이 야마도 왕권의 역대 대왕들일 것이라는 설은 아전인수 격으로 제멋대로 가정하였을 뿐이지, 무엇 하나 확인된 바는 없었다.

사실은 그들 고분古墳이야말로, 조선 반도로부터 왜에 밀고 들어온 정복자들의 존재를 여실히 보여주는, 움직일 수 없는 역사적 참고 사료임이 확연하다. 7세기 말경에 조성되었다는 다까마쓰총高松塚 고분의 발굴이 보여 주듯이 내부의 벽화를 비롯한 수장품 일체는 피장자被葬者가 조선 반도 왕족 출신임을 숨김없이 대변하고 있다. 고분의 형식·형태, 조성 시기, 내부 장식 등 어느 하나 조선과 연관되지 않은 것이 없다.

일본의 역사 시대 구분 중 소위 고분 시대의 시작이라는 3~4세기경은, 한漢과 고구려에 밀린 남부 조선의 왕족과 장군들이 일족과 추종자들을 대동帶同한 집단 이주의 절정기였던 사실과도 시기적으로 일치하고 있다. 당시 형성된 대형 고분의 피수장자 절대 다수가 조선 4국에서 이주해온 왕족·호족들이라는 것은 의심의 여지가 없다.

일본 통일국가 성립의 진실

앞서와 같이 현 일본의 모든 역사서에는 일률적으로 일본 최초의 통일 국가가 4세기 후반에 성립된 것으로 기술되어 있다. 아마도 이 기술을 의심하는 일본인은 없을성싶다. 그런데 그 근거는 일본의 사서 어디에도 보이지 않는다. 직접적인 근거는 말할 필요도 없고 간접적인 근거조차도 없는 모양이다. 시종일관 오직 추정만 있을 뿐이다.

무엇보다도, 유일한 일본 고대사서인 『일본서기』에는 4세기 야마도 통일정권 성립에 대한 기술이 전혀 없을 뿐더러 어떤 국가 조직이 있었다는 암시조차 없다. 오직 무거운 침묵이 있을 뿐이다. 유독 3세기 초 신공황후의 삼한정벌설이 공상 만화처럼 작문되어 있는 것이 전부다. 그 외에는 어떠한 기록도 없다. 서기 266년을 마지막으로 중국 사서에서조차, 그나마 이따금 공물을 바쳤다는 왜에 관한 언급마저, 5세기 초까지 100여 년간 뚝 끊어진 것이다. 이 시기에 왜국에는 어떠한 통일국가는커녕 역사에 기록될만한 국가적인 규모의 큰 사건은 없었다는 사실을 여실히 말해 주고 있다.

야오이 시대 말기인 4세기 초, 일본열도에는 국가 형성의 기본이 되는 일정 규모의 인구 집성이 안 된 상태였다. 유치한 식량 생산성으로 미루어 통일 국가 성립을 운운할 계제가 아니었다. 중국사서가 시사하듯이 오직 수많은 중·소국가들의 왕권을 에워싼 닭싸움이 만연되고 있었을 뿐이라고 생각된다.

왜의 역사 기록이 일체 단절된 이 기간을 근세에 와서 일본 역사학자들은 왜의 궐사闕史 시대라 일컫는다. 그러한 상황 하에, 5세기 왜의 5왕 이야기가 가뭄에 단비 격으로 『송서』에 기재된 사실이 알려진 것이다. 그러니 일본 조야가 5왕 이야기를 매우 진중珍重한 사료라고 들뜨게 된 것도 무리가 아니다. 5세기 초부터 60년 간 5왕이 대를 바꿔가며 중국에 공물貢物을 바쳐왔다는 것이다. 그중 3명은 안동장군 왜국왕이라는 책봉까지 사수賜授되었으니, 5왕 시대 이전에 왜의 통일 정권이 성립되었다는 확고한 역사적 사실이라는 환상에 빠지는 것도 무리가 아니다. 그리하여 가공으로 생겨난 것이 야마도 통일 정권이며, 성립 시기는 때맞춰 잘되었다는 식으로, 앞뒤 가릴 필요가 없는 궐사 시대인 서기 370년경이라는 연대가 임의로 할당된 모양이다.

하지만 눈 가리고 아옹하는 식이지 그게 그렇게 쉽게 앞뒤 양 옆 관계가 제 입맛대로 맞아 떨어질 리가 만무하다. 앞서의 「왜 5왕 이야기」에서 충분히 논거論據한 바와 같이, 왜의 5왕이란 구름 위에 떠 있는 불확실한 실체에 불과하다. 중국 사서에 실린 연대는 확고함으로 그것은 차마 마음대로 바꿀 수가 없다. 불가불 『일본서기』에다 끼워 넣자니 왜왕 무武가 상표문을 상정한 478년에 재위하였던 왜왕은 일본역대천황일람표 상에서 제21대 유랴쿠雄略왕(456~479)이 해당된다. 그러다보니 무왕보다 앞선 4명의 왕들 연대와 이름이 일람표와 겹쳐져 기록 자체가 엉망이 되어버린다. 그래서 5왕 하나하나가 누구누구에 해당된다는 식으로 연대와 이름을 바꿔가면서 무리하게 대비시켜 또다시 그들 입맛에 임의로 맞추는 역사 왜곡이 되풀이되었다.

역대일본천황일람표 자체가 허위 날조된 것인데, 거기에 억지로 생소한 5왕들을 결부시키려고 시도한다는 발상 자체가 비현실적이며 상식을 벗어난 수작이다. 한마디로 자국 유일의 역사서인 『일본서기』에 한마디도 언급이 없는 왜의 5왕이란 왜의 통일정권 성립하고는 전혀 무관한 존재임에 틀림없다. 그들은 야마도 정권과는 추호도 관련 없는 이질적 존재임이 너무나 명백하다. 작은 나라들이 난립하였던 궐사 시대인 4세기 후반에 강력한 야마도 통일정권이 성립되었다는 허상은 애당초 그곳에 끼어 넣을 자리가 아니었던 것이 분명하다.

결론부터 말하면 일본 최초의 통일정권의 출현은 제반 여건으로 미루어 5~6세기로 잡는 것이 순리일 것이다. 그 근거는 바로 『송서』와 『일본서기』에 있다. 『송서』 「이만왜국전夷蠻倭國傳」은 5세기 후반까지도 왜국에는 그 어떠한 통일 정권도 존재하지 않았다는 사실을 여실히 드러내고 있다. 그러한 정권이 존재하고 있었다면, 어찌하여 5왕이 60여 년에 걸쳐 중국의 책봉을 엎드려 갈구하여 얻은 것이 겨우 조선 4국의 대장군들 밑에, 그보다 아래 계급인 장군으로 밖에, 그것도 단 3명만 책봉되었겠는가. 그나마 자칭 왜 무왕은 사기극까지 부리고도 책봉에 실패하였다. 유교적 도덕을 중시하는 중국조정은 왜왕을 동이東夷 남만南蠻, 즉 오랑캐(동물) 이만夷蠻으로 취급하고 사기문서인 상표문을 전문 『송서』에 실어 만고에 치욕적인 웃음거리로 만들어 놓았다.

더욱 황당한 일은, 그 후 불과 200여 년 후에 편찬한 왜국 유일한 역사서라는 『일본서기』에는 5왕에 관한 기술이 단 한 줄도 나와 있지 않다. 5왕 시대보다 100여 년이나 윗대 왕들의 기술 내용은 거의 전부 가공의 이야기로 연월일까지 빠짐없이 기술되어 있으면서 정작 중국 사서에 실려 있는, 존재가 확실한 5왕 이야기가 전부 빠지다니 상식으로는 가늠이 되지 않는다. 현 일본 역사서에는 讚·珍·濟·興·武 등 왜 5왕에 대하여 「仁德(또는 履仲)·反正·允恭·安康·雄略 왕 등에 각각 해당한다고 생각된다」는 식으로 각기 양자들 간을 무리하게 동일인으로 대비시키고 있다. 그러면서도 막상 뒤에 가서는 〈『일본서기』가 말하는 왕권을 에워싼 당시의 상황은 혼돈스럽기만 하였다〉고 정직하게 실토하고 있다. 여하튼간에 앞에서 대비시킨 『일본서기』 상의 어느 왕에 대해서도 중국의 책봉과 연관된 기술은 없다는 것이다.

결론은 빠하다. 5세기 이전에 왜 나라에는 그 어떠한 통일 정권도 존재하지 않았다. 어느 정도 규모가 갖춰진 몇 나라가, 아니면 여러 개의 중소 나라들이 서로 세력을 다투며 난립하고 있었을 뿐이다.

다른 한편 『일본서기』에는 서기 2000년이 소위 일본 황기皇紀 2660년이라고 되어 있다. 신화 상의 건국 초년이 기원전 660년이라는 뜻이다. 그 계산법이 매우 흥미롭다. 고대 중국의 참위설讖緯說에 기반을 둔 것이란다. 한 국가의 출현이나 혁명적 개혁이 인위적이라기보다 하늘의 뜻에 따라 이루어진다는 일종의 천명설天命說이다. 이러한 혁명적 정변(건국, 왕권 교체 등)은 기본적으로 간지 21순인 1260년을 주기로 신유년辛酉年에 일어난다는 설이다. 『일본서기』편자가 일본 건국을 참위설에 따라 신유년에 맞추다보니 추고왕推古王 9년, 서기601년에 해당되었다. 때마침 추고 왕조推古王朝는 섭정攝政 성덕태자聖德太子가 주동이 되어 정치개혁과, 법륭사法隆寺 같은 대규모 사찰 건축물들이 상징하듯이 아스카飛鳥불교문화를 꽃피우고 있었다. 또한 태자는 여러 호족들이 세력 다툼으로 대두하던 난국을 다스려 내정불안을 극복하였던 것이다. 따라서 그 시기를 일본국 통일 정권의 성립 시기로 간주하여도 손색이 없어 보인다.

『일본서기』의 편자는 추고왕조推古王朝 초반인 601년 신유辛酉년에 성립된 강력한 정권의 출현이야말로 참위설에 부합하는 혁명적 사건이며 일본 최초의 통일국가의 출발로 본 것이다. 그리하여 601년을 일본 역사기년의 원년으로 잡았지만, 그 이전 수백 년간 소국들의 가상적 역사기록 처리가 난제로 남았다. 하지만 간지 21순의 참위설의 적용으로 기원전 660년, 신유년의 일본 건국신화는 일사천리로 손쉽게 마무리 되었다. 한 나라를 세우거나 뒤엎을 큰 정변은 간지干支의 21순을 주기週期로 발생한다는 것이 참위설이다. 간지 일순이 60년이니까 21순이면 1260년이 된다. 서기 601년을 기준으로 고대로 1260년을 거슬러 올라간 B.C. 660년 1월 1일(음력 신유년은 2월에 시작) 이 왜나라 초대 신무神武왕이 하늘의 뜻에 따라 신화 상으로 최초의 나라를 세운 해가 된 모양이다. 기원전 660년이 일본 건국기년으로 황기皇紀 초년이 되는 것이다. 이렇게 엿가락처럼 늘어난 긴 기간에 평균 수명이 109세가 넘는 황통 왕들 10여 명을 끼워 넣어 부자연스럽게 그 자리를 채운 것으로 보인다.

이상이 『일본서기』에 기반을 둔, 601(신유)년 일본 최초의 통일정권 성립설의 전말이다. 다시 말해 6세기 이전에 왜국에는 그 어떠한 통일 정권이 존재하였다는 추호의 자체적 증표도 없을 뿐만 아니라, 통일 정권이 존재할 수 있는 그 어떠한 상태도 아니었다는 것이 확연하다.

참고로 부언하면 6세기 후반에서 7세기 반 동안에 일어난 일본 아스카문화飛鳥文化는 전적으로 조선4국 이주민과 그 후예들에 의해 이루어진 일본 역사상 최고의 유교·불교문화 금자탑이다. 특히 서기 600년을 전후하여 나타난 여러 초대형 사찰 건축물과 내장된 불구佛具·불상들은 조선에서 건너온 기술자에 의해 건립·제작된 것으로 현 일본 역사서에 기술되어 있다.

일본 기마민족 국가설에 대하여

태평양 전쟁 패전 3년 후인 1948년에, 일본에서 '기마민족 국가설'이 에가미 나미오江上波夫에 의해 제창提唱되었다. 군국주의 언론 통제에서 풀려나 표현의 자유가 보장된 가운데 나온 주장이지만, 일본의 조야는 기상천외라든가 청천벽력靑天霹靂이라는 반응이었다. 그런데 제창된 줄거리를 쫓아 보니 조선반도가 상당 부분 관련되어 있는데, 그 내용이 황당하기도 하고 다른 한편으로는 수긍되는 면도 있다는 것을 알아차리게 되었다.

한마디로 서기 300년 경, 중국 동북방의 부여夫余기마민족이 조선 반도라는 육교陸橋를 단숨에 통과하여 고대 왜에 들어와 일본 최초로 통일국가를 세웠다는 것이다. 그런데 가당치 않은 표현이 '조선 반도가 잠시도 머물 수 없는 통과 육교'라는 것이다. 어디서 듣던 소리다. 1940년대 전후 일본의 대륙 침략이 한창일 때, 부산에서 신의주까지 철로를 깔고 12~14시간 만에 제 땅 드나들듯이 만주滿洲를 들락거리던 장면이 떠오른다. 바로 20세기에 들어서 일제는 조선을 대륙침략의 육교로 이용하였던 것이다.

그렇게 주로 침략 목적으로 이용되었던 조선 철도가 일본에 의한 조선 근대화의 측면이라고 내세워지는 것은 차치하고, 고대 조선에 북방 민족이 남하해 들어온 경위는 새삼 재론할 필요도 없이, 오랜 세월에 걸쳐 도미노처럼 순리에 의한 밀치기와 같은 것이었다. 전쟁이나 기근에 밀렸든, 또는 보다 살기 좋은 신천지를 찾는 자연 이주 현상이든 간에, 집단·개별 이주는 기존의 정착민들이 서서히 조선반도 남부로 밀고 밀리는 행보였을 것이다.

이유는 간단명료하다. 조선의 지형 탓이다. 3분의 2가 산악지대인데다가 동서 간이 좁고 3면이 바다로 에워싸여, 그렇게 아무 데나 덮어놓고 빠르게 밀고 내려갈 지형地形이 아니었다. 조선을 종으로 관통하는 도로 사정도 좋을 리가 없을 뿐더러, 목적지가 미지의 세계이거나, 혹은 어느 특정 지역에다가 미리 설정될 가능성도 없었다. 더구나 바다 건너 먼 곳에 정복할 가치가 있는 왜 나라가 있다는 정보가, 당시 북방 부여족에 널리 알려졌으리라고는 생각할 수 없는 일이다. 그런데 어떻게 그러한 시대 상황에서, 20세기의 육교처럼 조선 반도를 일사천리로 통과하는 교량으로 사용하였다는 것인가. 그러한 황당한 주장의 저의가 의심스럽다.

그럼에도 불구하고 상기 에가미江上에 의한 '일본 기마민족 통일국가설' 日本騎馬民族國家說은 대충 맞는 말이다. 단지 에가미江上의 각색은 주객主客과 시공時空에 있어서 본질이 지나치게 빗나간 잘못이 있기 때문에, 현실정이 결여된 그의 이론은 얼마 안가서 슬며시 사그라져버린 것이다.

사실 에가미의 주장은, 일본 최초의 통일 국가가 야오이 시대 수세기에 걸쳐 왜 나라에 이주해 간, 부여족을 비롯한 예·맥 등의 유목민 후예들에 의하여 이루어졌다는, 앞서의 필자 주장과 여러 면에서 상통한다고 여겨진다. 물론 부여·예·맥족 후예들이란 바로 고대 조선4국 왜국 이주민들을 가리키는 말이다.

도대체 조선 민족을 건너뛰고 현실성이 떨어지는 부여 기마민족을 에가미 나미오가 끌어들인 이유가 무엇일까. 이는 단적으로 일본 명치유신 이후 일본인들이 사로잡혀있는 민족적 열등의식 때문이라고 여겨진다.

강점기 내내 열등 민족으로 낙인을 찍어 정복자의 우월성을 즐겼던 전철前轍 때문에, 일본인은 조선을 그들의 나라를 세워준 종주국으로 모실 아량이 없었던 것이다. 일본 민족국가의 기원이 조선임을 차마 인정하지 못하고, 사무라이라는 무사도의 자손으로 그 우월성과 자존심을 세우려니 적어도 기마 민족 같은 용맹스런 선조가 바람직했던 모양이다. 기마 민족의 직계인 조선을 콤플렉스Complex 때문에 일부러 한쪽 옆으로 밀쳐놓는 습성에 빠져버린 것이다.

에가미의 기마민족 국가설에서 주객이 의도적으로 바뀐 점을 이미 밝혀진 진실대로 바로 잡으면 그 내용은 사뭇 달라진다. 우선 에가미가 주창主唱한 기마민족국가설의 개요와 요지를 간추려본다.

「기마민족 정복 왕조설騎馬民族征服王朝說」

"동아시아의 동쪽 바다에 있는 일본 열도는 거대한 도가니와 같다. 조선반도라는 육교를 통해서 들어오는 사람들과 문화를 흡수한 도가니는 원래의 모습을 알아볼 수 없게 시리 융합해 버린다.

조선 반도에는 대륙에서 끊임없이 인간과 문물이 흘러들어왔다. 하지만 **육교는 머무는 곳이 아니다. 그냥 지나쳐 일본 열도로 들어가는 길목이다.** 조선의 남해안에서 배가 출항하면, 대마도 난류와 리만 한류에 올라타게 되어, 잠을 자고 있더라도 일본 산음山陰 지방 해안에 당도한다.

중국 동북 지역에는 옛적부터 부여족이라 일컫는 퉁구스계의 민족이 살고 있었다. 이 민족은 기마 민족의 발상지 스키타이 민족 문화의 영향을 강하게 받고 있었다. 그들은 기원전4~5세기경부터 남하를 하기 시작한 것이다. 그러자 당연히 조선 북부에 있던 예濊·맥貊·양이良夷 등의 퉁구스계 기마 민족도 조선 남부로 밀려 내려가게 된다. 한강 이남에 있던 진번진국眞番辰國의 거사Ε師는 여러 곳을 흘러 다니면서도 마한馬韓 54국에 군림하며 진왕辰王이라고 이름을 일컬었다. 하지만 한족韓族이 민족 문화에 눈을 뜨게 되면서 진왕은 몸을 감춰버린다.

감쪽같이 사라진 진왕은 어떻게 된 것일까. 진왕은 마한에서 임나任那에 들어가 '미마기이리히코ミマキイリヒコ'가 되어서, 마침내 일본에 침입하여 전국토를 일본 최초로 통일한다. 전신前身이 진왕인 제10대 숭신 천황崇神天皇의 동정東征(동일본 정벌)이 그것이다.〞

에가미를 위시하여 일부 일본인 역사학자들은 조선 반도를, 북방 민족이나 중국 문화가 시간적으로나 공간적으로 머무는 곳이 아니라, 숨 쉬지 않고 단숨에 앞을 다투어 통과해야하는 육교로 둔갑시켜 놓기를 즐기는 것 같다. 1700여 년 전 신석기 시대 말기에 그러한 일이 과연 물리적으로 가능하였을까. 물론 아니다. 대륙에서 조선으로 들어오는 사람들은 일단 압록강이나 두만강을 건너오면, 집단이든 개별 가족이든 간에, 우선 정착할 곳을 찾게 된다. 주거 시설과 식량 문제 해결이 필연적으로 시급하다. 무장된 강력한 집단이라면 한4군漢四郡처럼, 이미 정착한 선주민을 밀치고 들어가 그 자리를 차지할 수도 있을 것이다.

밀린 사람들은 또 다른 집단을 밀거나 뿔뿔이 흩어져 남쪽으로 스며들거나, 만만한 대상을 찾아 뚫고 들어가기도 할 것이다. 이렇게 밀고 밀리는 도미노 과정은 수백 년의 세월을 두고 반복되어 인구 밀도가 높아지며 마침내 조선 남부 3한과 가야·백제·신라에 다다르게 되었던 것이다. 그때쯤이면, 원래 출신지가 중국 본토이든 혹은 만주·몽고이든 간에 가릴 것 없이 조선이라는 크나큰 도가니 속에서 융합되어, 동일 언어와 문화를 공유하는 100% 온전한 조선인이 되어 버리는 것이 자명하다.

현 일본 역사서에는, 중국의 선진 문화가 조선이라는 육교를 통과하여 직접 일본까지 들어온 것으로 도처에 기술된 것을 종종 볼 수 있다. 그들은 조선으로부터 대륙문화를 전달 받은 사실을 단연코 배제시키고, 중국으로부터 직접 전수 받은 것으로 조작하려 든다. 20세기 일본의 식민지였던 열등한 그 조선에서 고대에 선진문명을 전수 받은 것이 수치스럽고, 자존심이 상하는 모양이다. 그렇더라도 조선이 일본에 쳐들어가는 기마민족의 단순한 통과 육교 역할만을 해왔다는 소리는 언어도단이다.

조선은 대륙 문화를 일본에 전달하는 우편배달부가 아니었다. 조선은 대륙의 이주민과 그들이 지니고 들어온 중국·북방 유목문화를 융해하여, 조선인과 조선 문화로 융합融合시키는, 일본보다 몇 배 더 크고 오래된 특출한 도가니를 갖고 있었다. 조선 땅에 들어온 대륙인과 그 문화는 하나도 빠짐없이 오랜 세월에 걸쳐 그 도가니 속에 전부 흡수 융해되어, 조선인과 조선 고유의 문화로 탈바꿈이 되어버리는 것이다. 따라서 조선에서 일본에 들어간 모든 이주민과 문화는 대부분 순수 조선인과 선진화된 조선 문화라는 사실 말고는 다른 어떤 것도 아니었다.

조선과 일본이 각기 외래문화를 받아들일 당시의 두 나라 사정은 서로 판이하게 달랐다. 기원전 3~4세기경에 조선에서 최초로 일본에 집단으로 이주하여 야오이 시대를 열고 불모지를 개척하기 시작할 때 일본의 원주민 총수는 과거 10,000여 년간 별 변화 없이 불과 5만~10만 명 내외였다. 그 후 조선 이주민은 끊임없이 줄지어 들어갔으며, 자연증식과 함께 3~4세기 야오이 시대 말기까지 불과 600여 년간에 총 인구는 갑자기 60만 명으로 늘어났다. 재언할 필요 없이 수와 힘에서 압도적인 조선의 이주민이 원주민을 흡수 병합하여 주체 세력으로 자리 잡았고, 조선의 식민지화된 왜국 도가니의 새 주인이 된 것이다.

반면 조선 반도의 경우는 이와는 정반대 상황이었다. 일본과는 달리 인구 증식이 단시일 내에 형성된 것이 아니었다. 중국으로부터의 산발적 이주민은 조선 반도에 옛적부터 자리 잡고 있었던 절대다수인 조선 민족의 크나큰 도가니에 흡수 융해되어 흔적도 없이 단일 조선 민족으로 융합되어 버린 것이다. 이러한 정황은 앞서의 「고대왜국의 인구추계」와 「일日선조 한반도에서 왔다 재확인」에서 뚜렷한 사실로 드러났다. 20세기 들어 조사

방법의 과학화로 조선인과 일본인의 DNA는 95%가 일치하지만, 중국인하고는 그렇지 않다는 사실이 밝혀진 데서도 확인되었다. 언어도 조선인과 일본인은 같은 알타이어이지만, 중국인은 전혀 다른 중국어족中國語族에 속한다. 다시 말해 현 일본 민족이란 거의가 조선인의 후예라는 것이 명명백백해진 것이다. 조선 반도를 일본의 통과 육교로 묘사하는 것이 얼마나 부당한가를 하나의 예로 들어보겠다. 조선의 이주민으로 일본에 정착한 진秦씨나 한漢씨 등, 중국 성을 이어가고 있는 씨족들에 관해서다. 그들의 선조는 분명히 중국인이다. 한문에 능하여 일본 조정에서 특히 행정직에 종사하는 자들이 많았다는 이야기이다. 현 일본의 사서에는 이들 씨족을 가리켜, 조선 육교를 통과하여 직접 도래한 중국인 학자들의 후예라고 표현하고 있다. 과연 이것이 합당한 표현일까. 이들은 기원 전후부터 근세에 이르기까지, 중국의 진 나라, 한 나라 등으로 시작하여 여러 나라가 성쇠를 거듭하며, 고위 관직에 있었던 망명자들과 전란을 피한 피난민들이 조선으로 피신해 들어와 조선 반도에 정착하고 있다가, 수백 년 후 그 일부가 다시 일본에 이주한 씨족들이다. 한국에는 현재도 진秦씨를 포함해 수십·수백의 중국식 성명을 사용하고 있는 사람들이 일반적이다. 그렇다고 누구하나 중국인의 면모를 갖춘 사람으로 구분하기는 힘들다. 설사 중국인을 조상으로 모시더라도, 수백 수천 년간 민족 동화 도가니 속에 녹아들어가 단일 조선민족으로 탈바꿈이 되어 버린 지 오래다. 진씨·한씨·김씨·이씨·박씨 등을 불문하고, 고대에 조선에서 일본에 이주해 간 사람들은 당연히 모두 다 조선인들이다. "조선은 오직 중국 대륙 선진문화와 이주민의 일본행 직통 육교 역할만을 하였다"는 주장은 황당하기 이를 데 없는 것이다.

현 일본 조야의 고대역사인식 비판

6세기 전후의 왜국 상황

일본 고등학교 교과서 고대사에는 왜국이 서기 4세기경에 한반도 남단에 임나任那라는 속국(식민지)을 다스리고 있었다고 기술하고 있다. 그런데 자기나라 이야기도 아니고 이웃 나라를 정벌하였었다고 자랑을 하면서, 그러한 주장의 객관적이며 역사적 근거는 어디에도 단 한 줄도 쓰여 있지 않다. 물론 그러한 근거가 전혀 존재하지 않기 때문이다. 일부러 그 시기를 그것이 허위인지 사실인지 입증 논란을 피할 수 있는 왜국 역사기록 암흑기인 4세기 궐사 시대闕史時代에 슬그머니 밀어 넣는 술책을 쓴 것이다. 일본이 내세우는 유일한 근거는 『일본서기』이다. 이 책은 앞서 논거論據한 바와 같이 고대 조선관계 기술 일체가 거짓으로 뭉친, 사실이 전도된 공상소설이나 다름없다. 그것을 일제가 강점기에 허위로 조작하여 역사서라고 가장한 것인데, 지금도 일제의 후예들이 기정사실화하여 그 허황된 내용을 앵무새처럼 되뇌고 있는 것이다.

이러한 허위 기술이 나오게 된 연유는 매우 단순하다. 나당 연합군에 의한 663년 백촌강구 전투 참패 이래 왜국 조정은 언제 있을지 모를 신라의 내습 공포 속에서 한동안 전전긍긍할 따름이었다. 주변의 중국이라는 초대형 강국과 조선이라는 당시의 문명 선진국에 비해 너무나 초라하고 미약한 왜 나라의 정통성正統性 결여에서 오는 열등의식에 사로 잡혀 있었던 것이다.

7세기 말에 이르러 신라와의 관계가 호전되어 침공 위협에서 벗어나며, 왜국 조정은 멸망한 종주국 백제의 탈에서 벗어나, 일본이라는 새로운 나라의 건국과 정체성 확립의 필요성에 눈 뜨게 된다. 우선 급한 것이 일본역사 편찬과 건국 신화의 창작이었다. 허위 날조로 일관된 역사 창작이 발동된 것이다. 최초의 왜국 통일 정권이라는 소위 야마도 왕권의 성립을 자의로 날조하여, 시대를 기껏 부풀려서 4세기말의 궐사 시대에 집어넣었지만, 그것도 성에 차지 않았던지 무려 1200여 년이나 엿가락처럼 늘려 가상의 초대初代 천황의 즉위를 왜의 구석기 시대였던 B.C. 660년경으로 정한 것이다. 6세기 이전의 자체적인 역사 기록이 전무한 상태에서 역사서를 기술하자니, 인위적으로 조작하는 수

밖에 달리 도리가 없었기 때문이다. 그러자니 1000여 년간을 메울 왕통王統의 비현실적인 서술 내용 전체가 엉망이 될 수밖에 없었다. 역사 열등의식을 메우기 위한 『일본서기』의 날조는 이렇게 시작된 것이다.

하지만 엄연한 진실은 위 주장과는 정반대로 고대 일본은 조선 4국의 식민지였던 것이다. 그 근거는 앞서 논증한 바와 같이 너무나 확고하고 이론異論의 여지가 한 치도 있을 수 없다. 고대 왜는 조선반도 제 국가의 식민지가 되기에 가장 적합한 조건을 두루 갖추고 있었다. 그렇게 되는 것을 견제할 수 있는 원주민 선주先住 집단 세력이 너무나 미약하였거나 전혀 없었던 것이다.

조선 반도에 전란이 있을 때마다 밀려나는 세력이 집단으로 송두리째 왜로 들어가면, 미개발된 신천지가 별다른 저항 없이 기다린 듯 그들 앞에 펼쳐져 있었다. 특히 4세기 강력한 고구려의 남하가 백제와 가야를 밀어붙여 많은 이주민이 왕족과 장군과 같은 지배층이 중심이 되어 바다 건너 왜국으로 집단으로 이주해 들어갔다. 그리하여 이미 자리를 잡고 있던 조선 반도 출신 집단끼리의 충돌이 불가불 자주 일어나게 되었다. 적자생존의 결과로 강자와 약자로 갈라져, 일부는 도태되고 일부는 흡수 통합으로 규모가 커지는 순리가 지속되었던 것이다.

각 시대별로 조선반도에 상이한 본국을 둔 왜국의 조정은 백제계이든 가야계이든 각각 본국이 위기에 처할 때마다 마음을 쓰게 마련이었다. 그러던 중 서기 562년 가야는 마침내 더욱 강력해진 신라에게 멸망되어 흡수 통합되고 만다. 그 후 100년을 버티지 못하고 660년에 백제도 가야와 거의 동일한 길을 밟게 된다. 나당 연합군羅唐聯合軍에 의해 멸망되어 신라에 통합되는 것이다.

그 결과 왜국은 졸지에 백제라는 종주국을 잃게 되고, 신라라는 초강국을 적으로 떠안게 된다. 백촌강 패전의 후유증으로 조선에 대한 문을 굳게 닫았던 왜는 점차 멸망한 백제와의 마음의 연마저 완연히 끊어져 갔다. 어언간 일본국이라는 독자적인 정체성과 주체성을 확립해야겠다는 명제에 지배층의 뜻이 모아진다. 그리하여 강력한 국가로 포장하기 위한 왜나라 최초의 역사서라는 『일본서기』의 창작 작업이 서기 700년을 전후하여 백제계 지배층에 의해 조급히 획책된 것이다.

하지만 문자가 없어 자체적 역사 기록이 전무한 상태에서, 수많은 소국들로 난립하였던 과거 1000년간의 갑작스런 역사 편찬이 용이하게 이루어질 리가 만무하였다.

그들이 지향한 것은 자연히 글로나마 독자적인 고원한 건국 신화와, 비록 허위일망정 유구한 역사를 지닌 나라로 왜국을 탈바꿈시키는 것이었다. 그들이 규범으로 참고삼은 것이 종주국이었던 백제의 역사서였다. 백제의 사서를 펴놓고 베끼다시피 하면서, 그 서술 내용은 주·객을 전도시키거나, 날조와 허위로 일관될 수밖에 없었다. 백촌강 전투 패전의 원수怨讐인 신라는 말할 것도 없고 이미 소멸된 종주국 백제의 위상조차도 아랑곳하지 않았다. 소설과 다름없는 『일본서기』상에서는, 3세기 들어 신라·백제 두 나라 다 같이 가공架空의 무당 귀신 신공황후에 의해 왜나라 식민지가 되어 버렸다. 지면상에서나마 하루아침에 왜국에다 조공을 바치는 신세로 바꿔놓은 것이다. 대륙과 격리된 섬나라에서는 저희들이 새로 엮는 역사서에 어떠한 거짓 기술도 전혀 거리낄 것이 없었다. 이불을 뒤집어쓰고 무슨 짓을 하던 제 맘대로 이었던 것이다.

그렇다면 같은 시기 조선 반도의 소위 왜병·왜구·왜해적倭海賊 등의 출현 실상이 어떠하였나를 조선의 역사서인 『삼국사기』를 통해 다음 쪽에 고찰해보자. 당연히 그 내용은 『일본서기』 서술과는 판이하다는 것이 확연히 드러난다.

『삼국사기』를 통한 고대 왜침倭侵 고찰

왜가 조선 반도를 공략하여 평정하고, 조공을 바치는 왜국의 속국으로 삼았다고 주장하는 서기 3~5세기 전후의 왜 관계 기사를 우리나라의 『삼국사기』에서 살펴보기로 하겠다.

이 사서는 고려 인종仁宗(재위 1123년~1147년) 때 김부식金富軾 등이 편찬한 것으로, 사료 없이 조작된 『일본서기』보다 4세기 정도 후에 기술된 것이다. 하지만 『구삼국사』를 원전으로 하고 중국사서 등을 참고로 삼았기 때문에 『일본서기』와는 비교될 수 없을 정도로 신빙성信憑性이 큰 것으로 간주되고 있다.

『삼국사기三國史記』는 「신라본기」·「고구려본기」·「백제본기」·「연표年表」·「잡지雜志」·「열전列伝」 등 6부로 구성되어 있다. 혁거세赫居世 8년(B.C. 50년)부터 눌지訥祗 28년(서기 444년) 4월까지 490여 년간, 왜인 및 왜병 관계 사건기사는 주로 「신라본기」

에 집중적으로 30여 개가 실려 있다.

그 내용을 분석 검토해 보니, 첫째 사건의 비중이 가벼워 그 어떤 국가 간의 군사적 충돌 같은 실전기가 아니라, 대개 닭싸움처럼 간단하게 처리되어 있는 것이 특징이라면 특징이다. 침공한 왜인의 규모가 대부분 해적선 수 척 수준이다. 병사 수천 명 규모의 제법 큰 전투 장면이 묘사된 몇 건의 왜구倭寇 침범을 아래에 인용한다.

"조분助賁 3년(서기 232) 4월, 왜인이 졸지에 금성金城을 에워쌌다. 왕이 친히 출전하자, 적賊은 궤주潰走하였다. 이에 경기병輕騎兵을 파견하여 적을 추격 1,000여 명을 죽이거나 포로로 잡았다.
다음 해 5월, 왜병이 동쪽 해변에 내관來寇하였고, 7월에 이손伊飡과 간로干老가 사도沙道에서 왜인과 싸웠다. 바람을 타고 불이 세로 쪽으로 번져 적의 배가 모조리 타버려 적은 모두 물에 빠져 죽었다.

나물奈勿 9년(서기 364) 4월, 다수의 왜병이 쳐들어 왔다. 왕이 이를 듣고 적을 두려워하면 안 된다하고, 풀草로 수천 개의 인형을 만들어 병사처럼 옷을 입혀서 토함산吐含山 기슭에 세워 놓았다. 그리고 용사 천 명을 부현동원斧峴東原에 매복시켜서, 왜인이 믿고 직진함에 복병이 불의로 습격을 하였다. 왜인이 대패하고 도주하자 이를 추격하여 거의 다 살해하였다.

나물奈勿 38년(서기 393) 5월, 왜인이 습래하여 금성을 5일 동안 포위하고 풀지 않았다. 장사將士들이 모두 나가서 싸우기를 청하였다. 왕이 말하기를 "지금 적은 배를 버리고 깊이 들어와 있다. 사지死地에 있는 것이다. 칼끝과 맞서는 것은 부당하다." 이에 성문을 닫았다. 적은 공격을 못하고 퇴거하였다. 왕은 미리 용감한 기병 2백 명을 보내어 적의 귀로를 차단하고, 또한 보병 1,000명을 파견하여 이들을 뒤쫓아 독산에서 협격을 가해 적에게 대패를 안겨, 죽이거나 생포한 적병이 부지기수였다.

출몰한 왜적이란 193년에 신라에 걸식乞食하러 들어온 1,000여 명의 왜인과 동류의 후손들인 것으로 보인다. 즉, 수시 바다를 건너온 왜병들이 아니라 철광석 채굴 관계로 반도 남단에 거주하였던 왜국 생구生口의 후예들이 생활고로 인해 해적으로 변신한 것으로 추정된다.

자비慈悲 2년 4월(서기 459), 왜인이 병선 100여 소艘로 동쪽 해변으로 내습하여 월성月城까지 진출 포위하였다. 사면이 시석矢石(화살과 돌)으로 비 오듯 하였다. 왕께서 성을 지키셨고, 적장賊將이 패퇴하자 성에서 출병해 공격을 가했다. 적이 패하고 도망을 쳐, 뒤쫓아 북쪽 해구海口에 다다라, 적의 익사자가 과반에 달했다.

왜병의 내관內冦 규모가 서기 459년에 이르러서야 비로소 병선兵船 100소로 동쪽 해안에 내습하였다고 기술되어 있다. 그것도 신라군이 북쪽 해구까지 쫓아가 적군의 반을 익사시키고 패퇴시켰다는 속이 후련한 내용이다. 459년 이전의 내습은 보잘것 없는 해적 규모의 것이었음을 확연히 보여주고 있다.

『삼국사기』의 역사 기술은 『일본서기』의 「신공황후기」에 기술된 내용하고는 정반대다. 신공황후 39년 조에는 "명제 경초明帝景初 3년(서기 239)에 왜의 여왕 비미자卑微子가 사신을 보내 공물을 가지고 대방군에 들어가 낙양에 있는 천자의 알현을 청했다"라고 적혀 있다. 작금 일부 일본 역사서에는 이것을 빗대어 신공을 비미자에 비정하고 있다. 『일본서기』에는 삼한정벌이 서기 200년 신공 30세 때라고 되어 있다. 시대 배경이 뒤죽박죽이다. 아무리 허위 기술이라도 이렇게 혼돈스러울 수는 없다.
　여기서 시대 배경의 중요성을 짚고 넘어가야 하겠다. 3세기 초는 분명 왜의 상태가 해외 출병이 가능한 강력한 통일 정권하고는 거리가 까마득히 먼 때이다. 분명한 것은 서기 239년경 왜국의 소국들이래야 국가가 아닌 세력 집단으로, 백여 개가 서로 닭싸움을 한창 벌이고 있는 와중이었다.
　3세기 초 왜 나라가 이러한 상태에서 감히 조선 3국을 정벌하기는 어림없었다는 것을 알아차린 작금의 일본 역사학자들이, 간지干支를 일순巡, 심지어 3순까지 60~180년을 자의로 후퇴시킨다. 그러고는 통일국가를 이룩하였다고 꾸며 놓은 4세기 까지, '삼한정벌기'라는 만들어진 가상의 시나리오를 억지로 끌어다 맞추는 웃지 못 할 촌극을 꾸미고 있는 것이다.

『삼국사기』의 왜인과 왜병 관련 기록에는 신라와의 충돌 규모가 여느 국가들 간의 전투를 방불케 하는 크기의 전쟁은 전혀 찾아볼 수 없다. 같은 시기 신라의 대對 조선 3국(가야·백제·고구려)간의 출병 규모가 병兵은 수만, 기騎는 수천이었던 것과 비교하면 알 수 있듯이 신라의 왜 상대 전투 비중은 조선 3국과는 비교할 수 없을 정도로 미미하였던 것이다.

3세기 당시 왜의 뭇 소국들의 세력은 떠돌아다니는 해적 수준이었다. 수천의 병력을 동원하여 해외에 출병한다는 것은 상상조차 할 수 없었다는 뜻이다.

따라서 『삼국사기』를 통해서 한국인이 판단하는 왜의 삼한정벌설은 좁은 섬나라 안에서의 자작극에 불과하다는 것이다. 이 시기의 역사적인 진실은 이렇다. 왜국 내에서 닭싸움이 한창이던 왜의 소국들이라 함은 조선반도 제국諸國에서 이주해 들어간 왕족·호족 또는 장군들이 만든 식민지 간의 세력 다툼이 한창이었음을 지칭하는 것이다. 또한 비미자 여왕이라는 것도 조선반도 출신의 무속인으로써 중국의 책봉 체제를 숙지하고 있어, 책봉의 힘을 빌려 왜나라 소국들의 연합체 정도의 왕위를 확보하여 보존하려던 술책이었다고 생각된다.

낙랑군에서 분리하여 대방군이 설치된 시기는 서기 204년경이고, 고구려에 의해 낙랑군이 멸망된 것이 313년 전후다. 「신공기神功紀」를 서술한 『일본서기』편자는 스스로 신공을 서기 239년에 등장하는 비미자와 동일 시대에 비정比定하였다. 그럼에도 불구하고 현 일본 대다수 역사 관련서는 가공으로 드러난 「신공기」를 빗대어 '조선 반도 거점 확보'를 상징하는 귀중한 사료라고 서술한 다음, 시대상황을 합리화하기 위해 엉뚱하게도 신공의 연대까지도 서기 400년 전후로 고쳐서 갖다 붙여놓았다. 무려 180년을 눈 하나 깜짝하지 않고 늘리다니, 엄연한 날조이며 졸렬한 사기극에 지나지 않는데도 예사로이 하고 있다.

왜국 고분 시대의 진실

다음은 일본 고등학교 『일본사日本史 B』(제일학습사, 문부과학
성검정필, 2002년도), 25쪽에 실린 내용이다. 경남 고령의 가야
박물관에 수장된 가야 왕묘王墓 출토품과 관련된 서술이다.

"근래, 가라加羅(가야) 지방의 대성동·양동리·복천동·지산동·옥전
등에서, 일본의 고분하고는 구조가 전혀 다른 왕묘군王墓群으로부터
철정鐵鋌이라 불리는 소재 철素材鐵(가공되지 않은 철)의 박판 등과
는 별도로, 일본의 고분에서 출토되는 보기류寶器類와 동일한 물건
이 다수 발견되었다. 그 대부분은 (가야에서 왜국에 들여간) 철정
등의 답례로(見返り) 일본에서 가야에 보내진 물건일 것이다."

가야의 제 왕묘 보기류 출토 유물이, 일본이 가야에서 원자재
를 수입 해다가 제품을 만들어 그 답례로 보내졌을 것으로 꿈같

은 추정을 한 것이다. 적반하장도 유분수지 왜인들 선조가 종주국 가야에서 지니고 왜국에 이주해 들어간 보기류가 일본 도처에 널려 있는 박물관에 넘쳐나는데 감히 그 무슨 망발인가. 왜국 고분의 원조 격인 가야 왕묘의 그 많은 출토품을 왜국에서 만들어진 답례품이라고 하다니 파렴치破廉恥도 이 정도면 더 이상의 말문이 막혀버린다.

가야 왕묘란 그 자체가 당시로선 왜와 비견될 수 없는 강력한 가야 왕국의 존재를 입증하는 확고한 증표이다.

같은 시기인 3~4세기, 왜의 상태는 어떠하였을까. 앞서의 일본교과서는 당시 조선에서 원자재를 수입해다가 보기류寶器類를 만들 정도로 공업이 발전한 나라로 포장을 하고 있는데 과연 그랬을까. 어림도 없는 소리다. 가야에서 왕족·수장들이 보기류와 무기류, 생활 기구 일체를 배에 싣고 일족을 거느리고 일본에 이주해 들어가 식민지를 세운 사실을 접어두고 하는 소리다. 가야 왕릉 출토품이 졸지猝地에 일본에서 만든 답례품으로 둔갑되어 일본 중고등 학생들을 호도糊塗하다니 어안이 벙벙하다.

한마디로 그 당시는 왜국의 소위 야오이彌生(신석기) 시대로 조선 반도에 비하면 미개한 원시 상태였다. 405년 조선에서 한문이 전래될 때까지 문자가 전무하여 역사 기록이 전혀 없었고 어떠한 정치 체제가 성립될 상황도, 계제도 아니었다. 오직 조선에서 식민한 다수의 집단이 거점 확보와 세력 다툼으로, 중국

사서에 기술된 바와 같이 난장판이 벌어지고 있는 형국이었다.

만일 어떠한 정치 집단이 그 시기에 탄생하였다면, 그것은 오로지 조선에서 벼농사 기술과 금속기 문화를 배에 싣고 집단 이주한 조선인 이외에는 그 누구도 꿈도 꿀 수 없는 일이었음이 자명하다.

일본 인류학의 제1인자인 식원화랑埴原和郎교수의 저서 『일본인의 탄생』 중에서 위 내용과 대부분 부합하는 상황을 설명한 일부를 인용한다.

"주로 조선 반도로 부터의 도래渡來는, 승문繩文시대 후기 또는 만기晚期에 시작되었을 가능성이 높지만, 야오이 시대(B.C.400~A.D. 300)에 들어 그 수가 늘어, 북부 규슈나 그 주변에 도래인의 콜로니 Colony(식민지)가 만들어졌다. (생략) 어쨌든 수를 늘린 도래인들은 작은 나라(部族□家)들을 만들어 중국 『위지魏志』 「왜인전」에 '왜국 문란紊亂(倭國亂ル)' 이라고 적혀있는 것처럼, 서로가 세력을 다툰 것이 아닌가 생각된다.

대륙으로부터의 도래인 발생 원인으로서는, 우선 기후의 냉량화冷涼化를 들 수 있다. 기온이 내려가면 북방 민족의 남하가 일어나고 여러 가지 민족 마찰을 일으켜, 그것이 중국이나 조선 반도의 동란의 원인으로 되어, 나아가 고대의 '보트 피플(난민)' 을 발생시킨 것이 아닌가라고 상상된다.

문화면을 보면, 벼농사 기술이나 금속기의 전래가 중요시된다. 하지만 이밖에 도래인이 지니고 있던 정치적 능력도 무시할 수 없다. 그들은 원래가 기마 민족의 후예이며, 대집단으로 행동을 하고, 때로는 전투 집단으로써 그 위력을 발휘했다. 그 일을 가능케 한 것이 사회의 지도 원리로서의 정치력이며, 나라의 형성 능력이었다."

현 일본 역사서에는 고대 원시 국가 일본에 무슨 대단한 문명과 문화를 지닌 강력한 통일 정권이 존재하였던 것처럼 허위로 포장하여 절대 불가침의 기정사실로 못을 박아놓았다. 그리고 그 가설을 근거로 온갖 허구를 날조하여 서술하고 있다. 그것이 일본 내국에 국한되었다면 몰라도 왠지 고대 조선을 물고 늘어져 아무 근거도 없이 저희가 임의로 작문한 『일본서기』에 빗대어 허무맹랑한 사기극을 연출하고 있다는 것이 문제다. 이미 한일 양국의 학자들 간에 사실史實이 아니라고 공식적인 의견 일치를 본 '신공황후 삼한정벌설' 조차도 요지부동搖之不動이다(앞서의 '신공황후 삼한정벌설'의 진실 참조).

가야 왕릉과 왜국 고분 부장품의 관계

일본에는 3~7세기 것으로 추정되는 고분들이 나라奈良·기내畿内 지방에 상당수 남아 있다. 그중 일부가 발굴되어 부장품들이 햇빛을 보게 되었다. 출토된 인골이나 부장품만큼 문자가 없었던 해당 시대 상황을 더 확연히 대변하는 사물은 없을 것이다. 근래 일본 고분의 시대 구분이 부장품의 과학적인 조사로, 피장자被葬者가 주술呪術·사제적司祭的 성격이 강한 3~4세기를 전기, 무인적武人的 성격이 강한 5세기는 중기, 또한 기내畿內의 맹주묘盟主墓로 채용되었던 전방후원분前方後圓墳이 종말을 맞은 6세기 말엽末葉경까지를 후기, 7세기는 종말기 등등 4개 시기로 정하는 것이 일반적이다(참조: 日本古代史事典, 朝倉書店).

고분의 조성 시기, 내부의 규모나 장식 수준, 그리고 인골과 부장품에 따라 피장자의 시대와 신분·지위를 대략 추정할 수 있다. 대형 고분의 피장자는 생존시에 부富나 권력을 누렸던 것으로 생각할 수 있다. 대륙과는 고립되었던 섬나라 고대 왜국의 경우, 문자로 된 기록이 전무하기 때문에 고분 발굴에서 얻어지는 자료는 왜국 고대사 복원에 열쇠를 쥐고 있다고 해도 과언이 아니다. 특히 현 일본의 사학자들이 필사적으로 조작하여 4세기 후반 궐사闕史 시대에 끼워 넣은 소위 강력한 '야마도 정권성립' 가설의 진위를 가리는데 결정적 단서가 될 수 있다고 보인다. 특히 시대 추정은 수장품의 유기질 탄소 C14의 측정법에 의해 비교적 정확하게 판정할 수 있는 작금이다.

단도직입으로 만일에 현 일본 사학계가 주장하듯이 4세기에 강력한 통일 정권이 세워졌을 경우 대왕은 아니더라도 그에 상응하는 왕 정도는 있어야 한다. 4세기 중반부터 5세기 초까지 적어도 4~5명의 왕들이 대를 이어왔을 터이다. 그런데 어찌하여 왕묘를 상징하는 왕관 같은 부장품이 수장된, 상대적으로 내장 규모가 왕묘王墓다운 고분은 발견된 사례가 한 건도 없단 말인가. 부장품으로 미루어 콜로니Colony를 경영한 조선 이주민 호족·수장들의 무덤으로 보이는 것만 무수히 남아 있을 뿐이다. 일본에 5세기 이전의 왕묘가 발견된 일이 없다는 사실은 역설적으로 그 시기에 왕이나 대왕이 없었다는, 따라서 합당한 규모의 왕국은 존재한 적이 없었다는 확실한 반증이 되고도 남는다.

왜국에 왕의 묘에 준하는 전방후원분前方後圓墳이 조영되는 것은 고분 후기 시대인 6~7세기에나 가서야 비롯되었다. 그것도 다까마쓰 고총高松古塚에서 드러났듯이 내부 장치가 순 조선식이었다. 피장자가 조선 4국 출신이 아니면, 최소한 밀접한 관계(2~3世)가 있었다는 것이 확연하다.

앞서 필자는 4세기에는 일본에 강력한 통일 정권이 들어설 수 있는 상황이 아니었다는 주장을 펼친 바 있다. 필자로선 더 이상 덧붙일 말이 없다. 일본학자들의 감상적이며 추상적이 아닌, 이성적이며 논리적 반응이 궁금할 따름이다.

이야기는 다시 가야 왕릉과 일본 고분 출토품으로 돌아간다. 야오이 시대 조선 이주민의 주요 기착지였던 일본 규슈 하까다와 동해 쪽 돗도리현 지방에 산재한 대형 수장首長 묘에서 출토된 부장품은 당시의 왜국 시대상황을 여실히 대변하고 있다. 그들 수장 중에는 가야의 왕족이나 장군과 같은 지배 계층의 인물들이 다수 포함되었던 것으로 보인다. 동·철제 갖가지 무기류와 무구·마구·갑주, 각종 농기구, 동제 제기용품, 도자기 같은 생활용구 등이 조선에서 만들어진 것이며, 그중에는 가야 왕능 출토품과 동일한 것들이 수두룩하였던 것이다. 특히 수백 점씩 매장된 철정의 출현은 점차 소재 철을 불에 달궈서 만드는 단조鍛造품의 제작이 조선에서 이주한 기술자들에 의해 시도되었음을 짐작하게 한다. 하지만 동탁銅鐸·동제기류銅祭器類 같은 주물鑄物의 제작은 문제가 다르다. 당시의 주물 거푸집이 일본에서 발견된 적이 없으며, 고난도의 쇳물 용해가 불가능 하였을 것이다. 소성燒成 온도 섭씨 1,100도 정도의 수혜기須惠器(가야토기의 일본명)의 자체 제작 연도조차도 고분 중기(5세기)에 가서야 가능했던 사실로 미루어 일본 내 동·철기의 완성품 제작 연도는 잘해야 6세기 이후가 될 수밖에 없다.

중기 이전의 왜국 고분에서 출토된 보기류寶器類가 대부분 가야 왕릉의 부장품과 동일하다는 것은 의심의 여지없이 원산지가 가야였다는 것을 여실히 말해준다. 그런데 일본 교과서에는 '가야 왕묘 출토품은 왜국에서 만들어진 것이 금속 소재 답례품으로 가야에 보내졌을 것' 이라고 기상천외의 꿈같은 황당한 추정을 버젓이 하고 있다. 왜 진실을 전도시켜 이런 허위 사실을

만들어 학생들을 호도하는 것인지 그 저의가 불순하기 이를 데
가 없다.

이들의 역사 왜곡의 저의는 너무나 뻔하다. 대륙의 선진국들
에 비해 까마득히 뒤떨어진 고대 왜국의 유약한 위상에 대한
열등의식의 불식 의도 외에는 그 아무 것도 아닌 것이다.

고대로부터 이어져 내려온 일본의 상투적 역사 왜곡은 근대
에 와서도 사그라질 기미가 보이지 않는다. 앞서의 가야 왕묘
출토 보기류의 왜국 답례품설의 날조 시도가 보여주듯이 한도
끝도 없이 역사 왜곡은 이어지고 있다. 그러면서 일본은 고대·
현대를 막론하고 침략과 수탈을 일삼으며 조선반도를 억압하여
아무런 대가도 치르지 않고, 부당한 이득을 끊임없이 벌어들이
고 있는 것이다.

마치 한국의 6·25전란이라는 불행을 발판으로 일본이 태평양
전쟁 패배의 참상에서 벗어난 일을 다시 보는 느낌이다. 일본은
미국의 반공정책으로 기술과 자제를 공여 받아 한국과 UN군에
게 공산품과 군수품을 수출하여, 35년간의 조선침략에 대한 합
당한 죄과 없이, 한국전쟁 특수를 톡톡히 누렸다. 공교롭게도
한국의 불행이 또 다시 일본인에겐 행운으로 작용, 어부지리로
일본 경제 고도성장의 발판이 되어준 것이다.

『최신일본사교수자료』의 호도糊塗

일본 고등학교 역사 교육자를 위한 역사사전事典인『최신일본사교수자료最新日本史教授資料』明成社, 42쪽에는 「왜의 조선반도 진출」란에 〈용어: 고구려·백제·신라와 변한〉에 대한 해설을, 그리고 43쪽에는 〈참고: 신공황후와 삼한정벌〉을 학생들에게 가르치는데 참고하라고 아래와 같이 설명하고 있다.

조선반도에의 진출(『교수자료』인용)

용어: 고구려·백제·신라와 변한弁韓

고구려는 기원전 1세기경, 압록강안鴨綠江岸에 건국되어, 대륙의 세력이 약체화한 313년에는, 조선반도에 있었던 낙랑군을 멸망시켰다. 당초엔 압록강 중류 유역인 환도丸都에 수도가 있었지만, 427년에 평양으로 옮겼다. 4세기 말에서 5세기 초에 걸친 「호태왕」 때가 전성기로, 일본하고도 때때로 싸웠다. (주: 호태왕이란 광개토대왕의 중국어 호칭)

필자: 고구려를 강국으로 간략히 내비쳤지만 '호태왕 때가 전성기로 일본하고도 때때로 싸웠다'는 말은, 뉘앙스가 왜국이 고구려와 대등하게 맞싸웠다'로 들리는데, 광개토대왕 비문에 새긴 '왜병을 소탕하였다'는 말이 무색할 일이다. 그러면서도 거의 모든 현 일본 역사서에는 엉뚱하게도 '호태왕 비가 일본이 조선 반도에 진출한 증거'라고 엉뚱한 떼를 쓴다. 물론 다른 증거는 있을 리가 없고 진출이라는 용어로, 그리고 한 술 더 떠 허구의 '신공황후 삼한정벌설'을 곁들여 '조선반도 거점 확보'라는 설로 비약시키는 것이다.

『**교수자료**』**인용**: 조선 반도 남부는 소국으로 나눠져 있었지만 4세기 초경부터 통일의 기운이 생겨, 4세기 반경에 백제국伯濟國이 마한 54국을 통일하여 백제百濟를 건국했다. 백제는 최초에 한성을 수도로 하였으나 475년 고구려의 남하 때문에 웅진熊津에 환도했다. 4세기 중반 경에는 사로국斯盧國이 진한辰韓 12국을 통일하여, 경주를 수도로 하여 신라를 건국했다. 낙동강 연안을 중심으로 하는 변한弁韓 12국은, 일본과 예부터 밀접한 관계가 있어, 많은 왜인이 철 자원 등을 구하기 위해 왕래와 거주를 하고 있었다. 『위지』「왜인전」에도 조선 남안南岸의 구사한국狗邪韓國을 왜인이 영유하고 있었던 것이 기술되어 있다. 아마도 조정이 그 세력을 규슈에 파급하고 있을 때, 이 지방에 진출하게 된 것으로 생각된다. 아국(일본)은 「임나任那」라고도 칭하여지는 이 지역을 확보함으로서 북의 고구려와 패권을 다퉜다.

필자: 『일본서기』에 쓰여진 제 나라 역사 소설이나 만족할 일이지, 엉뚱하게 남의 나라 역사까지 임의로 소설화하고 있다니 기가 막힌다. 역사는 사실의 서술이어야 하는데 일본 역사가들은 근거 없이 개인 생각을 역사교과서에 다반사로 적고 있다. 남의 나라 역사에 대해 가당치 않게 '생각 된다'고 가정하기를 일삼는다.

조선반도 남단에 위치한 역사가 깊은 삼한, 일찍이 『위지魏志』에 왜보다 먼저 실린 마한·변한·진한을 거론하며, 그 어떤 왜국의 유치한 소국들을 다루듯이 제멋대로 왈가왈부한다.

변한이 예부터 왜와 밀접한 관계가 있었던 것은 옳은 말이다. 그러나 그 관계는 위에 기술한 『교수자료』 내용과는 정반대다. 진실은 이렇다. 기원 초를 전후하여 대륙에서의 압력에 밀려 변한을 비롯한 3한(가야) 사람들이 무리를 지어 왜에 들어가 식민지를 개척하고 소국들을 만들어 나간 장본인들인 것이다. 다시 말해 원시 상태였던 왜의 원주민을 계몽해 가며 대륙의 문명을 전파시켜, 스스로는 왜국의 지배계층으로 자리 잡았던 것이 바로 변한 사람들이다. 삼한이야말로 왜국의 모국이었던 것이다.

왜의 임나설은 새삼 거론하는 것이 우스꽝스럽다. 이미 한일 양국 역사학자 간에 '역사적 사실이 전혀 아닌 것'으로 결말난 사안이다. 그럼에도 불구하고 『교수자료』는 광개토대왕 비문에 기술된 〈고구려 군이 조선 남해안을 침범한 왜나라 해적들을 섬멸시켰다〉라는 전승戰勝 기술을 근거로 "왜가 조선 반도에서 고구려와 패권을 다퉜다"라고 임의로 비약시킨다. 시쳇말로 병참기지가 필요해서 남부조선을 확보해 임나일본부를 설치·경영한 것으로 제멋대로 소설을 써놓았다. 학생들에게 그 어떤 실재적 근거도 없이 임나일본부가 실지로 존재하였던 것처럼 가르치라고 악착스레 종용하고 있는 것이다.

한 가지 더 밝힐 것이 있다. 위 인용문에 〈『위지』「왜인전」에 조선 남단 구사한국狗邪韓國을 왜인이 영유하고 있었던 것으로 기술되어 있다〉고 하였는데, 이는 어불성설이다. 첫째 『위지』에는 구사한국이 존재한다고만 되어 있지, 왜 나라가 영유하였다는 말은 전혀 쓰여 있지 않다. 둘째 여기 조선의 왜인이라는 것은 일본 종족만을 지칭하는 것이 아니다. 당시 왜인이라 불리는 인종은 중국 남부와 조선 남단에도 소수가 있었으며 일본에는 더 많이 있었던 것이다. 몸이 왜소한 사람들이라는 뜻이었을 것으로 여겨진다. 아마도, 『위지』에 왜가 수백의 생구生口를 헌상하였다고 기술된 것으로 미루어, 왜국을 점유한 3한 사람들이 조선남단의 철광석 채취 중노동판에 철정鐵鋌의 대가代價로 왜의 생구(노예)를 무더기로 보냈던 것에서 유래된 것으로 생각된다.

그런데 적반하장도 유분수지, 공물貢物 노예로 또는 철정의 대가代價로 조선에 보내진 왜인 생구들 무리를 1500여 년이 지난 오늘에 와서, 현 일본인 사학자들은 그러한 생구를 지칭하여 조선을 정복한 왜국의 점령군으로 둔갑을 시켰다. 그러고는 후안무치厚顔無恥하게도 "아국(일본)은 임나任那라고 칭하여지는 이 지역(조선남단 가야)을 확보함으로써 북방의 고구려와 패권을 다퉜다"고 적고 있다. 전혀 사실과 다른 허위 주장을 아무런 역사적 근거도 없이 끈질기게 내세우고 있는 것이다.

『교수자료』 인용: 720년에 편찬된 『일본서기』에서는 웅략雄略천황(456~479)기 이후 「임나일본부任那日本府」라는 명칭이 등장한다. 신공황후 이래의 조선 반도 출병을 생각하면, 현지 기지로서의 장場이 필요하고, 그러한 기관으로서 '임나일본부'가 존재하였던 것은 충분히 생각할 수 있다. 단 임나일본부의 권한은 군사·외교권뿐이었으며, 각각의 내정권은 각 소국에 있었던 모양이다. 임나일본부는, 그 최성기에는, 서북의 금강 유역에서 동북의 경상북도의 동쪽 반을 점占해, 전라남북도 전체와 경상남도의 서반분西半分을 그 범위로 하고 있었다.

필자: 앞에서 논증한 바와 같이, 위 기술은 재언할 필요도 없이 전적으로 허위다. 1500여 년 전에 소위 '임나일본부'가 조선의 군사·외교권을 쥐고 있었다니 이게 무슨 파렴치한 넋두리인가. 어떻게 고등학생들에게 이런 허황된 거짓말을 가르칠 수가 있을까. 그 당시엔 군사·외교권이라는 낱말도, 아니 그러한 개념조차도 소국의 집합체인 왜 나라에는 없었을 터인데, 열린 입을 다물 수가 없다. 그 당시 왜국이 조선의 식민지였음이, 현 일본인에게 아무리 수치스럽다 하더라도, 진실은 허황된 몸부림으로는 바뀌지 않는다.

왜정말기 웬만한 일본사람 집에서는 예닐곱 살 또래의 사내아이들이 전쟁놀이(戰爭ごっこ)에 열중하는 광경을 흔히 볼 수 있었다. 고관 자제는 전투모에다 계급장이 달린 작은 군복이 입혀졌고, 신분이 낮은 동네 아이들은 잘되어야 졸병이고 나머지는 적병인 지나병支那兵·미영병美英兵 역할을 하여 도망치다가 장난감 칼이나 총에 맞고 쓰러지는 일을 되풀이하는 것이다. 꼬마 일본병과 당시의 신문 보도로는 일본군이 마냥 이기기만 하는 전쟁이었지만 결과는 정 반대로 비참한 패배만 맛보고 있었다.

『일본서기』라는 역사공상소설을 빌미로 하여, 『교수자료』는 마치 아이들 전쟁놀이처럼 조선 남부에다 제멋대로 임의의 '땅뺏기' 선을 긋고 가당치 않게 군사권과 외교권을 행사하였다고 써놓았다. 그러고는 그것이 역사라고 일본 고등학생한테 가르칠

때 참고하라는 것이다. 조선의 식민지였다는 고대사가 어지간히 분하고 창피한 모양이지만, 신공황후 출병설을 역사적 사료로 입증하지 못하는 한, 진실을 왜곡하는 일본 사이비 역사학자들은 세계의 규탄 거리로 영원히 남게 될 것이다.

『교수자료』인용: 하지만 고구려의 남하로 인해 압박을 받은 백제는 그 실지失地 회복을 임나에서 찾아 512년에는 임나 4현의 할양割讓이라는 명목으로 전라남도의 거의 전역을 획득했다. 이후 임나의 지배력은 급격히 쇠퇴해 562년 마침내 신라에 의해 멸망되었다.

필자: 562년은 가야가 완전히 멸망한 해이다. 그런데 『교수자료』에는 가야가 난데없이 임나로 둔갑되어 있다. 720년에 쓴 역사소설 『일본서기』에는 「웅략천황기」인 470년 전후에 「임나일본부」라는 명칭이 하늘에서 떨어지듯이 처음으로 등장한다. 즉 「임나일본부」라는 낱말은 720년에 만들어진 것이다. 『송서』에도 임나가 실려 있다고 해서 확인해 보니 〈왜의 5왕 중 무武가 중국의 책봉을 갈구하는 상표문上表文에서 스스로를 가야임나의 지배자라고 허위로 사칭詐稱하였다〉고 되어 있을 뿐이다. 적어도 중국 사서에 '왜왕의 사칭' 즉 왜왕이 사기꾼으로 기록되어 있는 것이다. 원래 임나任那라는 호칭은 가야에서 왜에 들어간 이주민들이 고향을 그리며 '임의 나라', 줄여서 임나任那라 불렀

던 데서 유래되었다는 설이 있다. 왜인들의 가야에 대한 호칭이
야 어찌되었던 간에 아무러한 상관이 없다고 해두자.

하지만 가야계 이주민들이 종주국에 연락 사무소 정도를 설
치하고 있었다면 몰라도, 가야와 임나를 저희들 멋대로 동일시
한 「임나 일본부」만큼은 얼토당토않다. 도저히 있을 수 없는 일
이다. 차라리 400년 전후에 세워졌다는 「일본 야마도 정권」을
고대 조선이 왜에 설치한 「조선4국 일본 총독부」라고 이제부터
라도 명명命名하는 것이 당시의 조선·중국·왜국 정황으로 미루
어 더 실제적이며 현실적일 것이다. 임나任那란 가야가 여러 소
국으로 나눠져 있을 때 철정 대가로 끌려온 왜의 생구가 무리를
지어 살던 가야의 한 지역을 왜나라 사람들이 지칭한 이름인데,
아무런 근거도 없이 그 땅이 일본의 지배하에 있었던 것으로
일본 역사서에 둔갑시켜 놓은 것이 문제다. 이미 오래전에 허구
로 밝혀진 「일본임나부」라는 허위 가명假名을 마치 수백 년간
일본의 영토였던 것처럼 기정사실화하여 가야 아닌 일본의 속
국 '임나'가 멸망하였다고 그럴듯하게 『교수자료』는 앞쪽 인용
문에 명기하고 있다. 흡사恰似 실지實地 영유하였던 것처럼 기를
쓰고 허위·날조 각색까지 하고 있는 것이다.

뿐만 아니라 『교수자료』에는 『기기記紀』에 나오는 신공황후의
삼한정벌 이야기를 개략적으로 서술한 후, 다시 아래와 같이 허
황된 소리를 늘어놓고 있다.

「참고: 신공황후와 삼한정벌」(『교수자료』 인용)

"신공황후의 전승傳承은 사실성이 결핍하여, 그 실재實在를 부정하는 설이 있지만, 4세기 후반에 야마도 조정이 바다를 건너 조선에 출병한 것은, 석상 신궁神宮에 소장되어 있는 칠지도七支刀나 고구려 호태왕비문好太王碑文에 의해 파악될 수 있으며, 그 중심인물이 『기기記紀』에서는 신공황후로 되어 있다."

필자: 앞서의 『일본서기』「제9권 신공황후」에 의하면 신공이 신라를 친 것은 중애 9년(서기 200년) 10월 3일 하일진에서 출범하여 신라를 정벌하고 같은 해 12월 14일 규슈에 돌아와 아들 응신을 출산한 것으로 되어 있다. 그런데 『교수자료』에서는 신공이 중심이 되어 난데없이 4세기 후반에 조선에 출병하였다고 달리 쓰여 있다. 또한 『일본서기』에는 서기 269년 신공 섭정 69년 조條에, 신공이 그해 100세 때 분명히 사망한 것으로 기록되어 있다. 그러니까 죽고 나서 100여년 후에 귀신이 되어 다시 나타난 것으로 학생들에게 가르치라는 이야기다.

현 일본 사학계가 신공황후의 연대를 3세기 초에서 4세기 후반으로 180년을 옮기는 의도는 불을 보듯이 뻔하다. 3세기 초에는 해외 출병을 할 정도로 일본의 통일 정권의 존재를 날조하기가 당시의 실상하고 너무나 동떨어지니, 약삭빠르게 간지干支 3순위를 옮겨서 합리화한다는 것이 제 도끼에 제 발등 찍힌 꼴이

되었다. 왜냐하면 바로 철석같이 믿고 있는 「신공황후기」 섭정 39년 조에 〈그 해가 서기 239년 명제 경초 3년에 해당된다〉고 『일본서기』 편찬자가 못을 박아 놓았기 때문이다. 따라서 신공을 4세기 언저리로 옮기려면, 신공 전후의 모든 중국 역사 기록도 신공과 함께 같이 옮겨 놓아야 한다.

더구나 백제왕이 당시 미개한 식민지에 불과한 왜나라 왕(조선의 일본총독부 총독에 해당)에게 하사한 칠지도와, 왜병을 바다에 빠뜨려 멸망시킨 고구려 광개토대왕의 전승비가, 적반하장으로 삼한정벌 출병 사실의 입증 사료라니 언어도단이다. 걸음마 단계였던 유치한 왜 나라가 마치 당시 조선반도 패권을 고구려와 다툴 정도로 강력하였다는 듯이 현 일본역사책에 기술하고 있는 것이다.

그 비문의 내용도 일제에 의해 중요한 부분이 개찬改竄되었거나 마모된 글자가 많아 정확한 해석이 여의치 않을 뿐더러, 전승기념 이라는 비문의 성질상 참담하게 토벌된 왜병에게 유리하게 해석될 내용이 절대로 있을 수 없다. 그 일을 두고 현 일본역사서에다 가당찮게 '왜국이 대륙의 강대국 고구려와 패권을 다퉜다'고 기술하다니 시쳇말로 엿장수 마음대로다.

『교수자료』 인용: 또한, 『고사기古事記』에 기술된 신공의 계보를 보면, 신공의 모계는 신라 왕자 천일창天日槍과 연계된다. 이는 황후의 모계가 북규슈의 세력과 연관되어, 조선의 사정에 밝았음을 말해주고 있다. 그렇다면 신공황후의 조선 출병의 목적은 무엇이었을까. 당시 조선 반도에서는, 고구려의 세력이 강대해져, 건국된 지 얼마 안 되는 신라나 백제를 압박하고 있었다. 신라는 고구려에 따랐지만, 백제는 일본에 구원을 요청했다. 신공황후의 조선 출병은, 이러한 요청에 응하였던 것으로 보인다.

『교수자료』가 활개 치는 상상의 날개는 점입가경이다. 『일본서기』에 기록된 신공황후의 삼한정벌설이 날조된 거짓이라는 사실은 앞서의 신공기神功記 비판에서 충분히 논증된 바 있다. 너무나 비현실적이며 순전히 허위 조작이었음을 밝혀낸 것이다. 해외 출병이 가능한 세력은커녕 자국 내 난맥상도 정리가 안 되어 일개 무속녀(비미자卑彌子)가 100여 개의 소국을 좌지우지하는 무속巫俗 굿판을 벌이고 있었을 뿐이다.

신공의 조선출병은 100% 허위 날조였음이 이미 결판이 난 사안이다. 그 일을 마치 '백제의 요청에 따른 조선 출병'이라고 거창하게 허위 포장하여 기정사실인양 기술하였는데 더 이상 논평할 가치조차 없다고 보인다.

그럼에도 의식 구조意識構造가 초기 제국주의 상태에서 깨어나지 못하는 작금의 일본 역사가들은 아직도 신공황후 집착에서 벗어나지 못하고 있다. 도리어 절대적으로 움직일 수 없는 역사라고 우격다짐하며 삼한정벌설을 가당찮게도 일본의 역사 암흑기인 4세기 궐사기(역사공백기)에 끼워 놓고 학생들 머리에다 거짓을 주입시키고 있는 것이다.

확실한 사실은, 6세기 이전 통일된 왜국에 의한 왜병의 조선 출병·거점 확보란 전혀 없었던 일이다. 그러한 역사 기록은 한·중·일 어느 나라에도 존재하지 않는다. 몇 차례의 해적단 규모의 소위 왜관倭冦이 있었지만, 신라를 비롯한 조선 반도의 해적선도 피차 마찬가지로 왜국을 습격한 사실이 일본 측 역사 기록에도 나와 있다. 객관적 근거가 존재하는 7세기 이전의 유일한 왜의 출병은 주지의 사실대로 서기 663년 왜병의 참패로 끝난 백촌강(금강하구) 전투뿐이다. 앞서의 『삼국사기』를 통한 고대 왜침 고찰 란에서 보여 주듯이 6세기 이전의 왜국 국력은 강력한 조선 반도 나라들을 침략하기엔 감히 꿈도 꾸지 못할 단계였다.

근래 이미 한일 양국의 역사가에 의해 판정이 난 바와 같이 '신공황후 삼한정벌설'은 전적으로 허위로 종지부가 찍힌 것이다. 남은 과제는 일본고대사와 일본역사교과서를 한시바삐 다시 고쳐 써야하는 일뿐이다.

만일 일본 측이 이 중요한 일을 지지부진 계속 망설인다면, 우리도 당당히 맞서야한다. 우리의 교과서에 고대일본이 조선의 식민지였다는 사실을 이제라도 실어야 한다. 우리의 그러한 주장이, 필자가 본서에서 상세히 비판·논거한 바와 같이, 일본이 삼한정벌설의 역사적 근거를 오직 『일본서기』에 의존하는 것보다, 몇 십 배 더 확연한 역사적 자료로 뒷받침된다고 할 수 있다.

일본천황들 연령과 참위설讖緯說

『교수자료』 42쪽 인용: (생략) 각 천황의 연령에는 차이가 있지만 어느 것이던 매우 장수長壽로 되어 있다. 이는 건국 연대를 참위설讖緯說에 의하여 소급시킨 결과이다. 하지만, 이와 같은 부자연한 장수는, 도리어 이들 초기 8대의 천황의 실재성을 높이는 일이 된다. 왜냐하면 가령 이들 천황이 가공으로 조작된 것이라면, 부자연스런 장수를 줄 필요 없이 그 대수를 늘리면 되는 것이다. 그렇지 않고 감히 부자연한 장수를 부여한 것은 역으로 이들 천황에게, 혹시 대수에 움직일 수 없는 전승이 존재하였다고 볼 수 있는 것이다.

일본 역사학자들의 대표적이며 전형적인 역사관을 예로 들은 것이지만, 과연 제국주의 침략자들의 후예다운 궤변에 개탄의 한숨이 절로 터지는 것을 금할 수가 없다.

역사학의 기본이며 필수조건은 그 내용이 진실인가 아닌가에 있다. 황당무계한 역사로 가장한 허위 기록물을 놓고 그 진위를 가리려 들지 않고, 도리어 무조건 진실이라는 전제 조건을 내세워 그것을 합리화하기에 혈안이 된다면, 그리하여 자라나는 후대를 호도糊塗한다면 그 나라에 장차 무슨 희망과 정의가 존재하겠는가.

그것이 작금의 일본 사학계의 대세이다. 위에서 거론한 천황들은 일본에 천황 제도가 도입된 7세기로부터 무려 2000년 전 구석기 시대 말기, 원시적 원주민밖에 없었던 문화 암흑기에 일본의 첫 번째 천황과 그가 다스리는 왕국이 있었다는 이야기이다.

작금 일본은 그것을 2200년 전의 중국 진나라 때의 참위설讖緯說에 빗대어 그러한 천황들의 존재를 궤변으로 합리화하여 학생들에게 마치 사실인 양 억지로 주입시키고 있는 것이다.

도대체 참위설이란 무엇인가. 참讖은 예언, 위緯는 위서緯書이다. 음양오행설·일월5성의 운행 등으로 **미래를 점치는 점술**이다. 왕조 혁명을 합리화하는 데 이용하거나, 연호年号를 제정하는 근거로 삼았던 것이다. 왕조의 과거 연대를 임의로 늘려서도 안 되지만, 늘리는 데는 해당되지도 않는 설이다. 오랜 중국 역사에서도 그렇게 사용된 적은 없었다.

그런데 전혀 해당되지 않는 일본 황통皇統을 1천여 년이나 엿가락처럼 늘린 것을 참위설에다 빗대어 학생들을 속이고 있다.

허위 사실을 가르치는 가련한 선생들 하며, 거짓을 배워 진실을 모르는 불쌍한 학생들까지 모두가 한심스러울 따름이다.

황통을 진실로도 볼 수 있다는 궤변도 기상천외다. 만일 왕들의 나이가 의도적으로 늘려진 것이라면, 천황의 수를 늘려서 평균 연령을 확 줄일 수 있었는데 그렇게 안 한 것으로 미루어 그들 고대 천황들이 실존하였다는 진실성을 믿게끔 하는 반증이라는 것이다. 필요하다면 천황의 수를 늘릴 수도 있었는데 그렇게 안한 것으로 봐서 진실이 틀림없다는 논리다. 일본역사 교수라는 자가 차마 구실이라고 학생들에게 할 소리가 아니다.

이상은 조선 반도와는 아무 연관이 없는 일이지만, 구태여 여기에 거론하는 것은 『일본서기』가 자국 고대사 기록에서도 얼마나 가공망상架空妄想적 황당한 기술을 하고 있는가를, 그리고 작금의 일본 『교수자료』가 학생들을 어떻게 그릇 호도하고 있는 가를 지적하기 위해서이다. 사실은 『교수자료』 기술처럼 천황 수를 늘려서 부자연성을 없앤다면, 전국에 이미 퍼져 있는 그 이전 기록들로 인해 허위사실이 드러날 것이 뻔 한 노릇이었기에 그렇게는 차마 못하였던 것이다.

하물며 금속기 문화를 전수해준 옛 종주국 조선의 역사를 예사로 날조 조작하여 삼한정벌 운운……하며 식민지화하고 있다니 그 뻔뻔스런 적반하장에 아연실색할 따름이다. 일본인 총 인구가 당시 평균 15~20만 명밖에 안되어 소규모 취락이 뿔뿔이 흩어져 움막 생활을 하고 있었던 2600여 년 전 원시적 고대 왜국에, 마치 일본의 첫 왕조가 성립되었다는 투로 학생들에게 거짓 주입시키고 있는 것이다.

기년紀年이라는 개념이 없었던 관계로 간지를 사용하였기 때문에 후대에 가서 역사학자라는 사람들이 자의로 기년 혹은 편년으로 각기의 역사 합리화 취향에 따라 연대를 이리저리 옮겨놓은 것으로 생각된다.

현 일본 역사서의 왜곡·날조·모순

앞서의 『일본서기』 검증에서 드러났듯이 일본의 '조선 관계 고대사'는 일일이 열거할 수 없을 정도로 거의가 왜곡·날조·모순투성이의 결집체이다. 애매모호한 표현으로 일관된 가상의 소설 같은 것이 특징이지만, 문제는 그 내용의 진위眞僞를 분별할 수 없는 일본의 독자들, 특히 자라나는 청소년들이 그 허위로 날조된 이야기를 진실로 받아들일 것이 안타까울 따름이다.

앞에서 살펴 본 바와 같이, 『일본서기』에 기술된 고대사는 석기나 유치한 토기 정도의 생활 도구가 중심이었던 기원 전후 신석기 시대 이야기이다. 문자가 없어 자체 역사 기록이 전무한 기원전 4세기에서 서기 4세기까지 650여 년간의 역사를 350여 년이 지난 서기 700년에 와서, 전승傳承된 사료에 의한 것이라는 명분으로 소설처럼 작문한 허위 기록물이다. 100여 개로 나눠진 소국들 속에서 존재한 적도 없는 그 어떠한 계열화된 통일 정권의 역사 전승이 6~7백년 간 이어져 내려올 수 있겠는가.

참된 자료라고는 아무 것도 없이 애당초 불가능에서 출발한 것이 명약관화이다. 처음부터 중국사서와 『백제기』를 펴놓고 필요한 사항을 꾸며서 고의로 특정 연대에 편입시켜 중국식 문체로 시종일관 소설처럼 작문한 것에 불과하다.

그런데 그 내용이 왜국에만 한정되어 있다면 제3국인 조선이 묵과할 수도 있을지 모르겠다. 엉뚱하게도 날조된 고대 왜국 황통보皇統譜에, 신공황후라는 무당 귀신을 작중 인물로 등장시켜 삼한정벌이라는 기괴한 공상 소설을 작문해 놓은 것이다. 그리고는 과학 시대인 20세기에 들어와서도 그 황당한 소설을 일본의 역사라고 학생들을 버젓이 호도하고 있는 중이다. 일제 강점기에 제국주의 조선 침략의 구실이기도 하였던 「삼한정벌」설은 우리가 도저히 용납할 수도 묵과할 수도 없는 중대 사안이 되었다.

엄연한 진실은 앞서 충분히 논증한 바와 같이, 고대 왜국이 삼한정벌·대륙진출·거점 확보를 한 것이 아니라 정 반대로 기원 전후에 조선 4국 이주민이 왜국을 점유하여 100여 개의 소식민지를 개척·경영하였음이 확연하다. 우리는 계속 일본의 부당한 허위 주장을 속수무책으로 바라보고만 있을 수는 없다.

당시 중국의 책봉 체제라는 국제 질서 밑에서 조선 3국이 안동대장군으로 오랫동안 책봉되어, 그 아래 계급인 안동장군으로 책봉되었던 왜국을 휘하에 두고 사역使役을 시키고 있었음이 중국사서에 뚜렷이 기술되어 있다. 이 사실만으로도 왜국이 조선의 식민지였음을 단적으로 입증함에 부족함이 없을 것이다. 일본이 아무런 역사적인 사료가 없는데도 불구하고, 고대 가상假想 소설 『일본서기』「삼한정벌」이라는 내용을 유일한 근거라고 내세우며, 끈질기게 조선출병·거점 확보·임나일본부경영설 등을 주장하는 것에 비하면, 우리는 왜국이 조선의 식민지였음을 뒷받침할 많은 객관적인 자료를 수없이 내놓을 수 있다.(앞서의 「고대 왜국은 조선4국의 식민지」 참조)

이제 우리도 고대 왜국이 조선의 식민지였음을 사실대로 역사교과서에 서둘러 실어야 한다. 일본의 허위 주장을 타파하고, 우리의 정체성을 확립하기 위해서라도, 이러한 사실을 우리의 후대들에게 전수함이 요망되는 까닭은 자명하다. 먼 훗날에 『일본서기』에 대응하는 역사 자료가 되어 주기 위해서라도 반드시 실행되어야 한다고 여겨진다. 1300년 전에 아무런 근거 없이 만들어진 『일본서기』라는 역사 소설이 오늘날 일본 역사로 둔갑되어 우리를 헐뜯는 양상을 감안한다면, 우리가 지금 고대 일본이 조선의 식민지였다고 근거를 갖추어 기록해 두면, 수백·수천 년 후에는 『일본서기』를 논리적으로 압도하는 한국의 역사책이 될 수 있을 것이 틀림없다.

한국 역사교과서 고대사 검토

2010년도 발간된 한국 고등학교 국사 교과서 부록 연표에는 기원전 2333년에 고조선의 건국, 기원전 2000년경 청동기 문화의 보급이라고 기재되어 있다.

그리고 교과서 본문 26쪽 「국가의 형성」란은 고조선의 성립을 서술하고 있다.

"농경의 발달로 잉여 생산물이 생기고 청동기가 사용되면서 사유 재산 제도와 계급이 발생하였다. 그 결과, 부와 권력을 가진 족장이 출현하였다. 족장은 세력을 키워 주변 지역을 아우르고, 마침내 국가를 이룩하였다. **이 시기에 성립된 우리나라 최초의 국가가 고조선이다.** 이후, 고조선은 철기 문화를 수용하면서 중국과 대결할 정도로 크게 발전하였다.

기원전 5세기경부터 철기가 보급되었고, 그 후 만주와 한반도 각지에는 부여, 고구려, 옥저, 동예, 삼한 등 여러 나라가 성립되었다. (생략)……."

이와 같은 기술은 어느 한 국가의 성립 과정을 설명하는 일반론이지 한 특정 국가의 성립의 배경에 대한 역사적 사실의 기술이라고는 할 수 없다. 고대 국가의 역사 기술에서 핵심이 되는 청동기문화의 성립과 보급 단계의 객관적 근거에 기반을 둔 대략적인 연대라도 기술하는 것이 필수적인데, 전혀 논리적인 설명이 되어 있지 않다. 출토 청동기 중에서도 국가 성립에 필요불가결한 농기구에 초점이 압축되어야 하는데, 그에 대한 언급은 없고 제기용祭器用이나 무기류 일색이다. 그나마 역사 기술에 필수 조건인 해당 사항의 연대를 나타내는 때時가 너무나 막연히 표시되어 있다.

교과서 27쪽에는 또한 한반도에서 발굴된 청동기 유적지 20곳이 표시된 지도가 실려 있다. 지도에는 출토지 지명만 있을 뿐 언제 무엇이 출토되었는지는 표시된 것이 없다. 그러고는 「고조선과 청동기문화」란에 다음과 같은 기술이 이어진다.

청동기의 보급

"신석기 시대 말인 기원전 2000년경에 중국의 요령, 길림, 러시아의 아무르 강과 연해주 지역에서 들어온 덧띠새김무늬 토기 문화가 앞선 빗살무늬 토기 문화와 약 500년간 공존하다가 점차 청동기 시대로 넘어간다. **이 때가 기원전 2000년경에서 기원전 1500년경으로, 한반도 청동기 시대가 본격화된다.** 고인돌도 이 무렵 나타나 한반도의 토착 사회를 이루게 된다. 청동기 시대에는 생산 경제가 그전보다 발달하고, 청동기 제작과 관련된 전문 장인이 출현하였으며, 사유 재산 제도와 계급이 나타나게 되었다. 이에 따라 사회 전반에 걸쳐 큰 변화가 일어나게 되었다.

청동기 시대의 유적은 중국의 요령성, 길림성 지방을 포함하는 만주 지역과 한반도에 걸쳐 널리 분포되어 있다. 이 시기의 전형적인 유물로는 반달 돌칼, 바퀴날 도끼, 홈자귀 등의 석기와 비파형 동검, 거친무늬 거울 등의 청동기, 그리고 미송리식 토기, 민무늬 토기, 붉은 간토기 등의 토기가 있다. 이들 유물은 청동기 시대의 집터를 비롯하여 고인돌, 돌널무덤, 돌무지무덤 등 당시의 무덤에서 나오고 있다. 이 시기의 대표적인 동검인 비파형 동검은 만주로부터 한반도 전역에 이르는 넓은 지역에서 출토되고 있다. 이와 같은 비파형 동검의 분포는 미송리식 토기 등과 함께 이 지역이 청동기 시대에 같은 문화권에 속하였음을 보여 준다."

한반도의 청동기 시대가 기원전 2000~1500년경에 본격화되었다니 금시초문이다. 고대문명의 발상지인 중국에서조차도 청동기 시대의 본격화를 기원전 1000년대 초로 잡고 있는데 극동

의 변방인 한반도에서 그보다 수백 년이나 앞섰다니 그 근거가
무엇인지 궁금할 따름이다.

새삼스럽게 역사의 기술이란 무엇인가라는 우문愚問이 머리를
내미는 것을 막을 수가 없다. 특히 의존할 기록이 없는 선사 시
대를 수백 수천 년이 흘러간 시점에서 기술한다는 것은 보통
일이 아니다. 무엇보다도 중요한 것은 그 내용이 진실인가, 어떠
한 근거가 있는 건가를 가려내는 것이 급선무다.

철기의 사용(교과서 인용 계속)

"우리나라에서는 B.C. 5세기경부터 철기 시대로 접어들었다. 특히,
철제 농기구의 사용으로 농업이 발달하여 경제 기반이 확대되었다.
철제 무기와 철제 연모를 씀에 따라 그때까지 사용해 오던 청동기
는 의식용 도구로 변하였다.

한편, 철기와 함께 출토되는 명도전, 반량전, 오수전은 중국과 활발
하게 교류했음을 보여 준다. 또, 경남 창원 다호리 유적에서 나온
붓은 당시에 이미 한자를 쓰고 있었음을 말해 준다.

이 시기에 이르러 청동기 문화도 더욱 발달하여 한반도 안에서 독
자적 발전을 이룩하였다. 청동기 시대 후반 이후, 비파형 동검은
한국식 동검인 세형동검으로, 거친무늬거울은 잔무늬거울로 그 형
태가 변하여 갔다. 그리고 청동 제품을 제작하던 틀인 거푸집도 전
국의 여러 유적에서 발견되고 있다.

토기는 민무늬토기 이외에 입술 단면에 원형, 방형, 삼각형 덧띠를 붙인 덧띠토기, 검은 간토기 등도 사용되었다."

청동기·철기 시대의 상황(인용 계속)

"청동기·철기 시대에는 이전부터 주요한 생산 도구로 사용되던 간석기가 매우 다양해지고 기능도 개선되어 생산 경제도 좀 더 발달하였다.

이 시기의 사람들은 돌도끼나 홈자귀, 괭이, 그리고 나무로 만든 농기구로 땅을 개간하여 곡식을 심고, 가을에는 반달돌칼로 이삭을 잘라 추수하는 등 농경을 더욱 발전시켰다. 농업은 조, 보리, 콩, 수수 등 밭농사가 중심이었지만, 일부 저습지에서는 벼농사를 지었다. 사냥이나 고기잡이도 여전히 하고 있었지만 농경의 발달로 점차 그 비중이 줄어들었고, 돼지, 소, 말 등 가축의 사육은 이전보다 늘어났다. (생략)"

위에 길게 인용된 교과서 기술은 한마디로 혼돈스럽다. 청동기와 철기 시대의 서술인지, 생활 용기의 주체가 돌로 이루어진 신석기 시대를 기술한 것인지 분간이 안 간다. 내용을 살펴보면 후기 신석기 시대의 생활상이 대부분이고 금속기가 언제 어디에 어떻게 보급되었다는 구체적인 기술은 없다. 청동기 시대의 배경으로 무슨 토기 종류가 출토되었다고 되풀이 기술하고 있는데 전후가 전도된 것 같다. 사실은 무슨 토기 시대에 무슨 청동기가 도입되기 시작하였다라고 기술해야 되는 것이 아닌가. 청동기 시대라는 용어의 사용은 청동기가 어느 정도 보급되기 시작하였을 때 해당되는 것이다.

청동기의 편년編年에 토기를 입증 배경으로 사용하는 것처럼 보인다. 출토지의 유기물로 과학적인 연대 측정이 가능한 시대임을 상기하여야 한다. 기준이 청동기가 아니라 도리어 토기가 된 것 같다. 마치 한반도의 청동기 시대가 B.C. 2000년에 시작하여 B.C. 5세기 초 철기 시대까지 1500년간 계속되었다고 적혀 있는 모순은 시정되거나 아니면 입증 자료를 제시하여야 할 것이다.

역사학자들의 한계

한국 역사학자들은 발굴된 유물의 제작 국적이나 연대 등의 구체적 설명 없이, 단순히 청동으로 된 무기武器와 제기祭器 몇 점 출토된 사실만을 기술하고 있다. 동반 출토된 토기류의 제작 연대 추정에 맞춰, 해당 토기 시대를 기준하여, 그것이 청동기 시대의 시작이라고 역사서에 적는 편법을 쓰고 있는 것이다. 반드시 필요한, 출토 물의 과학적 연대 측정이 보이지 않는 것이다.

위 역사교과서의 기술의 배경은 한마디로 단군 신화에 구속되어 있는 역사학자들의 한계 때문인 것 같다. 단군 이야기를 건국 신화가 아닌 **건국 역사**로 규정하고 단군 기년(단기檀紀)에 맞춰서, 존재하지 않은 역사 기록을 메워 나가다 보니 이와 같은 무리가 생기는 것은 당연한 귀추라 할 것이다.

국가 성립의 절대 조건인 식량의 대량 생산이 한반도에서 언제 성립되었나를 가늠하는 데는 농경지 개간의 필수품인 금속 농기구의 출현시기가 기준이 되는데, 그러한 기록은 찾을 수가 없다. 오직 유적 발굴에서나 찾아볼 수밖에 다른 방법이 없는 것이다.

고대 문명의 발상지가 지니고 있는 기후·토양·용수 등의 천연의 혜택에서 제외된 한반도와 기타 대부분의 나라에서는, 전세계 공통적으로 철기 문명의 도래 시까지, 식량의 양산量産은 바라볼 수 없는 꿈이었던 사실에 유의해야 한다.

같은 금속이면서도 고대에는 구리銅의 산출량이 미미하였다. 재질이 물러 주석과의 합금술이 발명되어 출현된 것이 청동이다. 초기에는 지배 계층에 독점되었던 까닭에, 청동의 용도는 무기류와 신앙과 관련된 제기류祭器類로 제한되었다. 농경 기구의 일반적인 보급은, 메소포타미아 같은 인류 문명 발상지를 제외하면, 어느 나라에서도 고대에는 실현된 경우가 드물었다.

한반도에서 청동기를 최초로 제작한 연대는 언제였을까. 위교과서 28쪽에는 "이 시기(기원전 5세기)에 청동 제품을 제작하던 틀인 거푸집도 전국의 여러 유적에서 발견되고 있다"라고 하였는데 그 이전 시기 것도 있을 법하다. 그 중에서 제일 오래된 것이 언제 어디서 무엇이 나왔는지 밝혀주면 좋겠다. 그런 것이 있다면 바로 그것이 우리나라 청동기 시대의 시작이라고 해도 이의를 달 사람은 없을 것이다.

우리나라에서 발굴된 초기 청동기 기구는 전투용 무기류와 제기祭器를 포함한 농기구로 나눌 수 있을 것이다.

이제껏 알려진 바로는 기원전 6~7세기경 드디어 청동기가 한 반도에 들어왔고, 그 후 그것을 소재로 한 기구가 도입되거나 발명되어 농사 기술이 그러한 지역에서 점차적으로 개선되어왔을 것이다. 그리고 다시 수세기가 흘러 철기구가 유포되어 농업 생산성이 치솟았다고 생각된다. 점차 호구가 늘어나 부락이 커지며 부족, 종족, 민족으로 확대되고 도시가 형성되면서 한 국가의 성립이 비로소 가능해진다. 그렇게 하여 한반도에 태어난 것이 후기고조선(위만)·삼한·가야·고구려·신라·백제 등이 아니겠는가.

필자는 감히 한반도 역사를 쓰고 있는 것이 아니다. 직업이 건축가로서 역사를 한번 합리적으로 설계분석設計分析해 본 것이다. 13세기 일연 스님의 단군설화를 모독하였다는 규탄을 받을 일일지 모르지만 그러한 의도는 추호도 없다는 것이 진심이다.

한 시대 전, 동양 제국諸國 간에는 국가나 민족의 권위와 자존이 역사가 오래되었다는 사실에, 즉 장구한 역사를 가진 민족이라는 것에 달려 있다는 듯이 제각기 자국 역사를 엿가락 늘리듯 늘려서 내세우는 것이 유행처럼 번졌던 적이 있었다.

중국의 역사하면 으레 삼황오제와 요순시대로 거슬러 올라가서 5000년이라고 자타가 기정사실화 하였던 것이며, 일본도 질세라 천황제가 실시된 기념紀年으로 황기皇紀 2600년을 내세웠었다. 1940년도에 그것을 기념한다며 식민지 조선 반도에서도 대대적으로 기념식을 거행하여 온통 요란을 떨었던 기억이 새삼스럽다.

　최근에 중국 고대사를 접할 기회가 있었다. 중국의 역사는 국·공 (국민당과 공산당)항전抗戰 중의 중국을 대표하는 역사서였던 『중국통사간편中國通史簡編』을 근본적으로 개정하여 1953년에 초판이 출판되었고, 1955년과 1958년에 다시 증정增訂된 것이다. 그 후로도 중국 역사의 수정 작업은 계속 진행 중인데, 그 이유는 단순히 역사관의 변화 때문만이 아니라, 새로운 역사 자료의 출현과 고대 유적 연구결과에 기반을 두고 있기 때문이다. 중국의 전 국토에 걸친 대규모의 고고학 발굴에 의해 선사 시대와 고대의 새로운 유적과 유물 등의 방대한 자료가 계속 발견되고 있다는 것이다.

　중국의 역사서는 뜻밖에도 고대사가 3600년 전 은殷나라로부터 시작되고 있다. 그 이전 3황 5제 시대는 역사가 아니라 설화나 신화시대로 처리하고 있는 것이다. 은나라 바로 앞 왕조로 하夏나라를 지목하고 있지만 사실史實을 입증할만한 사료史料가 아직 충분치 못하다는 것이다. 그런데 근래 양자강 유역에서 은나라보다 앞서는 왕조의 유적이 발굴되고 있어, 『사기史記』에 언급된 하 왕조의 유적일 것이라는 개연성이 높아졌다고 판단하는 모양이다. 아마도 중국의 역사가 200년 정도 소급되어야 할 것으로, 당국 간에 논의가 진행되고 있다는 것이다. 그래봤자 중국의 역사는 3800년이 될 뿐이다. 우리가 알고 있었던 중국의 5000년 역사는 그 일부가 사라져버렸다. 중국인들은 담대하게도 1200~1400년간의 불확실한 고대역사는 미련도 없이 신화시대에 올려놓는 것이다.

동양 3국 중 하나이며 우리와 대비 관계에 있는 일본식 황기년皇紀年은 전후戰後에 어떻게 되었을까?『일본사연표日本史年表』에서는 황기의 누년累年제가 없어지고 당대의 황기皇紀를 서기西紀와 병기倂記하고 있다. 일본 역사의 상한선도 2~3세기로 내려와 있지만 그것조차도 애매모호한 표현으로 되어있다. 전전의 2600여 년 역사에서 작금에는 1800년 내외로 무려 8~9백년이 줄어든 것이다. 과대망상에서 깨어난 것이라고 보인다.

하지만 같은 교과서 부록 '역대일본천황일람표'에는 아직도 변함없이 2600여 년간에 걸친 125대에 달하는 천황 계보가 빠짐없이 실려 있다. 주서注書에는 이 표가, 천황의 대수代數는 황통보皇統譜에 의거하였고, 29대까지는『일본서기日本書紀』에 따랐다고 되어 있다.

내용을 살피니, 초대 신무천황神武天皇은 B.C. 660년 1월 1일

51세에 즉위 76년 간 재위在位하다가 127세에 사망하였고, 2대는 84세, 3대는 67세, 4대는 77세, 5대는 114세에 사망하였으며, 6대 효안孝安은 B.C. 392년 1월 7일에 즉위 B.C. 291년 1월 9일에 퇴위하여 102년간 재위하다가 137세에 사망, 7대는 128세, 8대는 116세, 9대는 111세, 10대는 119세, 11대는 141세에 사망하였다. 12대 경행景行은 71년 7월 11일에 즉위하여 130년 11월 7일에 퇴위 143세에 사망하였다는 등 모든 왕의 즉위 퇴위 시일과 재위연한·사망 연령 등이 문자 부재 시대인데도 불구하고 빠짐없이 연월일 별로 기재되어 있다.

평균 수명이 30~40년 안팎이던 원시 시대에, 초기 왜국왕조 12대의 평균 생존 연령만 계산하여도 한 사람당 113년이 넘는다. 마치 유대인의 창세기 신화를 연상시킨다.

일본의 고대 왜국은 405년 백제 왕인박사가 논어와 한자를 전수할 때까지 문자가 없는 선사先史 시대(상태)였다. 그러한 시기의 역사 기록 운운하는 것 자체가 언어도단이다. 종교도 아니고 역사를 연월일별로 천여 년 간 구전하였다는 발상은 조작을 전제로 한 것이 자명하다. 기껏 바다 건너 중국의 사서에 나오는, 내용이 검증되지 않은 「동이왜국전東夷倭□傳을 아전인수 격으로 자의로 해석하여 그것을 자국의 역사라고 발버둥 치며 매달리는 일부 일본 학자의 행태行態는 당당치 못한 자학적 역사관이 내포된 것으로 보인다.

그럼에도, B.C. 600년대의 존재 자체조차 가공架空적인 왕들의 즉위 퇴위를 1300여 년 후인 720년에 와서 연월일까지 가상으로 적어 놓은 『일본서기』를 사료史料라고 일본 역사교과서에 인용을 하고 있는 것이다.

고대 일본의 특색은 지금 우리가 공유하는 국가라는 개념의 통치 기구가 없었다는 사실이다. 일본 역사교과서에는 일본 최초의 통일국가를 뚜렷한 근거 없이 서기 370년 전후 야마도太和정권부터라고 적고 있다. 그 이전은 30~100여 개 나라를 다스리는 여왕이 있었다든가, 심지어 수백 개 나라가 있었다는 기술이 『위지魏志』「왜인전」에 나오는 것을 역사적 근거나 된다는 듯이 자주 인용하고 있다. 이는 족장이나 토후 정도가 관할하는 고을이라는 뜻이지 당시의 왜국倭國의 문명도文明度나 인구 분포 정도로 미루어 현재의 국가 개념하고는 거리가 먼 이야기이다.

일본의 천황 제도는 만세일계萬世一系라는 동일 핏줄이 고대부터 현대까지 이어져 내려왔다는 황당한 주장을 합리화하기 위해 억지로 역사 기술을 비현실적으로 꾸민 정황이 도처에 노출되어 있다. 서기 712년에 나온 『고사기古事記』와 연달아 8년 후에 나온 일본 유일의 고대 역사서인 『일본서기』가 그 대표적인 예일 것이다. 또한 『일본서기』는 조선 반도 고대사와 관련된 왜곡·날조된 허위기술이 태반을 차지할 정도로 상당한 분량에 이른다.

일본 역사서에 비하면 우리나라의 단군 신화는 현실성은 차치하고도, 민족성을 상징하는 소박하고 보편적인 신화·설화의 전형이라고 할 수 있다. 우리의 신화는 신화대로 소중히 간직해야 할 민족 유산임에 틀림없다.

하지만 21세기 과학 시대에, 남의 나라 이야기만 따져들 것이 아니라 우리자신도 신화와 역사는, 적어도 역사서에서는 구분이 되어야 할 것이다. 신화와 역사가 혼돈스럽게 역사서에 함께 서술되어 괜한 의구심을 불러일으키지는 않는지 살펴보아야 할 것이다.

되풀이 되는 말이지만 역사가 오래되었다는 사실 자체가 자랑거리가 되는 시대는 지났다. 200여 년의 짧은 건국 역사를 지닌 미국의 위상과 5000~6000년이 된 고대 메소포타미아의 땅인 현 이라크의 위상을 비교해보면 더 이상의 언급이 무의미하다는 걸 알 수 있다. 과거 보다는 현재와 미래가 훨씬 더 중요하다는 것은 재언이 필요 없을 것이다.

선진국 진입을 눈앞에 둔 대한민국은 역사 시대와 신화시대를 구분 지어야할 때가 되지 않았나를 검토하기를 감히 고대사 연구자들에게 진언하는 바이다. 이 시점에서 단군의 건국 역사설을 초지일관 변함없이 주장하는 역사가들은 그것을 입증할, 세계 사학계가 인정할 수 있을 만한 보편적인 근거를 제시해야 할 것이다.

단군 신화

다행히도, 2010년도 한국 역사교과서 32~33쪽에는 이미 단군신화가 기술되어 있다. 만족스러운 수준은 아니지만, 대략 다음과 같은 요지이다.

단군과 고조선

"(생략) 고조선의 건국 사실을 전하는 단군 이야기는 우리 민족의 **시조신화**로 오랜 세월을 거치면서 전승되어 기록으로 남겨진 것이다. (생략) 어떤 요소는 후대로 가면서 첨가되기도 하고 없어지기도 하였다. 신화는 그 시대 사람들의 관심이 반영된 것으로, 역사적인 의미가 담겨 있다. 모든 신화에 공통되는 속성이며, 단군의 기록도 마찬가지로 청동기 시대의 문화를 배경으로 한 고조선의 성립이라는 역사적 사실을 반영하고 있다. 환웅 부족은 태백산의 신시를 중심으로 세력을 이루었고, 하늘의 자손임을 내세워 자기 부족의 우월성을 과시 운운(생략)"

위 글은 널리 알려진 보편적 단군 신화이기도 하다. 이와 같은 기술의 출전出典은 13세기 말 고려 충렬왕 때에 일연스님이 저술한『삼국유사』에 실려있는〔고조선古朝鮮, 「왕검조선王儉朝鮮」〕에서 비롯된 것이라 한다. 김사엽金思燁 교수의 원문 번역을 참고삼아 원문(漢文)과 대조하니 그 전체 내용은 다음과 같다.

"『위서魏書』에 말하기를, "이제부터 2천 년 전(위서 기준)에 단군왕검(檀君王儉)이 있어, 도읍을 아사달阿斯達에 정하고, 나라를 열어 조선이라 불렀다. 고高(요堯)와 같은 시대"라고 하였다.
『고기古記』에 말하기를 "옛날에 환인桓因의 서자, 환웅桓雄은 하늘 아래(天下)에 대해 늘 관심을 갖고, 인간 세계를 원하고 있었다. 아버지는 아들의 마음을 알아채고, 아래를 내려다보니 삼위태백三危太白(태백산 등 높은 산 3개)이 인간을 널리 이롭게 하는데弘益人間 마땅한 곳이므로 천부인天符印 3개를 부여하여, 그곳에 내려가게 하였다. 환웅이 부하 3천 명을 데리고 태백산 정상 신단수神檀樹 아래에 내려와 그곳을 신시神市라 불렀다." 이 사람이 환웅천왕이다. 환웅은 바람과 비와 구름을 다스리는 풍백風伯·우사雨師·운사雲師 3신을 거느리고, 곡명병형선악穀命病刑善惡을 각기 다스리며, 모든 인간의 360여 사항을 관할하고 교화시켰다.
이때 같은 동굴에 살고 있던 곰 한 마리와 호랑이 한 마리가 신웅神

熊 즉 환웅에게 "원컨대 인간으로 바뀌고 싶습니다"라고 늘 기언祈
言하였다. 그래서 어느 날 신웅은 영묘한 쑥 한 움큼과 마늘 20개를
주며 "너희들이 이것을 먹고 백일 간 햇빛을 보지 않으면 곧 인간이
될 것이다"라고 말하였다. 곰과 호랑이는 이것을 받아먹고 금기禁忌
삼칠일三七日 만에, 곰은 여자의 몸으로 변하였다. 하지만 호랑이는
금기를 지키지 않아 인간이 되지 못했다. 웅녀熊女는 결혼을 해주는
사람이 없기 때문에, 언제나 신단수 아래에서 임신하게 해달라고
빌었다. 이에 환웅이 잠시 사람으로 변하여 웅녀와 결혼을 하고 아
들을 낳았다. 이 아이의 이름을 단군왕검檀君王儉이라 하였다.
왕검은 당고唐高 즉 요堯가 즉위한 지 50년이 지난 경인庚寅에, 평양
성에 도읍하고, 처음으로 조선이라 불렀으며, 다시 도읍을 백악산白
岳山 아사달阿斯達에 옮겼다. 그곳을 궁홀산弓忽山, 또는 금미달今彌達
이라고도 한다. 나라를 다스리기를 1500년간이었다. 주周의 호왕虎
王이 즉위한 기묘년己卯年(기원전 813년)에, 기자箕子를 조선에 봉하
자, 단군은 장당경藏唐京에 옮겼다가, 후에 아사달로 돌아와서 숨어,
산신이 되었다. 수명이 일천구백팔 세였다고 한다.
또한 당나라『배구전裵矩伝』에는, '(생략) 주周가 기자箕子를 봉하여
조선으로 하고, 한漢은 3군을 나누어 설치하여, 현도玄菟 낭랑樂浪
대방帶方이라 칭하였다' 라고 되어 있다."

이상이 『삼국유사』에 실린 단군 이야기이다. 잔잔한 맑은 물
결처럼 따스하고 부드럽게 우리의 영혼을 어루만져주는 느낌이
든다. 어릴 적에 듣던 동화처럼 달콤하기도 하고 건국신화임을

감안할 때 숙연함을 느끼게 한다. 단군 하나만이 등장하는 우리나라 시조이야기는 단순하고 간략하지만 고대 건국 신화의 요소는 빠짐없이 모두 들어있다. 다른 나라 신화에서처럼, 수십 명에 달하는 시조들의 생존 연령이 백 수십 세에서 5백세를 넘어 9백여 세까지 이어지는 것처럼 황당하지 않고, 북방 민족의 곰 숭상 관습과도 합치되어 자연스럽게 받아들여지는 것이 천만다행이다.

하지만 이와 같은 건국 신화를 건국 역사로 혼동하는 기술이 역사교과서에 실린다는 것은 큰 문제가 된다고 생각된다.

단군 기년紀年의 계산은 아마도 위에 적힌 기자 조선이 성립된 기원전 813년에다, 위 단군의 통치 연한 1500여 년을 합산하여 기원전 2300여 년이 된 모양이다. 또한 중국의 요堯임금 25년이 기원전 2333년에 해당되어, 단기 원년과 일치한다고 『한국사연표』에 적혀 있다. 그리고 위 단군이야기 원문 모두冒頭에 고高(요堯)와 동일 시대라고 적혀있는 사실과도 합치한다.

그렇지만 단기檀紀는 신화의 기년이 될망정 역사 기년이 될 논리는 성립되지 않는다. 기준이 된 요 시대堯時代라는 것 자체가 『중국역사서』에서는 신화시대로 처리하고 있기 때문이다.

그런데 교과서 일부에는 엄연한 역사의 기술 내용에 단기가 사용되고 있다. 적어도 교과서만큼은, 비역사적이거나 미심쩍은 내용은, 추호도 용납되어서는 안 될 것이다. 단도직입으로 위

교과서 기술에는 의문이 가는 사항이 있다.

기원전 2333년 단군의 고조선 건국 연대와 그 시대 배경으로 「청동기 시대의 문화」를 지칭한 점이다.

이는 4000여 년 전, 한반도에서, 한창 진행 중이던 신석기시대에, 청동기 시대가 성립되었다는 것을 의미한다. 앞서의 교과서 27쪽 「고조선과 청동기 문화」에는 좀 더 구체적으로 기술되고 있다.

"(생략) 기원전 2000년경에서 기원전 1500년경에, 한반도 청동기 시대가 본격화 된다. (생략) 청동기 시대에는 생산 경제가 그전보다 발달하고, 청동기 제작과 관련된 전문 장인이 출현하였으며, (생략) 청동기 시대의 유적은 중국의 요령성, 길림성 등 만주 지역과 한반도에 걸쳐 널리 분포되어 있다. (생략) 유물로는 비파형 동검, 거친 무늬 거울 등의 청동기가 있다. (생략)"

일반적으로 서양사에서는 청동기 문화가 B.C.4000~B.C.3000년경에 서아시아 메소포타미아Mesopotamia(현 이라크) 남부에서 발생하여, 주변 국가로 번져나간 것으로 되어 있다.

하지만 우리나라를 비롯한 동양 삼국의 고대 상황은 이와는 사뭇 다르다. 앞에서, 「청동기문화의 고찰」「한국 역사교과서이야기」「역사학자들의 한계」 등에서 기술한 것처럼, 국가 성립이 조선보다 앞섰던 중국에서조차 청동기 문화는 은허殷墟 유적이나 양자강 이리두二里頭 출토품으로 미루어, B.C.14~B.C.16세기를 상한선으로 더 거슬러 올라가지 않는다. 은허와 이리두 유적 발굴 이후 수십 년간, 중국에서는 수많은 새 유적지 발굴이 진척되었지만 이들 출토품보다 연대가 더 앞선 청동기는 발견되지 않았다는 것이다.

한반도는 지리적 여건상 중국이나 서西중앙아시아로부터의 청동기 유입이, 여러 상황을 고려하면, 기원전 10세기 이전일 수는 없다고 추정된다. 기원전 7세기경 청동기 문화를 동반한 스키타이 기마민족의 동진으로 본격적인 청동기 시대가 열렸다는 학설까지 거론되고 있는 작금이다.

분명한 것은 '반만년 역사' 식의 막연한 추상적 어구에 대한 습관화된 관용어慣用語 의존 굴레에서 이제 벗어날 때가 다가온 것이다. 우리는 미련 없이 미래지향적인 발걸음을 앞으로 내디뎌야 할 것이다.

후편

한일 역사인식 고찰

반만 년 역사 자랑

일제 강점기와 세계최빈국 수준에 머물렀던 시대에 「반만 년 역사」만큼 우리 민족의 자긍심을 드높여준 어구도 없을 것이다. 그 공적은 크고 장구하였다함에 이제 와서 이의를 달 사람은 소수 수정주의자뿐일 것이다. 다소 성급한 감이 없지 않지만, 현시점에서 필자는 이 어구의 명예로운 퇴진을 종용하는 바이다.

그 이유는 대수로운 것이 아니다. 아무리 위대한 조상을 가졌다 하더라도 자꾸 되뇌면 식상하듯이, 이 말도 약효가 떨어질 때가 된 것 같다. 아니 그보다도 우리에게는 이제 자랑거리가 너무 많이 생겼기 때문이라고 실토하는 것이 좋겠다.

솔직히 말해서, 단군신화보다 더 오랜 역사를 가진 고대 문명국가인 이집트나 이라크와 인도 등을 타산지석으로 삼으려는 저의에서다. 역사 유적의 규모나 위대함에 비하여, 그들 나라의 현실은 크게 미흡하다 보니, 자연 그 위대한 유적에 대한 세계인의 평가와 관심은 한낱 경이로운 관광 대상물로서 만으로 쏠리고 있을 뿐이다. 현재의 그들 국가에 대한 찬탄으로 이어지지는 않는 것이다. 오히려 조상에 비해 많이 뒤처져 있는 국가 위상 때문에 세계인의 이목은, 기껏 관광 수입에 경제를 의존하는 현실에 대한 비하나 연민으로 기울고 있다는 느낌이다.

한강의 기적을 일군 오늘날의 한국은 이와는 전혀 다르다. 우리에겐 오랜 역사 이야기 말고도 다른 나라 사람들이 더 절실히 듣고 싶어 하는 우리의 세계 최단 시일, 최고도 경제·정치 발전사가 있지 않은가.

구태여 역사 자랑을 고집한다면, 문文은 세종대왕의 치적과 한글, 무武는 이순신 장군과 거북선, 그리고 역사 유적으론 조선왕조 궁궐과 경주 일원의 노천 박물관 등 정도면 충족되는 것으로 사료된다.

현재 우리에게 전해 내려오는 유무형의 역사 유물이, 기나긴 역사적 명성에 걸맞게 양적으로 풍성하지 못한 것은 부인할 수 없는 현실이다. 주요 원인은 두 가지로 요약할 수 있을 것 같다. 하나는 무형 문화재의 보존 문제이고 또 하나는 유형 문화재의 주요 소재素材의 비영구성非永久性을 들 수 있다. 빈번한 외세의 침략으로, 소실消失·수탈이 끊임없었고, 구축물의 소재가 주로 목재였기에 전란과 화재로부터 방비가 어려웠으며, 특히 자연

부식을 방지하는 방법이 없었기 때문이다.

불국사와 석굴암 같은 건축·석재 유물과 왕릉·능묘의 찬란한 출토품으로 유추할 수 있듯이, 우리 조상들은 세계 최고 수준의 석재 가공 기술과, 제반 금속기·도자기 등 고난도의 예술성을 구현할 수 있는 자질과 능력을 지니고 있었다. 하지만 그 소재가 화강암이라는, 가공이 극히 힘든 암석이었기 때문에 생산량이 제한적일 수밖에 도리가 없었다. 또한 기단을 제외한 건축물의 대부분이 목재 위주였기에 영구 보전이 불가능하였던 것이다.

앞서의 고대 문명국의 화려 장대한 유물보다도 더 귀중한 무형문화재를 우리민족이 조상으로부터 물려받은 사실을 가슴에 안고 있는 한국인이 몇 명이나 될까.

그 하나는 단연코 한글이다. 한글의 여러 장점 중에서, 효율성 하나만 가지고도 지구상의 다른 어떠한 문자보다도 압도적으로 우위에 있는 것이 분명하다.

예컨대 한국이 IT 강국인 것은 우연이 아니다. PC나 핸드폰은 한글 자·모음 키KEY 24개로 모든 문서 작성과 넓은 범위의 표음表音이 가능하다. 문자 메시지 교환 속도는 타의 추종을 불허한다. IT의 생명은 정보 교환 속도다. 수천만 대의 개개의 기구가 한글을 매체로 얻는 시간 절약을 금전으로 환산한다면 천문학적 액수에 달할 것이 확실하다.

이러한 이점利點은 인류의 문명이 지속되는 한 영구적인 것이다. 경쟁 관계인 일본어와 중국어 사용자와 대비하면 그 엄청난 차이를 실감할 수 있을 것이다. 일본글은 내용에 따라 가다가나·히라가나·한자 세 종류의 문자로 표기한다. 일본 고유의 어휘는 히라가나로, 외래어는 가다가나로, 한자 형성어形成語는 당연히 한자를 사용한다. 사용 빈도는 각기 대략 3등분으로 나누어진다. 가다가나 50음자와 히라가나 50음자, 그리고 3,000자 내외의 상용한자 세 종류의 글자를 서로 전환을 해가면서 문서 작성을 해야 한다. 하물며 수천, 수만의 제각기 다른 한자를 복잡한 변환이나 조합 과정을 거쳐야 되는 중국어는 더 말할 나위가 없을 것이다. 이에 비해 한글 전용의 우리글은 외래어와 한자의 변환 빈도가 거의 감지되지 않을 정도로 드물어 편이성便易性에서 그들 나라 문자하고는 비교할 수 없을 정도로 빠르고 편리한 이점이 있는 것이다.

우리가 조상으로부터 물려받은 무형의 유산 중에서 둘째라면 서러워할 것이 또 하나 있다. 단도직입으로 그것은 바로 단일 민족, 단일 언어이다.

근래 세계화(Globalization)가 유행어처럼 번져, 너도나도 뒤질세라 영어 교육 붐이 일어, 미국 유학생만도 조기 영어 연수생을 포함해 20만 명을 넘어 섰다는 보도가 있었다. 다른 한편으론 외국인 장기 체류자(주로 산업 노동자)가 영어 원어민을 필두로 130만 명을 훨씬 넘어섰다는 말도 들린다. 심지어 결혼 상대자도 10명 중 한 명이 외국인이고, 특히 농촌에선 10명 중 4~5명이 다른 나라 사람이라는 것이다.

한국인의 전반적인 의식 구조도 많이 달라진 것 같다. 최근의 한 여론 조사에서 「한국은 이미 단일 민족 국가가 아니고 다민족, 다문화 국가」라고 한 응답자가 70%대였다는 보도에 적잖이 놀랬다.

가만히 생각해 보면 이것이 현실이고, 이러한 상황이 어딘가 잘못되었다는 판단이나 논리가 서는 것도 아니다. 식량 자급이 되지 않고 천연 자원이 빈약해, 수출입 의존 경제 구조에서 벗어날 수 없는 우리나라 입장에선 세계화가 필요 불가결하다는 것은 앞으로도 매일반일 것이다.

하지만 인적, 물적 교류가 빈번하다고 반드시 다문화, 다민족 국가로 발 빠르게 변천해 가리라는 인식은 성급한 억측인 것 같다. 혹 그렇게 되더라도 그것을 인위적으로 막거나 기피할 명분도 없거니와, 그것이 그렇게 진행될 과학적(통계예측)이나 물리적인 근거가 아직은 보이지 않는다.

전 인구의 2.5% 내외의 장기 체류 외국인 130만여 명을 가리켜 다민족 국가 운운하는 것도 합당치 않은 표현일 뿐 아니라, 내용을 분석하면 과민 반응이라는 것이 확연하다. 과반수인 60만 명은 중국 국적의 조선족으로 엄연한 우리 민족이다. 나머지 태반도 비록 밀입국자가 다수일지라도, 돈만 벌면 제 나라로 돌아갈 사람들이다. 농촌 신부의 40~50%가 국제결혼이라고 하지만, 농촌의 총 인구가 전인구의 5% 미만인 현실에서 결혼 적령기 농촌 청년 인구는 1%에도 못 미친다. 설사 그 반이 국제결혼이라 하여도, 다민족 국가 형성 훨씬 이전에 우리의 단일민족으로 녹아들어가 버려 그들의 피는 흔적도 비치지 않게 될 것이다.

우리의 오랜 피被침략사와 우리 민족 형성 과정을 되돌아보자. 한반도에 최초의 원주민 집단의 형성 이후, 인구 증식이 꾸준한 자연 증식만으로 이루어졌다고는 생각할 수 없다. 자연 증식보다는 북방 여러 민족의 끊임없는 유입이, 기존 쇠 도가니에 추가로 넣은 쇠붙이가 녹아 들어가듯이 점진적으로 기존의 한국 원주민 속에 녹아 들어간 것이다. 그리하여 지금과 같은 단일민족으로 형성되어가면서 증식 과정이 지속되어 나온 것이 아니겠는가.

흔히 추측하기를, 우리민족 형성에는 이웃의 거대 강국 중국의 영향이 컸을 것이라는 것이다. 두 민족 간의 혼혈이 잦았을 것이고, 언어도 한문을 공유하는 것으로 미루어 서로 가까울 것 같은 짐작이 간다. 하지만 예상과는 달리, 우리의 DNA는 중국인보다도 몽골족이나 일본인과 거의 같고. 언어도 중국과 베트남을 어우른 중국어족中國語族에 속하지 않고, 유목 민족 언어인 알타이 어족에 들어 있는 것이다.

여기서 떠오르는 것이 만리장성이다. 중국 민족과 북방 민족

간의 꾸준한 자연 발생적인 왕래를 긴 역사 기간에 걸쳐 만리장성이 인위적으로 막아 온 것이다. 이것이 우리 민족의 DNA에 중국 민족의 흔적이 남을 정도의 대량 혼혈을 방지해준 것이다. 간혹 침략으로 인한 소규모의 혼혈이 일시적으로 있었다하더라도 근원적 영향은 끼치지 못한 것이다.

역사 시대만 살피더라도, 한사군漢四郡, 위만조선 등의 중국인 집단 유입이 있었지만 그 흔적은 드러나게 남은 것이 없다. 그 후로도 당나라와 원나라의 침공과 왜구의 침입까지 외세의 침범은 끊이지 않았지만 그 어떤 그림자도 지금 우리에게 남아 있지 않아, 흔적이 식별될 수 있는 것은 없다.

이는 한마디로 우리 조상들의 슬기로운 대처 방안 덕이다. 때로는 힘으로, 때로는 학식으로 그리고 때로는 굴욕을 감내하면서도 이 나라 이 민족을 지켜낸 것이다. 어떠한 대가를 치르더라도 부녀자의 대량 겁탈을 침공자들로부터 막아낸 거였다. 그리고 조상의 사직을 지켜내기 위하여 치욕적인 수모도 겪어낼 수 있었던 것이다. 만일 호기를 부려 강대국에 힘으로 맞서기만을 고집하였더라면, 아마도 십중팔구, 유구遺構만을 남기고 지상에서 사라져버린 서아시아의 수많은 국가들의 흥망성쇠의 전철을 우리 민족도 뒤따랐을지 모른다.

그렇다. 조상들의 현명한 처신으로, 우리는 세계에 유례가 없는 순수한 단일 민족 국가로, 독특한 정체성과 고유문화를 지닌 채 살아남아 오늘의 자랑스러운 모습으로 존재하고 있는 것이다.

단일 민족 국가인 우리나라의 장점은 무엇일까. 몇 가지만 열거해보자.

1. 우선 다민족 국가들이 어김없이 직면하는 민족·종족 간 분쟁으로부터 자유로울 수 있다. 종교의 자유를 맘껏 누리면서도, 우리나라에선 유교·불교·예수교 심지어 마호메트교까지도 충돌 없이 잘 지내고 있다. 종족 별로 종교가 다를 경우와는 큰 차이가 있는 것이다.

2. 유사시에 힘의 응집이 용이하다. IMF와 최근의 금융 위기 극복이 좋은 예일 것이다. 다민족 국가에서는 비상시에 전 국민의 일치단결을 기대하기가 어렵다. 종족간의 이해관계가 얽히고 설키기 때문이다. 즉 이민족간의 상치相馳되는 이해관계에서 자유로울 수 있다.

3. 고통도 즐거움도 동일한 정서로 함께 나눌 수 있다.

4. 단일 민족 고유의 풍속과 정감을 생활 속에서 이질감 없이 더불어 향유할 수 있다.

5. 특히 우리 민족 고유의 정서인, 세계적으로 유일한 '정'이라는 끈끈한 접착제로 때에 따라서 언제든지 똘똘 뭉칠 수가 있다.

이상은 어떠한 목적이나 의도가 있어서 내세운 것이 아니다. 단일민족 국가의 장점을 열거하였다고 다민족 국가보다 우월하다는 점을 부각시키려는 의도 또한 아니다. 우리나라는 아직 다민족 국가 운운하기에는 시기상조라는 전제하에 현재의 우리나라 상황을 실제대로 적은 것뿐이다. 아마도 수십 년, 수백 년 후에나 일어날지 모르는 다민족 문제를, 미리 과민 반응할 이유가 없다는 점을 지적하려는 것이다.

우리의 단일 민족 상태는 싫든 좋든 간에 앞으로도 끈질기게 먼 훗날까지 외부로부터의 어떠한 제약도 모두 흡수 동화시키며 별 문제 없이 이어져 나갈 것임을 확신하는 바이다.

진부한 역사론

일전에 한국사학계의 석학 Y교수를 사석에서 만난 적이 있다. 현 한국의 사학계에 우파와 좌파가 있다는 것은 숨겨진 사실이 아니다. 외국의 이름난 대학에서 학위를 받은 Y씨는 어느 특정한 파벌에 속한다기보다 정통적 학구파라고 여겨지는 사람이다.

필자는 평소에 품고 있던 의문 아닌 불평을 털어놓았다. 우리나라 역사상 가장 자랑스러운, 광복 후 한국의 발전상이 왜 역사책에 제대로 실려 있지 않은 것인가를 따지다시피 물어본 것이다. 좌파 학자들의 저항 때문일지도 모른다는 나이 든 사람들의 인식이 전제된 질문이었다.

Y씨는 쓴웃음을 애써 삼키면서 말문을 열었다. 자기도 문제가 있다고 생각되는 바가 있지만, 어디서 어떻게 손을 대야할지

막막하다는 것이다. 지나간 정권 차원에서, 사학계의 진보적 소장파들이 중심 세력으로 자리한 기구에서 결정된 일이라, 현재 한두 사람의 분분한 의견으로는 바위에 계란 던지기라는 것이다. 역사를 정시正視하는 일부 소장파 학자들이 있기는 하지만, 여러 사람이 뭉쳐야 하는 일인데, 이미 대중에게 회자된 내용을 몸과 시간을 바쳐 연구에 전념하기에는 내용이 너무 진부陳腐하다며 발 벗고 나서는 사람이 드문 것 같다는 의견이었다. 차후에 정권 차원의 관심사가 대두되기까지는 몇몇 학자들의 힘으로는 벅찬 문제라는 말이었다.

8·15는 우리에겐 광복기념일이지만 일본인에게는 패전기념일이다. 일본의 경우도 역사 왜곡에 대한 일반 국민의 관심은 큰 것 같다. 일본인의 불만은, 패전 후 점령군에 의해 승자의 견지에서 일방적으로 일본 측에 불리하게 강요된 역사 기록이 적지 않다는 주장이다. 참혹하게 패전한 직후에 팽배하던 반전 기류가 근래 많이 희석된 느낌이다. 일본 군부가 저지른 침략전쟁에서 대다수의 국민들이 무의미하게 당한 고통을 벌써 잊은 것인지, 수용한 것인지 어리둥절할 따름이다. 아무런 성과 없이 침략의 대가로 600만의 사상자를 낸 참극을 치른 당사자들이라고는 도저히 이해되지 않는 면이 부지기수이다.

한 예로, 집단 최면에 걸려 또는 강압에 못 이겨, 등불에 달려드는 불나방처럼, 비행기를 몰고 적의 함선에 돌진한 소위 일본

가미가제 비행사에 관한 추모글 모음집을 읽고 기겁을 한 일이
있다. 헛된 개죽음을 명령한 위정자를 원망하기는커녕, 숭고한
무사도라며 미화하는 글을 모은 것이다. 또 하나, 미국인들을
결사 항전으로 몰고 간 원동력이 되었던, 선전 포고도 없이 자행
한 진주만 기습 공격조차도 최근 미화하는 책이 출판되는 판국
이다. 일본인들이 전혀 자랑거리가 될 수 없는 역사적 사실조차
도 후세들에게 사실을 왜곡시켜서라도 긍정적으로 물려주려는
풍조에 비하면, 한국인의 역사인식은 너무나 자학적이라는 점을
지적하지 않을 수가 없다.

광복 후 60년간 한국인이 이룩한 「한강의 기적」만큼 위대한
성취는 반만년의 인류 역사상 그 유례를 찾아볼 수 없는 드문
일이다. 새삼스럽게 그 업적을 여기에 열거할 필요도 없을 것이
다. 한마디로 대한민국은 세계 최빈국에서 반세기 만에, 지금
선진국 문턱을 힘차게 넘고 있는 중이다. 불과 반세기만에 일인
당 GNI 50~60불에서 23,000여 불이 된 것이다. 물경 400배이
다. 물가상승률을 감안하더라도 실질 성장률은 40~50배가 된다.

그 과정 하나하나가 꿈같은 기적의 연속이었다. 그 길은 너무
나 멀고도 험준하였고 우여곡절이 극심했다. 넘어야하는 고난의
장벽은 겹겹으로 높았고 건너야하는 시련의 강은 천 길의 심연
처럼 깊었다. 1945년 8월 15일 일제로부터 해방된 날, 조선 반
도에는 경제 개발의 기본 요소인 중·고등 교육을 받은 인재, 자

본, 기술, 천연 자원 그 어느 것 하나 제대로 갖추어진 것이 없었다. 그 어려운 과제를 우리의 해방 세대들과 그 다음 세대들은 거의 맨주먹으로 극복해낸 것이다. 그들은 공산화를 꿈꾸는 옛 소련의 추종자들과 싸우는 한편, 자신들은 굶주리면서도 자식들을 교육시켜 인재로 육성하였고, 차관을 들여다 생산 공장을 지어 수출품을 만들었다. 만일 이러한 과정이 어긋났더라면 어떻게 되었을지 반추해보라. 공산권이 경제적으로 와해되기 직전의 그들 나라들의 상황을 우리가 모면한 것은 우연이 아님을 명심하여야 한다.

한국이란 작고 빈약한 배가 악천후 속에서 격랑을 뚫고 오직 지위 향상을 위해 대양을 건너 선진국으로 항해하려면 훌륭한 선장의 인도가 필수적이다. 다행히도 한국에는 그러한 영도자가 있었다. 이름을 거론할 필요도 없이 한 사람은 한국이 공산화되는 것을 막아주었고, 다른 한 사람은 단시일 내에 고도의 경제 개발을 이끌었다.

불행히도 그들에게는 독재라는 공통분모에다 부정 선거와 반민주적이라는 크나큰 결점도 따라다녔다. 혹자는 그들의 장점만 보려하고 혹자는 단점만 보려한다. 그래서는 안 된다. 둘 다 봐야 하고 둘 다 기록으로 역사에 상세히 남겨두어야 한다. 특히 이들이 이끌어낸 한국의 발전은 전 세계가 주목할 정도로 위대한 성취이며 비중 높은 역사적 사건이다. 앞뒤를 아무리 둘러보아도 수천 년 한국역사상 이보다 더 중대하고 위대한 성취는 없었다. 이러한 사실은 어떠한 난관이 가로막더라도, 지극히 자랑스러운 우리의 참역사로 기록하여 후대에 영원토록 넘겨주어야 한다.

역사에서 진부라는 말은 해당되지 않는다. 역사는 오직 사실이냐 아니냐가 중요시될 뿐이다. 역사 기록이 미흡하다고 밝혀졌을 때에는 가차 없이 재검토되어야 한다. 진부한 역사논자歷史論者라는 용어와 결부되어 떠오르는 말에 수정주의라는 것이 있다. 역사서의 어느 특정한 대목이 진부하니 새로운 학설로 도배를 해보겠다는 느낌이 드는 말이다. 기존의 역사 기록이 잘못되었다는 객관적으로 확연한 근거가 있어, 그것을 수정하겠다는 취지라면 바람직한 학술적 연구로 환영 받을 수도 있다. 하지만 객관적인 검증 없이, 개인의 주관적인 사고와 맞지 않는다고 제멋대로 그 어떤 신기新奇한 학술을 창출한 양 요란을 떠는, 오직 수정을 위한 수정주의자가 난무하는 것도 큰 문제라고 생각된다.

그 대표적인 사례가 일제 강점기 역사왜곡 시도라고 할 수 있다. 소위 일제하 조선 근대화론이라는 것인데, 그 내용이 황당무계한 소설과 같다.

일제강점기 근대화론 재비판

  일본이 조선 강점기 동안 이루었다는 조선 근대화라는 근거와 실체는 무엇일까. 우리와 시점視點이 다른 일본의 정치인들의 주장뿐이라면, 구태여 여기서 재론할 필요가 없을 것이다. 유감스럽게도 일본인들 주장에 못지않게, 한국의 이름난 대학 연구소에도 그와 같은 주장을 일삼는 자들이 있는 것이다. 자세한 내용은 앞서의 「일제 강점기의 역사 왜곡」에서 다루었지만, 여기서는 시점을 바꿔 일제의 억압과 방해 때문에 이들의 주장과는 정반대로 조선의 근대화가 수십 년 지연되었다는 사실을 지적하려는 것이다.

  다시 말하면 일제에 의한 근대화는커녕 도리어 일제의 침략때문에 조선의 근대화가 방해와 억압을 받아, 적어도 4반세기가 늦어졌다는 사실이다. 일제는 일본 본토의 항구적인 식량 부족을 메울 양으로 조선 식민지를 그들의 미곡 생산 기지로 고착시키는 시책을 강점기 내내 35년간 철저히 펼쳤던 것이다. 일제는 그 방책의 일환으로 근대화의 요체인 현대식 교육에 조선인의 접근을 극소수로 제한했다. 조선인의 머리에 먹물이 들어가면 반일사상이나 잉태할 터이니 땅이나 파먹고 살라는 얕은 꾀를 부린 것이다.

20세기는 전 세계가 19세기 산업 혁명의 발판을 딛고, 급격히 발전하는 과학 기술의 도입으로, 인류 문명 6000년 사상 가장 눈부시게 발전한 세기로 기록될 것이 틀림없다. 특히 초반 40~50년간은 전 세계가 과학 문명의 여명기로 경쟁국에 뒤처지지 않으려고 사력을 다해 질주하기 시작한 중요한 시기다. 1910년부터의 일제 강점기 35년간, 이 중요한 기간에 일본 침략자들이 이루었다는 조선 근대화의 실적은 실로 보잘 것 없기가 이를 데 없다.

가장 적절한 비교 대상으로, 일제로부터 해방된 광복 후 35년간의 조선 민족 자체의 힘으로 이룩한 실적과 일제강점기 35년간의 성과를 비교하면 그 엄청난 차이가 일목요연하게 드러난다.

먼저 근대화의 근간인 인재 양성을 위한 현대적 교육 실태부터 살펴보자. 1910년 한일 병합 직전의 조선에는 구한국 정부와 서구의 기독교 선교사에 의해 설립된 제반 학교의 학생 수가 중학교 1,938명, 각종 학교 83,852명이었으며, 35년 후 해방 당시인 1945년도에는 중학교 학생수가 83,514명, 각종 학교 65,745명, 전문대 4,110명에 대학교 약 400명이었다. 이상은 강점기 근대화론자들이 일제가 조선 근대화를 이루었다고 자랑하는 35년간의 중·고등 수준의 인재 양성 실태의 진상眞相이다. 총인구당 학생 수는 당시의 수준으로도 문화가 가장 미개한 나라에 속하는 것이다.

그렇다면 광복 후 한국인이 자체적으로 이룩한 35년간의 교육 실적은 어떠할까. 먼저 분명히 밝혀둘 일이 있다. 1945년 8월 15일 당시 조선 반도에는 근대화되었다는 그 어떤 실상의 편린조차 엿볼 수 없는, 1인당 국민 소득이 $50을 밑도는 세계 최빈국 상태였다. 이러한 상태는 그 후로도, 설상가상으로 6·25전쟁 3년을 치르는 등 근 20년간 가까이 이어졌던 것이다.

하지만 광복 후 35년간 아무도 예상치 못한 기적 같은 일이 대한민국에 일어났다. 광복 35년 후인 1980년도 한국의 실상은 교육을 위시해, 여러 방면에서 경이로운 발전을 달성한 것이 두드러진다. 일제강점기 35년간의 실적하고는 천양지차天壤之差가 나게 고도로 급성장한 것이다.

광복후 35년이 지난 1980년도에 한국에는 중학생만도 물경 2,471,997명, 고등학생 1,696,792명, 전문대학생 174,476명, 대학생 402,979명이 재학하고 있었으며, 그간의 졸업생 누계가 고등교육 이수자만도 수백만 명에 이르렀다. 놀랍게도 1980년도 기준 한국은 더 이상 세계 최빈국은커녕 개발도상국가에서 졸업한 지가 한참 전이었고, 어느새 중진국을 넘어 한강의 기적을 실현한 것이다.

그 후로도 고도 경제성장은 이어져 2012년에 이르러서는 선진국 문턱을 넘고 한국은 세계 최상위 교육 국가로 평가받고 있으며, IT·전자·자동차·조선·철강·화학 등 최첨단 산업 국가들 명단 윗줄에 위치하고 있는 것이 우연이 아님이 자명하다. 국가 간의 빈부의 잣대로 이용되고 있는 1인당 국민 총소득(GNI)의 변천을 살펴보면 더욱 엄청난 발전 속도를 실감할 수 있다. 일제강점기 말인 1945년도 $50에서, 1960년도 $70, 1970년도 $249, 1980년도 $1,598로, 광복후 35년간에 30여 배가 증가한 것이다. 미국의 물가 상승률을 감안하더라도 실질 소득의 성장이 최소 10여 배에 달하는 것이다. 참고로 이러한 한국의 경제성장은 그 후로도 더욱 가속도가 붙어, 2000년도에 $9,770로 근 1만 불을 바라보더니, 2011년도에는 $23,000에 달해 한국의 성장세는 계속되어 조만간 선진국 시대로의 진입을 예견하고 있다.

1945년 8월 15일 광복 직전 일제하 35년간의 최종 성과가 1인 당 GNP 달랑 $50로, 세계 최빈국 상태에 머물러 있었음을 상기해 보자. 이제 와서 일제하의 그 치졸한 치적을 두고 조선반도 강점기 근대화론을 들먹이는 자들의 작태가 한심스러울 따름이다.

이는 한국인의 잠재 능력이 출중함을 확연히 입증하는 것이라 할 수 있다. 일제의 침략과 뒤따른 학정은 조선 민족의 자체적인 발전 잠재력을 막고 억압과 수탈로 일관되었다는 사실을 입증하고도 남을 확증이라 하겠다. 강점기 35년간은 극소수의 일본인 통치 세력과 그 앞잡이 위주의 제한된 발전이었다. 해방 직후 35년간의 한국인 자체에 의한 전반적 발전에 비해 상대적으로 강점기에는 발전이 거의 멈춘 상태나 진배없이 빈약하기 그지없음을 알 수 있다.

이렇게 보잘 것 없는 일제에 의한 다소의 근대화 흔적痕迹을 빗대서, 도리어 강점기 근대화론으로 비약시켜 내세우는 몰지각한 자들이 있다니 개탄으로 그칠 것이 아니라 묵과해서는 도저히 안 될 일이다. 이자들은 일제가 한국인의 자력 개발 능력을 억누르고 방해하였던 사실을 덮어 버리고, 강점기 예찬론을 부당하게 읊고 있는 것이나 다름없다.

가령 옛날 어느 무법천지에서 소를 훔치는 떼도둑들이 평화로운 한 농촌을 덮쳐 수년간 연방 훔친 소떼를 방목하여 키우는 한편, 빚에 쪼들리게 된 농민들에게 고리채를 줘 농토를 뺏듯이 반값에 사들였다고 하자. 도둑들은 염가로 매집한 농토 대부분을 소작에 부쳐 50% 이상의 소작료 수탈을 일삼았다. 그러던 어느 날 갑자기 정의군의 소탕 작전이 임박해지며 도둑들은 황급히 소떼를 몰고 멀리 사라져버린다. 도둑이 떠난 동네는 그간 떼도둑에 착취당한 후유증으로 피폐된 농토와 가난만이 남은 상태였다. 주민들은 농토를 다시 찾은 기쁨도 잠시, 허리띠를 졸라매고 모든 농사일을 다시 시작하여야 했다. 그런데 동내에는 도둑떼가 두고 간 유산이 좋든 나쁘든 간에 몇 가지 남아있었다. 실질 55% 소작료 수탈로 인한 세계 최빈곤 외에, 다소의 부산물이 남아 있었던 것이다. 방목하던 들판에는 소똥이 깔렸고, 소떼가 다니던 길도 생겼고, 강제 동원된 농민들에 의해 작은 저수지도 만들어졌다. 또한 도둑들이 살던 건물과 탈곡기가 설치된 방앗간도 있었다.

농민들은 떼도둑에게 두 번 다시 당하는 일이 없도록 정신을 바짝 차리고 똘똘 뭉쳤다. 그 후 수십 년간, 자식들을 교육시켜 내외국 산업 현장으로 보냈으며, 들판을 개간하여 농지를 넓히고 작물을 도시에 내다 팔아 부유한 부락으로 탈바꿈하였다. 뿐만 아니라 초가집은 전부 기와집으로 바뀌었으며, 정의군의 보호와 자체 방비로 떼도둑이 인근에 얼씬도 못하게 하였다.

이 일을 두고 한 소도둑 후예가 나타나 말하기를 "미곡 값으로 받은 돈으로 만주滿洲에서 잡곡을 들여와 배고픔을 면해주었고, 그 덕에 동네가 윤택해졌다. 그 밖에도 내 선조들(떼도둑)이 살던 큰집이 남았으며, 소똥은 좋은 비료가 되어 농토가 개량(근대화)되었다. 또한 선조들이 다니느라 길도 생겼으니 도로 사정(인프라)도 크게 좋아졌다. 마을이 이처럼 잘 살게 된 것은 그들에 의해 부락이 근대화되었기 때문이다." 우리가 흔히 듣는 강점기 근대화론자들의 헛소리를 『이솝의 우화』식으로 빗대어 각색한 내용이다. 강점기에 조선이 근대화되었다는 주장은 한마디로 조선 인구의 대다수가 근대적인 생활을 누리게 되었다는 이야기가 된다. 그렇다면 일제가 조선에서 손을 떼던 날 기준으로, 일본인 거주자 70만 명을 비롯한 통치 세력과 추종자 등 180여만 명을 제외한 나머지 90% 이상을 차지하는 조선인 피수탈자들의 실상은 어떠하였을까. 강점기 조선 총인구 2천4백만 명 중 9할 이상이 가난한 농민과 노동자들이고, 1할도 안되는 일본 통치 세력과 추종자들, 소수의 지주들에게 조선의 부富 90%가 쏠렸다는 사실은 당시의 경제 통계가 여실히 밝혀주고 있다. 특히 전체 인구 중 8할을 웃도는 농민의 유일한 소득원인 미곡 생산량의 절반 정도가 해마다 일본인에 의해 수탈되었다. 반은 소작료 명분으로 전혀 대가 없이, 다른 반은 공출 등 미곡통제령 하에 반값공정가公正價로 강제수매를 당한 것이다.

이렇게 혹독한 수탈 결과 조선 총인구의 8할을 차지하는 농촌의 피폐는 극에 달해, 1914년도 소작호수小作戶數 91만여 호가 1940년도에는 전체 경지 면적의 큰 변동 없이 170여만 호로 늘어난 반면, 같은 기간에 자작을 겸하는 소작 농가는 108만여 호에서 71만 호로 줄어들어 그만큼 빈곤도 심화가 현저해졌음을 말해준다.

　단적으로 일제 시정 2년 후인 1912년도 조선의 1인당 미곡 소비고消費高 0.7724석이 1935년도에는 0.3837석으로 줄어든 것이, 조선인 전체의 빈곤화가 심화 일로였음을 확연히 말해주고 있다. 이렇게 전 조선인이 곤궁의 늪에 빠져, 주곡인 미곡 소비량조차도 강점기 23년간에 거의 반으로 줄어들어 국민 태반이 영양실조에 걸려 있는 사회를 가리켜, 어떻게 근대화 운운할 수가 있겠는가. 식생활도 해결하지 못해 조선인 대다수가 생존 자체를 위협 받게 된 것으로 미루어, 일제 강점기는 자연 혜택에만 의존하는 평범한 여느 밀림 오지 국가에도 생활 형편이 뒤졌던 것이 분명하다. 그런데 전 인구의 9할 이상이 세계적인 최빈곤층으로 전락된 조선을 두고 일제강점기 근대화 주장을 어디에 빗대어 하는 말인지 모르겠다. 2005년에 발표된 한·일 역사 공동 연구 결과에 의하면, 일본 측은 〈일제가 조선에 구축한 근대적 측면이라고 내세우는, 서울역·시청 등의 공공건물과, 대규모 백화점·신여성 등의 출현을 일본의 식민정책으로 이룩한 공적〉이라고 했다. 하지만 재삼 거듭 반박하건데 이는 통치의 수단과 방편으로 구축되었던 것이며, 주로 70여만 명의 일본인 통치 세력과 소수의 일제 앞잡이들을 위한 시설에 불과하였다. 피식민지 이반인들의 이용률은 100명 중 3명도 채 안 되어, 그들의 복리하고는 추호도 연관된 시설이 아니었던 것이다.

중요한 것은 근대화의 기준이 단순히 근대적인 시설물 몇 점과 몇몇 신여성의 출현에 달려 있는 것이 아니라는 사실이다. 일본에서 발간된 일본어사전『고지엔広辞苑』에는「근대화」란에 "근대적 상태로 이행하는 것, 산업화·자본주의화·합리화·민주화 등 보는 측면에 따라 다양한 관점이 있다"라고 나와 있다. 적어도 열거된 측면 중 전반적으로 반의반이라도 실현이 되어야 근대화 운운할 수 있을 터인데, 실상은 위 근대화 요건 중 강점기 35년간 단 10%도 이루어진 것이 없다. 일제강점기 조선 근대화론이란 골수 제국주의자들의 자아 도취된 한낱 환상적인 잠꼬대에 불과한 것이다.

독도의 추상追想

　독도하면 연상되는 것이 있다. 일본인의 아픔이다. 독도를 일본 땅이라고 생떼를 쓰는 자들이 겪는 마음의 아픔 말이다. 한국이 그들에게 전 국토를 강탈당한 경험으로 유추하건데, 비록 두 덩어리의 바위섬이지만 땅을 뺏겼다고 마음먹는 일본인들은 가슴까지는 아니더라도 배 정도는 심히 아플 것이다. 이웃사촌이 땅을 사기만하여도 배가 아프다는데, 멀쩡한 남의 땅을 놓고 마치 자기 땅을 뺏긴 것처럼 착각들을 하고 있으니 잠이 올 성싶지 않다.

　독도의 수백만 배가 넘는 조선 땅을 송두리째 집어 삼키고 35년간 단 즙을 빨아 마신 일본인이, 패전이라는 철퇴를 얻어맞고 주춤한 듯싶더니, 난데없이 울릉군에 속한 작은 바위 섬 두 개로 된 한국 고유의 국토를 일본의 한 지방 자치 단체에 지나지 않은 시마네 현島根縣 소속이라고 생떼를 부리고 있다.

일본이 현재 영유권을 주장하고 있는 것은 북방 4도와 센카쿠제도尖角諸島, 그리고 저희들이 제멋대로 죽도竹島라고 이름 붙인 우리의 독도다. 국후國後·택착擇捉·치무齒舞·색단色丹 등 북방 4도는 제2차 세계대전말까지 일본 영토였으며, 일본인 2만 명 내외가 거주하고 있던 일본 고유의 영토인데, 2차 대전 말기에 소련(현 러시아)이 군사적으로 점령하여, 일본인들을 본토로 몰아내고 현재 러시아의 군사·어로 기지로 이용되고 있다. 일본정부는 위 4개 섬의 반환을 요구하고 있지만 러시아는 마이동풍으로 막무가내다. 면적만도 독도의 수만 배에 이르며, 섬에 딸린 어장 등 경제적 이권도 막대하다. 일본은 이 밖에도 센카쿠제도를 놓고 중국과도 분쟁 중이다.

하지만 암초에 불과한 독도하고는 비교가 안 될 크기의, 그것도 과거에 영유하였던 사실이 명백한 북방 4도에 대한 반환을 요구하는 목소리는 잘 들리지 않는데, 그 이유가 아리송하다. 중국과의 센카쿠제도에 대한 분쟁도 분명 중국 측이 걸어온 공세였는데, 일본은 슬그머니 꼬리를 내리고 말았다.

그런데 러시아·일본 간의 분쟁 대상인 북방4도의 면적 5,036 평방km의 2만분의 일도 안 되고, 영유권을 주장할 국제적으로 통용되는 근거가 전혀 없는, 유독 독도에 대해선 시도 때도 없이 일본의 여러 매스컴이 동원되어 망언을 퍼붓는다. 그것도 일제가 35년간 진을 갉아먹은 한국에 대해서만 그렇다. 그러고는, 북을 치고 꽹과리를 때려대며, 역사교과서에까지 실어 일본 국민의 궐기를 촉구하고 있다. 정작 러시아는 너무 무섭고, 중국은 이제 만만한 상대가 아니라서 그런 게 아닐까싶은데 필자의 억측이길 바란다.

뚜렷한 것은 일본인들도 이제 맛보고 겪어 봐서, 이유 없이 자국 땅의 일부나마 뺏긴다는 것이 몸과 마음이 얼마나 아픈 것인가를 뼈저리게 느꼈을 것이다. 35년간 조선 민족은 전 국토와 인권·언론자유·노동력·민족정체성·고유 언어와 그밖에 값을 매길 수 없이 중보한 문화재 등을 일제에게 수탈당했다. 그 상처가 얼마나 심각하였나를, 이성이 없는 축생畜生이 아니라면, 이제라도 깊이 음미해볼 일이다.

조선 민족은 본성이 너그러운 사람들이다. 이제는 과거사를 접고 일본인과 이웃으로 가깝게 지낼 준비가 되어 있다. 차후로는 제발 우리를 생으로 자극하는 일은 그만 두었으면 좋겠다.

하지만 현실은 다르다. 도대체 일본인의 본심은 무엇일까. 사고思考의 균형을 잡을 수가 없는 것일까. 아니면 동북아 3강으로 떠오른 대한민국이 아직도 만만하게 보이는 것일까.

최근 일본의 속내를 노골적으로 펼쳐 보인 잡지 기사가 있다. 일본의 격주지, 『SAPIO』 2011년 10월 5일판에 게재된 기사 내용은 점입가경이라 할까. 다음과 같이 어림없는 수작을 또다시 부리고 있다.

전면을 거의 다 차지한 「영토위기領土危機〈일본의 반격〉」이라는 표제부터 매우 도전적이다. 부제副題는 〈센카쿠尖閣, 죽도竹島(독도), 북방 4도〉로 되어 있지만 기사 양은 독도에 관한 것이 노골적인 직설로 12쪽에 달하고, 북방 4도에 대해선 일반론만 단 3쪽이다. 그 3쪽 조차도 일본의 전 수상 나카소네 야스히로中曾根康弘의 재임 중 러시아 관계 회고담과 이에 곁들인 해설 기사 몇 줄뿐이다.

해설 기사 중에는 그간의 경위가 실토되어 있다. 이미 잘 알려진 일이지만, 소련 연방이 무너지고 러시아가 재정적으로 곤란에 처해 있을 때, 러시아와 일본이 이면에서 북방 4도를 담보로 막대한 돈 거래를 시도한 것을 시사하는 내용이다. 러시아는 자국민의 반발을 우려해 4개 섬 중 2개의 섬만 양도하겠다하고, 일본은 4개를 몽땅 대상으로 하자는 것이었다. 기사 내용은 다음과 같다.

"1993년에 호소가와細川護熙 수상과 옐친 대통령 간에, '러시아·일본 사이의 영토문제는 북방4도의 귀속에 관하는 문제'라는 것으로 정립하고, 해결을 위한 교섭 지침을 나타내는 동경 선언이 서명되었던 것인데, 그 대가에 대해선 이면 계약이야 어찌 되었던 간에 공표 될 순 없었다.

그런데 2000년에 블라디미르 푸틴이 대통령에 취임하고 나서, 러시아는 일시에 에너지 자원 강국으로 변신해 외화가 쌓이게 되었다. 그 후 러시아는 위상을 당당히 바꿔 북방 4도 문제에 대해 태도를 강경 자세로 일변해 버린 것이다.

2008년에는 드미트리 메드베데프 대통령이 탄생하며, 4개 섬 중 돌려주기로 하였던 치무齒舞와 색단色丹 두개 섬의 반환조차도 인정하지 않게 되었다. 그리고 2010년 11월에는 러시아 대통령으로써 처음으로 북해도 코앞에 있는 국후도國後島를 방문하는 등 '러시아는 불법 점령(?)의 기정사실화'를 더욱 강화시키고 있다."

이는 북방 4도에 관한 현 상황 해설 기사이지, 러시아에 대한 반격이라고는 여겨지지 않는다. 도리어 체념 또는 순응에 가깝다 하겠다.

이상과 같이 『SAPIO』는 표제만 요란하게 「영토 위기 일본의 반격」일뿐, 실지로 북방 4도와 같이 크나큰 땅덩어리에 대한 영유권 분쟁에는 반격은커녕 반환 요구도 제대로 못하고 있는 실정이다. 무엇이 두려운지 영유권을 주장하겠다는 낌새도 없다.

또한, 일본이 실효 지배 중이라는 센카쿠제도에 대해선 '혹 있을지도 모를 중국의 군사적 위협에 대응하기 위하여, 미국과 공동 군사 훈련을 행하여, 일본의 자위대를 상륙시켜 계속 주둔케 해, 섬을 요새화하여 영구적으로 실효 지배하자'는 저널리스트 오가와小川和久의 어린애 동화 같은 발상이며 제언이다. 일본의 단독 힘으로는 자신이 없으니 미국의 군사력에 의지해 보자는 아이디어인 것이다. (필자 주: 이러한 수작은 미국이 일본의 꼭두각시가 되고, 중국이 허수아비가 되어준다면 가능할 것이다.)

그렇다면 비록 2개의 큰 암초 섬에 불과하지만 수백 년 이래 한국의 확고한 고유 영토이며, 1952년부터 한국이 실효 지배實效支配하고 있다고 일본이 간주하고 있는 독도에 대해선 12쪽이 할애된 『SAPIO』에 무슨 말을 썼을까.

결국 '영토 위기 일본의 반격'이라는 것은, 북방 4도 문제는 선반 위에 올려놓고, 그것의 2만분의 일도 안 되는 한국의 독도에 집중되어 있는 것이다. 초대超大 군사 대국에겐 엄두도 못 내면서 유독 한국에 대해서만 나팔을 불어 대고 있는 것이다.

일본은 노일 전쟁 승전의 배상으로 제정 러시아로부터 사할린樺太의 반을 할양割讓 받은 전력前歷이 있다. 태평양 전쟁 말기에 소련은 선전포고를 하는 동시에 남사할린을 침공해 일본군을 섬멸시키고 그 땅을 되찾았을 뿐더러 일본의 북방4도까지 점령했다. 그 때문에 일본은 패전의 대가로 소련에게 점유당한 북방 4도에 대한 반환 요구에 강력히 임하지 못 하고 있는 것으로 보인다. 그렇다면 조선 반도 전체를 강점하였던 대가의 수십만 분의 일도 되지 않는 독도에 대한 부당한 영유권 주장의 속내는, 결국 일본이 제국주의 침략 근성을 아직도 완전히 버리지 못 하고 있다는 이야기이다.

일본이 독도의 영유권을 주장하는 근거는, 1905년에 시마네현島根県에 편입되어 1939년 이후 오개촌五箇村의 일부가 되었다는 것이다. 이 주장이 일본이 내세우는 유일한 역사적 근거이다. 근거가 오죽이나 없으면, 일본 국내에서 이불을 뒤집어쓰고 독백하는 소리라면 몰라도, 어떻게 국제법 운운할 수 있는지 기가 막힌다. 날도적처럼 그냥 내놓아라하는 말과 진배없는 소리다.

독도는 동해바다 한가운데, 울릉도가 가장 가까운 곳에 위치하고 있는 정상적인 삶을 영위하기가 어려운 두 개의 작은 바위섬이다. 일본의 시마네 현하고는 울릉도와 비교해 두 배 넘게 떨어져 있다. 그 옛날 일본 영해 안에 산재한 무인 바위섬도 소유가 불분명하였던 시대에 어떻게 일본 땅에서 150km나 떨어져 있는, 공해 한가운데에 있는 쥐뿔만한 두 바위섬의 소유권을 일본의 일개 마을이 어찌 갖고 있었다는 말인가. 그것을 누가 언제 무슨 권리로 인정하였다는 소리인가.

앞서의 『일본서기』「신공황후기」에서 드러났듯이, 일본인들은 중요한 역사조차도 필요하다면 무슨 거짓 내용일지라도 다반사로 만들어내는 속성을 지니고 있다. 더구나 조선을 비롯해 동북아시아 대륙을 강점하고 있었던 20세기 초반에 일본의 일개 지방 행정기관인 시마네 현에 제멋대로 편입시켰다는 설을 누가 어떻게 국제적 국토 점유권으로 인정해 주겠는가. 설사 편입을 시켰던들, 일제의 대륙 침략기가 한창이던 와중에 있었던 그러한 터무니없는 불법 행위가 이제 와서 무슨 타당성을 지니 겠는가. 적반하장도 유분수지 일본이 가소롭게도 국제법 운운하 며 호들갑을 떨고 있는 꼴에 일제 피침략국들의 엄중한 규탄의 목소리가 높아질 따름이다.

독도는 수백 년 전부터 엄연히 울릉도에 예속된 섬이고, 울릉 도는 강점기 때 조선총독부 치하의 경상북도에 속해 있었다. 조 선의 전국토가 일제에게 강탈되어 일본 국토로 편입된 상태였 는데, 당연히 동일한 일본 국토인 시마네 현에 편입되었다는 근 거만으로, 조선이 독립국가가 된 현시점에서 어찌하여 작은 돌 섬의 영유권만 주장하는가. 조선 전체도 당시 일본의 국토로 편 입되었기는 마찬가지인데, 조선의 전 국토 또한 독도와 함께 일 본의 고유 영토라고 영유권 주장을 해야 하는 게 아닌가. 그러면 한국도 고대 왜국이 조선의 식민지로서 조선의 국토로 편입되 었던 역사적 사실에 기반을 두어, 일본의 전 국토에 대한 영유권 주장을 맞대고 즉각 펼칠 수 있을 터인데 말이다. 허기야 1945 년 6~7월 경 일본이 항복 조건으로 일본의 생명선인 조선만큼 은 내놓을 수 없다고 버티다가 연합국에 거절당했다는 교섭 뒷 이야기를 전쟁 이면사에서 읽은 적이 있다.

일본은 분명히 고의적으로 왜곡된 거짓 주장을 하고 있는 것 이다. 죽도竹島하면 대나무 섬이라는 뜻인데, 독도는 대나무는커 녕 풀 한 포기 제대로 자랄 수 없는 순 바위로 이루어진 섬이다.

일본 영해에도 대나무가 심어진 작은 섬들이 있다. 분명 그중의 하나를, 영유권을 주장할 불순한 목적으로, 독도에 비정하고 있는 것 같다.

독도에 대해 영유권을 주장하는 왜인들의 착상 자체가 황당하기 이를 데가 없다. 영해 200해리 귀속권에 현혹된 일본 제국주의 잔재들의 암약에, 우리가 덩달아 맞대응할 가치조차 없는 일이다.

첫째, 독도는 일본의 주장처럼 그들의 말을 빌리면, 목하 대한민국의 실효 지배가 1952년 이래 60여 년간 이어지고 있어, 국제법상으로도 이미 한국의 고유 영토로서 기정사실화된 지가 오래 전이다. 일본 스스로도 센카쿠 제도에 대한 실효 지배를 주장하고 있는 주제에, 한국의 독도에 대한 실효 지배에 대해 감히 시비를 걸어올 처지가 아니다. 우리는 왜국의 어떠한 도발에도 실력으로 대처할 충분한 힘을 갖추고 있다. 그 힘을 더욱 보강하여 독도에 대한 한국 고유의 영유권을 굳건히 지켜 나갈 것이다.

둘째, 구태여 일본의 제2차 세계대전에서의 무조건 항복을 들먹이지 않더라도, 일본의 국토 영유권은 포츠담 선언문과 샌프란시스코 조약에 기반을 둔다면, 본토와 주변 제 소도서諸小島嶼로 명백히 제한되어 있다. 이 조약에서 독도가 한국 영토라고 명기되어 있지 않다고 트집을 잡는데, 당시의 국제 관례상 공해

상의 무인 암초 섬까지도 영유권을 명시하는 일은 거의 없었다. 지구상에는 수만 개의 크고 작은 암초가 있다. 그 어느 하나도 영유권이 국제 조약에서 언급·기재되는 일은 없었다. 따라서 일본 땅에서 150km 이상 떨어진 공해상의 무인 암초 섬인 독도에 대한 일본의 영유권 주장은 부당한 것이며, 전전에 일본이 점유하고 일본인이 살았던 사실이 전혀 없었기 때문에 일개 지방 자치 단체인 시마네 현의 편입 주장은 국제적 영유권 개념과 관례慣例하고는 거리가 멀다 하겠다.

그에 반하여, 조선은 일찍이 일본 에도막부 시대에, 울릉도와 기타 또 하나의 섬(독도)에 대해, 조선인이 이미 섬에 들어와 있으므로 일본인 어부들은 그 섬 인근에서 어로 행위를 하지 말도록 지시하는 일본 태정관太政官의 문서가 일본 국립 문서보관소에 소장되어 있다. 그리고 무엇보다도 전후 일본의 영토 제한 문제에서 절대적 권위가 부여된 포츠담Potsdam 선언문에 주의를 기울일 필요가 있다.

포츠담 선언에는 "일본의 주권은, 본주本州, 북해도, 규슈, 시코쿠四國와 우리(연합국)들이 결정하는 제 소도諸小島에 한정된다"는 영토 조항이 있다. 따라서 그 선언문을 수락한 이상 일본은 연합국, 특히 중추적 위치에 있는 미국의 결정에 따라야하는 의무가 있는 것이다.

근년에 와서, 미국은 '우리의 독도'에 대해, 매우 엄정하고도 정의로운 결정을 내린 바 있다. 부시대통령 정권은 샌프란시스코 조약 제정 시 한국이 참가치 못한 것을 기화로 독도 문제가 애매하게 다루어진 것을 명확히 바로 잡기로 결정을 본 것이다. 그 결과, 2008년 8월에, 부시 대통령의 한국 방문 전, 미국 정부 지명위원회美國政府地名委員會는 대통령의 지시로 한국의 요구를 받아들여, 일본이 다께시마竹島라 하던 표기를 독도獨島로 정해, 사실상 섬의 귀속을 한국의 것으로 인정한 것이다.

앞서의 『SAPIO』에 나오는 일본의 독도에 대한 반격이라는 것을 대충 제목 별로 요약하면:

1. 독도(竹島)와 울릉도에 연속으로 상륙하여 보고報告한다. (필자 주: 일본 기자가 상륙 목적을 관광으로 위장하고 불법으로 잠입하였다. 보고 내용이란 울릉도에 붙어 있다시피 한 바로 앞바다에 있는, 대나무가 무성한 한국의 죽도竹島가, 난데없이 진짜 한국령 독도라는 주장이다. 그 대신 한국령 독도를 일본령 죽도라 하는 억지 가설이다.)
2. 독도 문제로 49년 만에, 국제사법재판소 제소에 대해 드디어 외무성 '영토파領土派'의 역습이 시작되었다. 현재 국제사법재판소 소장은 일본인 오와다小和田이다. 외무성내 소위 영토파가 그의 임기 중(2012년까지)에 제소해야한다는 목소리를 높이고 있다. 재판에는 한국의 동의가 필요한데, 응할 가능성이 없지만, 한국

에다 제안하는 것만으로도 국제 사회의 관심을 높일 수 있다.
3. '소녀시대'가 '독도는 우리 땅'을 열창. 일본인이 모르는 한류스타의 또 하나의 얼굴.
4. 철모를 쓴 국회의원으로부터 반일 패션Fashion쇼까지 등장. 그래도 금년도 '독도 여름 전쟁'은 일본의 판정승. (필자 주: 일본 의원들의 독도행이 공항에서 저지당한 사건으로 인하여 국제 여론이 일본에게 유리하게 돌았다는, 꿈보다 해몽이 좋은 궤변임)
5. 일본 정부가 뒷걸음질 치는 사이에 일본의 해양 자원은 한국에 점점 더 약탈당하고 있다.

위 요약된 제목에서 짐작할 수 있듯이, 논리적이고 이성적인 반격은 찾아보기 힘들고 감정적이고 반反한국적 기사 일색이다. 그 만큼 반격할 합당한 역사적 자료가 궁핍하다는 반증임이 확연하다.

이 중에서 국제사법재판소 제소에 관한 문제를 검토해 보겠다. 영토 분쟁이 재판에 회부되는 조건은, 당사當事 국가들이 다 같이 재판을 원해야 한다. 어느 한쪽만의 신청은 받아들여지지 않는다. 예컨대, 일본이 울릉도가 일본 영토라고 제소를 원하더라도 한국이 이에 대응할 필요가 없다고 무시하면 제소 자체가 불가능하다. 울릉도에 속한 한국의 고유 영토인 독도도 같은 이유로 우리가 일본의 제소 움직임에 맞대응할 필요가 없는 것이다.

이러한 사정을 숙지하는 일본이 만일 제소 운운한다면 속내가 빤히 보이는 수작일 것이다. 마치 일본이 한국에게 부당하게 독도를 점유당한 것처럼 포장해 세계의 여론을 유리하게 이끌겠다는 망상이라면, 그렇게 되기는 어림없는 일이다. 앞서의 미국 의회 위안부결의문 채택에서 미국 의원들이 만장일치로 보여 주었듯이, 일본이 허위 광고를 내며 발버둥친 것이 오히려 역효과 밖에 얻지 못한 전례가 그것을 확실히 말해 준다. 세계의 여론은 극악무도한 침략자였던 일본의 속임수에 넘어갈 리가 만무하다.

2011년 10월 28일판 일본 산케이産經신문의 전면 모두에,

都教組「竹島,日本領と言えぬ」內部資料で政府見解否定

(도교조 「**죽도(독도), 일본령이라 할 수 없다**」 내부 자료에서 정부 견해 부정)이라는 대서大書 표제가 붙은 기사 내용은 다음과 같다.

〈필자 주: 産經신문은 일본을 대표하는 민족주의적 극우지이다. 따라서 도교조(도쿄도교직원조합)의 주장을 성토하기 위한 취지이지만, 비판에 앞서 일단은 도교조의 주장을 차감 없이 기사화한 것 같다.〉

산케이신문産經新聞기사: 도쿄도교직원조합(도교조)이 올여름 중학교 교과서 채택에 있어서, 교원용으로 각 교과서를 비교 검토한 자

료 중에서, 일본 고유의 영토인 죽도에 대하여 「일본영토라고 말할 수 있는 역사적인 근거는 없다」라며, 일본 정부의 견해를 부정하고 있었던 것이 27일 알려졌다. 공교육 현장에서 잘못된 영토인식이 가르쳐지고 있는 혐의가 있다.

이 자료는 도교조가 금년 6월에 발행한 「2012년도 판 중학교 신교과서 검토자료」 중에서 지리 분야 교과서 4개 회사 분을 검토하던 중에 나온 견해이다. 4개사의 교과서는 모두, 죽도가 일본 고유의 영토라는 것을 기술하고 있다.

그러나 자료에서는, "만일 이러한 기술처럼 「죽도는 일본 고유의 영토」 「한국이 불법으로 점거」라는 정부의 일방적인 견해를 학교에서 가르치게 된다면, 「감정적 국가주의인 내셔널리즘Nationalism」을 아이들에게 심어 주게 될 수 있다"라고 우려하고 있다.

더구나 자료는 **"죽도는 센카쿠제도나 북방 4도와는 다르게, '일본 고유의 영토' 라고 말할 수 있는 역사적 근거가 없다"** 라고 단정하고 있다.

죽도를 에워싸고, 2008년 중학 사회과의 '신 학습 지도요령 해설서' 에서, '북방 영토와 똑같이 우리나라 영토·영역에 대해 이해를 심화시키는 것이 필요하다' 고 명기하고 있어, 내년 봄부터 사용되는 전 교과서가 채택하고 있다. 또한 위의 자료에선 '일본 재생기구' 구성원들이 집필한 육붕사育鵬社의 역사·공민 교과서에 대해 '역사 왜곡, 헌법 적시憲法敵視' 라 하고 "아이들 손에 들어가지 않도록 수단을 강화하지 않으면 안된다"고 호소하고 있다.

이와 같은 자료내용에 대해 산케이産經 기사는 '도교조'가 무슨 일본 국법을 어겼다느니, 반정부적 자료라느니, 이데올로기적 주장이니 하는 등 비난 일색으로 몰아붙이면서도, 가장 중요한 내용의 진실 여부에 대한 논거는 전혀 들지 못하고 있다. 기껏 독도에 대한 해설 난에 엉뚱하게도, **"독도가 일본 에도**江戸 **시대부터 일본의 중계기지**中繼基地**로 이용**되어, 명치38년에 각의 閣議결정과 시마네 현 고시로 일본령에 편입되었다"는 기사로 날조된 조작극을 연출하고 있다.

17~19세기에 해당되는 '**에도 시대에 중계기지로 이용**' 운운에 이르러서는 더 이상의 이성적인 대응은 의미가 없는 것 같다. 소위 신문이라는 명찰을 달고 어떻게 이런 공상조차 할 수 없는 소설을 쓸 수 있는지 모르겠다. 산케이신문은 「**중계기지**」라는 용어를 제대로 이해를 못하는 것 같다.

중계기지란, A·B·C 등 두 개 이상의 지역 중간에 위치한 육지나 섬으로서, 해상인 경우 A·B·C 간의 선박을 통한 물류 등을 중계하거나, 기항하는 선박에게 식수나 식량을 공급하는 곳을 지칭하는 말이다. 그렇다면 2~3백 년 전에, 배를 댈 곳도 없고 물 한 방울 나지 않는, 여러 개의 암초에 에워싸인 자그마한 바위섬에, 그것도 일본 본토에서 가장 가까운 땅으로부터도 150km나 떨어진 외진 섬(독도)에, 누가 왜 무슨 목적으로 범선을 몰고 기항한다는 것인가. 아무도 가히 상상하지 못할 일이다.

독도라는 무인 돌섬이 일반에게 전혀 알려지지도 않았고, 인근을 항해하는 배들이 정박은커녕 암초에 걸릴까봐 일부러 근접을 회피하던 시대였다. 접근을 시도하다가 자칫 암초에라도 얹히면 어떻게 되겠는가 생각을 해보라.

적어도 국제적 문제에, 일부 일본인 저널리스트들은 어떻게 이런 어불성설語不成說인 이야기를 한도 없이 눈 하나 깜짝하지 않고 만들어내는 것일까. 전 세계의 웃음거리 밖에 안 되며, 그로 인한 역기능을 염두에 두어야 할 것이다.

분명한 것은 일본이 제아무리 발버둥 쳐도, 독도가 대한민국의 고유 영토라는 엄연한 사실은 영구불변이다. 독도 자체가 움직일 수 없는 바위 덩어리인 것처럼, 독도에 대한 한국의 영유권도 전혀 움직일 수 없다는 사실을 인정하고 잘못을 반성하지 않는 한, 일본인의 배 아픔의 고통도 멈출 날이 영영 찾아오지 않을 것이다.

일본인의 균형 깨진 사고思考 감각

　표제와는 달리 일본인 전체를 지칭하는 것은 아니다. 극히 일부만이 해당되기를 바라는 마음이 앞선다. 차라리 매스컴을 타는 정치가나 저널리스트 중의 일부라고 전제하는 것이 속이 편할 것 같다. 범위를 더 좁히면 일제강점기에 일제가 조선과 조선인에게 저지른 여러 악독한 범죄 행위에 대해 추호의 반성도 없이, 오히려 사실을 왜곡·날조하고, 총독부의 학정을 근거도 없이 미화·합리화하여 마구 쏟아내고 있는 부류를 지칭하는 것이다.

　일제강점기 때 조선인이 당한 가장 큰 수모 중의 하나가, 강제로 끌려가서 수백만 일본군에 의해 성 노예로 능욕 당한 20만 조선여인들의 일본군 위안부 사건이다. 이미 제반 증거와 피해자들 증언에 의거하여 미국의회를 비롯한 세계 여러 나라가 유죄 결의를 완결, 일본의 사과와 보상 절차만 남아 있는 상태이다. 일본인이라면 이 야만적이며 하등下等의 동물 행위나 다름없는 수치스러운 과거사를 재차 언급하는 것조차 낯 뜨거운 일이라고 여겨야 할 것 같다.

다수의 한국인 교포들의 거주 지역인, 미국 뉴저지 주 팰리세이즈파크시 공립도서관 전면에는 조선인 일본군 종군위안부를 기리는 비문이 적힌 추모비가 서있다. 2012년 6월 6일 AP통신에 의하면 2010년 10월에 뉴저지주 버건카운티가 건립한 것이며, 비문 내용은 "1930년~1945년 사이에 일본군이 강제로 동원한 조선인 일본군위안부 20만 명을 추모하고, 그 참혹한 인권 유린을 잊지 않기 위하여"라고 쓰여 있다는 것이다. 그런데 일본인들이 백악관 홈페이지에 추모비 철거를 요구하는 청원 서명운동을 시작해 현재까지 2만8천 명이 서명을 하였기 때문에 규정에 따라 백악관의 입장표명이 조만간 예상된다는 것이다.

이 보도에 앞서, 뉴욕 일본총영사 히로키 시게유키廣木重之가 얼마 전(2012년 5월 1일)에 도서관을 관할하는 현지 제임스 로툰도 시장을 찾아가서, 위안부추모비를 제거하는 조건으로 큰 금액을 기부하겠다는 황당한 제의를 하였다가 거절을 당하는 수모를 겪는 일이 벌어졌다.

일본의 히로키 총영사가 벌레라도 씹은 상으로 돌아간 다음 날 (5월 2일) 로툰도 시장은 기자회견을 열고 "위안부를 기리는 기념비는 전쟁과 인권 유린이 다시는 되풀이 되지 않기 위한 교육에 반드시 필요하다. 차후 어떠한 철거 압력이 재연되더라도 용인하지 않을 것이다"라고 굳은 표정으로 못을 박았다.

히로키는 이러한 파렴치한 추태가 TV영상으로 방영되어 세계인의 조소 대상이 되어도, 국가를 위해서라면 일본 총영사 개인의 치욕은 개의치 않는다는 후안무치의 용맹을 떨쳤다. 얼굴에 철판을 깔고 그런 요청을 하다니 그 집념에 놀라기에 앞서 저렇게 죄의식이 미진微塵만큼도 없고 선악을 구별 못하는 집단이 있다니 어안이 벙벙할 따름이다. 위안부 강제동원 같은 인륜에 반하는 범죄를 예사로 저지른 조상의 피를 히로키 총영사가 과연 왜인답게 이어받은 거라는데 생각이 미친다. 집단을 위해서라는 신념일지 모르지만, 오히려 잘못을 깨닫지 못하는 것이 국가와 일본인 전체의 수치라는 것을 도저히 알아차리지 못하는 모양이다. 이는 필자의 견지일 뿐 아니라, 세계인의 도덕적인 기본 잣대이기도 하다. 일본인의 망신살이나 추악상을 스스로 노출시키는 좋은 본보기라 하겠다.

섬나라 일부 일본인의 분별력은 세계인의 그것과는 사뭇 다르다. 그들은 전통적으로 국가나 조상·주군主君의 불명예를 목숨을 걸고 씻는 것을 일종의 사명으로 여기고, 수단 방법이나 옳고 그른 것을 가리지 않는다. 그들의 가치관과 도덕률은 인류의 보편적 기준과는 일치하지 않는다. 한마디로 사고思考 감각이 섬 바깥세상과는 판이한 것이다.

일본인이 세계에 자랑하는 무사도武士道라는 것이 있다. 한 예로〈일본 에도江戸 시대에, 어느 영주가 막부장군幕府將軍의 성안에서, 다른 영주에게 사소한 일로 모욕을 당해 칼을 뽑아 인상刃傷을 입힌 사건이 벌어졌다. 그 죄과로 막부에서 가해자인 영주에게 할복割腹의 벌이 내려지고 영지領地가 몰수되었다. 그 후 낭인浪人이 되어 복수를 맹세한 47인의 신하臣下들은 와신상담 갖은 고초 끝에 원수의 목을 베어 원한을 풀고, 그들 전원도 할복의 벌을 받아 영주의 뒤를 따랐다.〉「주신구라忠臣藏」로 일컫는 이 이야기는 일본 무사도의 진수로 숭앙 받아 앞으로도 언제까지 일본인의 가슴을 적시게 될지 모를 일이다. 인류 개개인의 인권이 평등하다는 절대 진리나 보편적인 가치관이 무시되는 시대 착오적 사회가 일본이란 나라다.

위 이야기를 간추리면, 성질 급한 한 영주가 명예를 훼손당했다는 사사로운 감정으로 상대 영주에게 칼로 상해를 입힌 경미한 사건이다. 그런데 그 영주는 막부장군의 성안에서 칼을 뽑았다는 이유로 할복 형을 받았다. 그러자 영지를 몰수당해 낭인이 된 47인의 부하들이 원수를 갚는다고, 인상刃傷에서 회복된 상대 영주의 목을 베었고, 그들 전원은 다시 할복 형으로 자진自盡한다. 다시 말해 두 영주 간의 사소한 상해 사건으로 인하여, 영주 2명과 신하 47명의 생명이 사라진 것이다.

오늘날의 기준으로 본다면, 인간의 존엄성이 버러지만큼도 못하게 취급당한 사건이지만, 일본인들의 견지는 다르다. 47인의 무사들이야말로 일본 무사도의 자랑스러운 귀감으로 숭앙 받고 있는 것이다.

기껏 영주 한 사람이 당한 치욕 때문에 47인이 생명을 바쳐 훼손된 명예를 찾았다고 야단법석을 떨면서, 정작 강제로 동원된 20만 조선인 위안부의 명예와 인권의 대가는 아랑곳 하지 않겠다는 배짱인데 어디 두고 볼 일이다. 그들이 천벌이라도 받을지 아니면…….

하지만 일본인 고유의 전통적 가치관을 일본 국외에 적용하려는 시도는 곤란하다. 단호히 경고를 해야 하겠다. 일본의 정치권은 갖은 매스컴을 통하여 그들의 국가나 조상들이 저지른 죄과를 무조건 부정하려 드는데 그 열의가 제법 욱일승천旭日昇天하고 있다. 강제동원을 직접 당한 증인과, 입증 사료에 기반을 두어 사실대로 기록한 역사서가 수두룩한데도, 그것들마저 근래 들어 아무 근거도 없이 전적으로 부정 일변도다. 사실을 허위 날조하여 역사를 다시 고쳐야 한다고 날뛰고 있는 자들이 적지 않은 현실이다.

하물며 제국주의 침략조차도 서로 입장이 다르다는 궤변을 내각총리 아베가 의회에서 발표하는 판국이다. 침략의 일본식 정의定義는 조선침략이 부당하다는 기준이 없으며, 세계적으로도 침략의 정의는 서로의 입장에 따라 나라마다 같지 않다는 것이다.

일본군 위안부 문제는 두말할 것도 없고, 남경 중국인 대학살, 관동지진 조선인 수만 명의 학살사건도 그 규모를 대폭으로 줄이거나 없애거나해 제멋대로이다. 근래에도 일부 간행물에, 일본의 불법적 학살이 아예 없었던 사건으로 조작한 이야기를 연재물로 계속 내보내고 있는 실정이다. 일본 정부 차원의 거짓말 만들기나, 형평을 잃은 이율배반적인 대對외국관계 발표문도 예나 지금이나 다름없이 진실성이 결여되거나, 전혀 보이지 않는 것이 다반사다.

조선·만주 식민지화의 구실도 중국·남아시아 침략의 원인도, 전부 간교한 일제에 의해 허위·날조로 조작되었다. 허울 좋은 소위 대동아공영권大東亞共榮圈이라는 것마저, 빠짐없이 거짓으로 꾸며낸 침략의 핑계였던 것으로 이미 역사의 심판을 받은 사안이다.

태평양전쟁 때 대본영발표大本營發表라는, 하나같이 100% 날조된 정부의 거짓 발표 내용을 지금도 믿고 있는 일본의 한 저널리스트가 최근 발표한 월간지 기고문에서 일본이 (실지로는 비참한 패색이 완연하였던) 1944년까지도 대미 전쟁을 유리하게 이끌고 있었다는 맹랑한 글을 읽은 적이 있다. 아마 기고자 자신의 개인적인 과거사 희망 사항을 현실로 착각하고 몽롱한 지각으로 적은 것이겠지만 그 글을 읽는 사람의 심중도 고려해야 되는 게 아닐까.

이 모든 사안은 일본 정부나 개인을 가릴 것 없이 '국가나 주군主君의 명예를 위해서는 어떠한 거짓말도 서슴지 않는' 그릇된 신념에서 오는 일종의 광기라고 생각된다. 물론 우물 안에 갇혀 있는 개구리가 통상적으로 하는 말이지만, 우물 밖에서는 도착증 환자의 헛소리로 비웃음만 살뿐이다.

이와 같은 맥락에서 최근의 일본 정부의 앞뒤가 맞지 않는 주장 몇 건을 살펴보자.

영토문제

수백년래 한국의 고유영토인 독도를 한국은 1952년도부터 소유권을 실행에 옮겨, 실지 점유하여 현재 대한민국이 60여 년째 당당히 소유권을 행사하고 있다. 소유권이 불분명한 공해상의 땅은 먼저 점유한 나라에 소유의 우선권이 있다는 국제관례가 있다. 따라서 일본 입장에서 본다면 독도는 한국의 실효지배實效支配하에 있는 것이다. 그리고 일본의 고유 영토라고 주장하는 또 다른 땅인 북방 4도는 제2차 세계대전 말기에 구소련에 의해 군사적으로 점령되어 현재는 러시아의 실효지배 하에 있다.

반면에 현재 일본이 중국과 영토 분쟁을 벌이고 있는 센카쿠 尖閣 제도(어균도)는 일본이 실효지배를 하고 있다. 작금 일본은 이 실효 지배를 근거로 해군 함정과 자위대를 파견하여, 앞으로 있을지도 모를 중국의 공격에 결사 대응하겠다는 태세다. 즉 저희들 실효지배는 목숨을 걸고 지키겠다면서, 남의 나라인 한국의 실효지배는 아랑곳하지 않겠다는 모순된 이야기이다.

다른 한편 2만 명의 일본인들이 정주定住하던 북방 4도는, 종전을 전후하여 당시의 소련에 점령당해, 일본인 거주자들이 모두 내쫓기고 현 러시아가 67년간 점유 중이다. 그러면서도 일본 측은 유구무언 속수무책으로 러시아의 눈치만 살피고 있는 중이다.

일본은 유독 한국에 대해서만, 그것도 한국의 고유 영토이며 자존심인, 작은 바위섬 독도를 물고 늘어져 점차 도발의 강도를 높여가고 있다. 한국의 치열한 반대를 무릅쓰고 역사교과서에 '독도가 일본의 영토'라는 터무니없는 허위 사실을 기재하여, 자국민을 반한 감정으로 몰아넣고 있다. 이는 독도의 몇 천배가 되는 북방 4도의 반환을 대놓고 러시아에 요구하지 못하는 일본 정부의 나약함을, 엉뚱하게 독도 문제로 돌려 자국민의 비난을 모면하려는 비열한 음모로 밖에 비치지 않는다.

일본인의 정오正誤 잣대와 평형감각 결핍증

일본어에는 육하원칙으로 사물을 표현하는 법이 거의 없다고 하여도 과언이 아니다. 일상생활 언어조차 애매모호하고 긍정과 부정이 뚜렷하지가 않다. 직설적이고 솔직한 표현은 예의가 아니라고 여기는 모양이다.

이러한 언어상의 특성은 습관화되어 신경이 무디어져 일본인으로 하여금 사고思考감각의 균형을 맞추지 못하고, 편견으로 기울게 하는 원인으로 작용하는 것 같다. 언어는 사고력의 반영 아닌 그 무엇도 아니다. 따라서 언어가 논리적이 못된다는 것은 사고력 자체가 비논리적이라는 사실을 말해주는 것이다.

그 비근한 예가, 일본은 일제 강점기 동안 한국인에게 저지른 온갖 비인도적 범죄 행위에 대해 잘못을 인정하고 국가 차원의 제대로 된 반성이나 보상을 동반하는 사죄를 해본 적이 한 번도 없다. 어쩌다 고위층의 외교적 립 서비스Lip Service가 있어 귀추를 기다리면, 번번이 다음 타자(정부 관료)가 등장하자마자 그 일은 없던 일이 돼 버리고, 역사를 다시 봐야 한다는 말장난이 되풀이된다.

일본어는 현대 과학을 표현하기에 적합한 언어가 아니라는 일본인 과학자가 있기까지 한다. 언어와 국민성의 관계를 누군가 연구한다면 재미나는 결과가 나올 성싶다. 특히 일본 정부는 국가적으로 저지른 범죄에 대한 회한이나 개과천선 차원의 객관적 논리가 전혀 없다. 일본군 위안부 사건만 해도 그렇다. 확고한 증거와 증인에 기반을 둔 전 세계적 고발과 규탄에도, 일본 정부는 합당한 근거나 논거 없이 궤변과 무조건적 부정 일변도로 나간다. 파렴치한이란 개인뿐만 아니라 일본 국가 전체에 해당되는 어구인 것 같다.

2차 대전 중 저지른 유태인 학살 사건에 대해, 독일이 전향적으로 진정한 국가적 사죄와 그에 상응하는 보상을 상당히 실행한 것과는 대조적으로 일본은 전대미문의 어마어마한 죄과 자체를 인정은커녕 부정하고 합리화하는 일을 상투적으로 되풀이하고 있다. 사죄와 적절한 보상을 촉구하는 미국 의회의 만장일치의 위안부결의안에도, 현재까지 일본정부는 마이동풍 막무가내다. 선악을 구별 못하는 집단의 세계무대 등장이나 다름없다 하겠다.

일본인만큼 정의正義를 자주 입에 올리는 민족도 드물 것이다. 가장 정의로운 민족으로 자처하지만 실상은 정의가 무엇인지 정확한 개념조차 이해를 못하고 있다. 정의란 객관적으로 판단되는 것이지, 일본식으로 남을 해치고 자기편의 이익만을 추구하는 편향된 행위는 단연코 불의이지 결코 정의라고는 할 수 없다.

일제강점기엔 대륙 침략 전쟁을 저지르고도 '하늘을 대신하여 불의不義를 치다(天に代りて不義を打つ)'라는 군가를 초등학

생들에게까지 목이 터지도록 부르게 하였다. 하늘을 대신하여 벌을 받을 대상자는 정작 침략자인 일본이지 어떻게 침략을 당하는 자가 된단 말인가. 바로 그런 행태行態가 예사로이 저질러지는 게 일본식 정의이며 논리이다.

임진왜란과 자장가

일본의 『후꾸야마 문학文學』 제11호에서 다루다니 히로꼬樽谷浩子의 「이쓰쓰기五木의 자장가」라는 수필 한 편을 감명 깊게 읽은 적이 있다. 필자 다루다니가 가정주부로써, 젊은 시절 소학교에서 음악을 가르친 경험을 이야기한 것이다.

수필 내용

"1955년경의 일본의 소학교는 한 반 학생 수가 60명 정도의 콩나물 교실이 보통이고, 거리의 텔레비전 가게 앞에는 수십 명의 인파가 재일교포 역도산의 프로 레슬링 경기 흑백텔레비전 중계에 열중하던 때이다. 당시 소학교 학생들은 먹을거리도, 놀잇감도 여의치 않아 공부를 빼곤 학교생활이 유일한 안식처이기도 하였다. 마음을 붙일 데가 별로 없었던 아이들은 특히 음악시간을 다들 좋아

했다. 음악시간이면, 목조로 된 강당 이층 음악 교실로 아이들이
앞 다투어 요란스러운 소리를 울리며 나무계단을 뛰어 올라갔다.
그리고 눈을 반짝이며 다루다니 선생의 피아노 반주에 맞춰 합창을
소리 높이 불러댔다.

그 중에 「이쓰쓰기의 자장가」라는 민요도 들어 있었다. 가사 내용이
당시의 가난한 시대 상황에 부합되는 것이어서 모두 정서적으로 이
끌렸던지, 노래가 시작되면 강당 안은 다소 숙연해지는 분위기로
바뀌던 기억이 새삼스럽다."

음악 특과 교원이던 다루다니 주부가 수필에서 회상하고 있
는 내용을 대충 간추린 것이다. 민요 「이쓰쓰기의 자장가」의
노래 말과 수필 내용을 좀 더 아래에 옮겨 보겠다.

「이쓰쓰기의 자장가(五つ木の子守歌)」

(생략)

추석(일본추석 음력 7. 15일)이

빨리 왔다 빨리 돌아간다.

우리는 한인(韓人) 한인

저 사람들은 잘 사는 사람들

좋은 허리띠 좋은 옷…….

이 노래가 그 옛날에 가난한 집 딸이 아기를 돌보며 불렀던 민요

같다고 하는 내 이야기를, 학생들은 진지하게 듣고 있었다. 맘대로 놀지도 못하고 애를 봐야 하는 같은 또래에 대한 순수한 마음에서였다. 좋은 옷을 입은 잘 사는 집 아이들을 부러워하면서도, 굳건히 부르고 있는 자장가 노래말에 반 아이들이 이끌렸던 것 같다.

> 우리들이 죽는다 해도 누가 울어 주겠는가.
> 뒷동산 솔밭에서 매미가 운다.
> 매미가 아니라 아기가 우는구나.
> 동생아 울지 마. 마음에 걸리는구나.
> 우리가 맞아 죽으면 길가에 태어나자.
> 지나가는 사람에게 꽃을 주자.
> 꽃은 무슨 꽃이 좋을까……

노래의 슬픔과 애절함이 전해진 모양으로 눈물짓는 여자 아이도 있었다. 신바람 나는 다른 노래와는 달리 누구 하나 애절한 정감에 빠져들지 않는 아이가 없었다. 마음에 파고드는 민요의 감성에 내 가슴도 뜨거워지는 느낌이었다. 하지만 그 때 그 노래가 일본 민요에서는 드문 3박자였던 사실을 아이들에게 이야기해 준 기억은 나지 않는다. 왜 이 노래만이 3박자인지 그 이유를 모르는 채 세월이 흘러 어언 기억에서 사라진 것이었다.

일전에 지역 독서회에서 『용비어천가龍飛御天歌』라는 소설책을 만났다. 규슈 후쿠오카 현에 사는 무라다村田喜代子라는 작가의 작품에서 생각지도 않던 사실을 알게 되었다.

『용비어천가』는 임진왜란 때 일본에 끌려온 조선의 도공들의 이야기이다. 규슈의 어떤 산골 마을에 자리를 잡은 그들은 도요陶窯를 설치하고 도예를 생업으로 삼고 있었는데, 촌락의 우두머리가 사망하자 장례를 일본식으로 하느냐, 조선식으로 하느냐로 실랑이가 벌어졌다. 망자의 노부인은 조선식으로 하겠다고 물러서지 않았다. 나라도 이름도 뺏기고 이국땅에 살지 않으면 안되었으니까 장의葬儀만큼은 고향의 풍습을 따르겠다는 것이다.

소설『용비어천가』에는 조선의 민요가 여러 개 삽입되어 있다. 곡조를 모르나마 여러 번 소리를 내어 읽으면 이상하게도 그 민요들이 도라지나 아리랑 풍으로 되어가는 것이었다. 그 노래들은 다름 아닌 3박자의 곡이었다. 한순간 아!…하는 탄성이 절로 터져 나왔다. 부리나케 옛적에 음악을 가르치던 노래 책들을 책장에서 찾아냈다. 역시 그랬었구나.

「이쓰쓰기의 자장가」는 규슈 구마모토 현熊本縣의 깊은 산골에 있는 이쓰쓰기(五つ木) 마을에서, 임진왜란 때 잡혀온 조선 사람들이 고국을 그리며 노래 불러온 것으로 명기되어 있다. 그래서 모두들 다른 민요에서는 느끼지 못할 정도로 애절함에 깊이 젖어들었던 것이구나……

가사 중에 한인이라는 낱말을 사전에서 찾으니 韓人·朝鮮人이라고 나와 있다. 그러고 보니 더욱 그 노래의 심정을 알 것 같다. 젊은 시절의 나는 단순히 가난한 집 여자아이가 잘 사는 집 아이들을 부러워하는 노래로 지레 짐작하고, 세세히 조사하지 않았었다. 이 노래가 이러한 역사적 배경 속에서 태어났다는 사실의 낌새도 감지하지 못했던 것이다.

우리들 세대는 '풍신수길豊臣秀吉의 조선정벌' 이라고만 배웠기 때문에, 그 그늘에선 어떤 일이 일어났는지는 조금도 알려진 바가 없었던 것이다. 승자 측에서 하였던 기술밖에 달리 알 수 있는 길이 없었던 것이다. 작금 역사의 이면에 숨겨진 부분이 조금씩 빛을 받아 우리들 눈에 들게 된 것이다. 그것이 계기가 되어 여태껏 점으로만 있던 것들이 선으로 확실히 이어지는 것을 알게 되었을 때, 마음은 착잡하기 이를 데 없다.

40년 가까이 되었지만 새삼 내 가슴 속은 정감을 모아 노래를 불렀던 당시의 제자들에게, 자세히 공부를 하지 않고 가르친 잘못을 진심으로 사과하고 싶은 심정으로 메워진다."

수필의 작가 다루다니 주부와 같은 따스한 가슴을 지닌 선량한 일본인도 부지기수로 많다는 사실을 새삼 재인식 시켜준 내용이다.

일본어의 뿌리는 조선어

　기원전 4세기를 전후하여 조선 반도에서 집단으로 이주가 시
작되기 직전의 일본 열도의 실상이 어떠하였나를 가늠하기는
별로 어려운 일이 아니다. 비록 당시의 역사 기록이 전무하며,
대륙과 격리되어 바다 속에 고립되었던 상황이지만, 20세기 들
어 과학과 인류·고고학의 획기적인 발전으로 당시의 상황을 되
살리는 것이 상당 부분 가능해진 것이다.

　B.C. 4세기 이전 수백 년간은 현 일본 역사 시대 구분상으로
구석기 시대인 조몽繩文 후기가 된다. 당시 일본열도 전체에 분
포된 총 인구는 평균 16만 1천 명 안팎에 불과하다(출전: 일본
센리 민족학 연구Senri Ethnological Sudies No. 2-1978). 당시
사람들은 어떤 언어를 썼을까. 그것은 문자로 남겨진 것이 없기
때문에 전혀 알 길이 없고, 그다지 중요한 문제도 아니다.

　하지만 어떠한 원시 사회도 마찬가지이지만 극히 단순한 일

상용어가 전부였을 것이다. 당시 구사되는 낱말은 눈에 뜨이는 사람이나 물품의 이름 등 일상 생활용어가 많아야 500~600 단어 내외였을 것으로 추정할 수 있다. 20세기 중반에 미국의 한 대학에서 남부의 몇몇 외진 농사 전용 마을의 성인 농부 몇 무리를 대상으로 일상생활 용어로 사용되는 낱말을 채취한 바, 그 통계치가 대략 1,000~1,200개 단어 정도라고 발표된 적이 있다.

문자도 없이 길게 소산疏散된, 인구 밀도가 희박한 고대 일본 열도 같은 험준한 지리적 조건하에서는 고금을 막론하고 추상명사의 사용은 극히 제한적일 것이다. 이러한 사정을 감안하고 산정을 한다면 비단 일본뿐 아니라, 모든 고대 사회는 공통적으로 통용되는 그 어떤 특정한 일반적인 공용共用언어가 반드시 존재하였다고는 생각되지 않는다. 아마도 부족별 또는 지역별로 몇 개의 유사한 언어가 사용되었을 것으로 생각된다.

현재 사용되는 일본어 조어祖語의 형성기는 B.C. 4세기 이후 야오이 시대에, 조선 반도로 부터의 대량 이주가 시작되면서부터라고 추정할 수 있다. 조몽 말기 광범위로 분포된 총인구는 평균 16만여 명이다. 한때 최소 8만 명으로 줄었다가 야오이 시대 600~700여 년을 통하여 60만 명으로 급팽창되는 과정에서 고대 일본어가 형성되었던 것으로 보인다. 절대다수를 차지한 이주민의 언어인 조선어가 모체가 되어 기존의 소수 원주민의 토착 언어와 융합하면서 자리를 잡아 갔다고 보는 것이 순리

일 것 같다.

2000여 년이 경과한 지금, 조선어와 일본어는 서로 간에 말하기로서는 전혀 알아들을 수 없는 이방어가 되어버렸다. 말하는 소리만으론 어떤 공통점을 찾기가 불가능해진 것이다. 두 나라 말이 동일 언어였다고는 도저히 믿기지 않는다. 그럼에도 불구하고 양쪽 언어를 불편 없이 사용할 수 있는 필자가 일본어를 읽을 참이면, 글 내용을 독해하는데 있어 일본어를 보고 있다는 감이 들지 않는다. 이는 내가 일본어에 능통하거나 익숙하다는 뜻이 결코 아니다. 두 나라 언어가 너무나 유사하다는 뜻이다. 글의 구조나 각 품사의 어순, 문법, 대다수의 단어가 발음만 다를 뿐이지 한자漢字로 매개된 뜻의 공통성 등등, 이렇게 유사한 언어가 이 지구상에 또 있을까 싶다. 한마디로 뜻과 알파벳을 공유하며 친족 관계가 입증된 인구어족印歐語族, 라틴어 계통의 몇몇 언어 간의 유사성과 비견된다고 단언할 수 있다.

한일 양국 말을 상호相互 번역하는 과정에서 확인한 두드러진 공통적 특성을 적어보겠다.

1. 두 나라 언어가 알타이 어족(Altai 語族)에 속한다.

2. 문법이 거의 같다.

3. 특히 타 언어에서 유례가 없는 여러 조사助詞의 95%가 용

도와 일부 소리에서 대응한다.

4. 두 나라 국어사전에 실린 전체 어휘의 80%이상을 차지하는 한자 및 한자 성어가 발음만 틀릴 뿐 공통적으로 사용된다.

5. 두 나라 언어의 구성이 극히 흡사한 가운데, 다른 어떠한 언어에서도 볼 수 없는 존대어의 사용법이 동일하다. 동사의 어미변화로 전체 문장이 간단하게 존댓말이 될 수 있으며, 또한 존대를 표현하는 독립된 동사나 명사와 대명사가 별도로 다수 존재한다.

6. 길고 짧은 두 나라 모든 문장을 상호 간에 번역할 때, 어떠한 경우에도, 각 낱말 뜻에서 정확히 대응하는 상대방 낱말을 90% 이상 찾을 수 있다. 따라서 모든 문장을 동일한 어순대로 즉석에서 정확하게 옮길 수가 있는 것이다. 의역이라든가 뜻을 전달할 새로운 구절을 만들 필요가 없다. 가령 50개의 낱말로 이루어진 한일 두 나라의 문장이라면, 이에 대응하는 두 나라의 45~48개의 각기 동일한 뜻을 지닌 서로 상응하는 낱말을, 같은 순서대로 바꿔 놓음으로서 번역이 끝나는 것이다. 50개의 낱말 중 적어도 40개가 발

음만 다를 뿐 동일한 한자 성어이며, 나머지 10개의 각기 다른 두 나라 고유어도 조사助詞를 비롯해 서로 뜻이 정확히 대응하는 낱말이 대부분이기 때문이다. 한일 양국 언어에 어느 정도 숙달한 사람이라면 누구나 동시통역이 가능하다는 뜻이다.

7. 특히 낱말의 어미에 자주 붙는 10여 개의 조사는 두 나라 글 거의 전부가 뜻이나 소리에서 비슷하게 서로 대응한다. 조사의 쓰임새, 존대尊待문과 명령문 등의 쓰임새, 소유격과 목적격 같은 격조어格助語, 또한 문장의 뉘앙스 등등 어느 하나 유사하다는 말보다 동일하다는 표현이 더 어울리지 않는 것은 없다. 의문문은 두 나라 다 문장 끝에 똑같은 '가·까'를 붙인다. 이러한 사실들을 우연으로 돌릴 수는 없을 것이다. 두 나라 말이 과거 어느 한때 동일하였던 것이거나 적어도 뒤섞였던 때가 있었다고 추정해 볼 수밖에 없다.

그렇다면 왜 언제부터 두 나라 말이 서로 알아듣지 못하게 변해버린 것일까. 언어는 쉴 새 없이 변하는 속성을 지니고 있다. 조선반도만 하더라도 과거 수천 년간 여러 종류의 언어가 통용되었다는 갖가지 설이 난무하고 있다. 조선 반도에는 고조선 이래, 한漢4군·고구려·부여·예맥濊貊·3한·고구려·신라·백제·가야 등이 제각기 왕권을 다투며 인구 이동이 빈번하였다는 역사 기록이 있다. 이들 나라들이 퉁구스계 알타이어를 사용하였다는 사실이 일반적인 통설이다. 현재 우리가 사용하고 있는 조선어는 아마도 기원전 5세기 이전에 성립되었으리라는 추정이다. 알타이어를 사용하는 북방 유목민족의 꾸준한 유입으로 조선어의 조어祖語가 위만조선·한4군 이전까지 이미 성립되어 있었다는 설이 유력하다. 조선어가 그 많은 한자 성어의 차용借用에도 불구하고 중국어족中國語族에 속하지 않는 이유이다.

일본은 조선에서 집단으로 이주해 들어간 조선 4국의 정복자가 세운 나라다. 재언할 필요 없이 기존 군소 집단의 여러 유치한 방언을 뒤덮고 압도적 다수인 정복자의 언어가 남북 아메리카처럼 피식민지인의 언어로 자리 잡는 것이 당연한 순리 아니겠는가.

그런데 일본어의 표음表音이 비교적 짧은 기간에 크게 바꾸어지기 시작한 결정적 계기가 된 사건이 일어났다. 적당한 표음 방법이 없어 신라의 이두吏讀식 표음 한자, 소위 망요가나萬葉仮名라는 불편한 표기방법이 사용되어 오다가 점차 자취를 감춰 버린 것이다. 10세기 경 평안경平安京 초에 궁중에서 궁녀들이 사용하게 된 「가나(ひらかな平仮名와 カタカナ片仮名)」라는 50음 표音表 문자가 널리 보급되면서 불편한 이두(망요가나)가 가나로

대체되어 발음의 표기 범위가 극도로 좁아진 것이다. 가나는 모음이 아이우에오(あいうえお) 5자 로 줄어들었다. 나라(奈良) 시대만 해도 모음 7~8개가 『고지키古事記』·『망요집萬葉集』 등에서 사용된 것이 확연한데, 그것이 가나에서는 5개로 줄어들었을 뿐 아니라 어미가 자음으로 끝나는 법이 거의 없고 받침도 사용되지 않고 있다. 그러니 표음의 범주가 극도로 제한을 받아 조선어의 발음이 왜곡되어 점차 알아들을 수 없는 말로 변해 버린 것으로 여겨진다.

가나仮名 문자는 한글이나 알파벳Alphabet처럼, 자음과 모음이 독립적으로 존재해 필요에 따라 음 합성이 자유로운 것이 아니라 처음부터 자·모가 미리 합쳐진 50개의 음절문자音節文字로 성립되었다. 따라서 필요한 음은 이미 결정된 50개의 문자의 조합으로 나타내는 소리 말고는 다른 어떠한 표음도 내기가 불가능하다. 따라서 양국 언어 간의 음운체계音韻體系가 전반적으로 파계되어버린 것이다.

필요한 소리에 따라 자·모음을 즉석에서 합쳐 원하는 표음문자를 얼마든지 만들 수 있는 음소문자音素文字인 한글이나 영어는 말할 것도 없고, 심지어 중국어하고도 천지차가 난다. 현 일본어 사전에서는 동일한 발음을 지닌 표제어 하에 물경 100여 개의 한자漢字가 배정·나열되어 있는 것이 부지기수不知其數다. 각기 독특한 발음이 달린 수만數萬 자에 달하는 한자의 표음을 50음 밖에 안 되는 가나문자로 하자니, 동일한 표음으로 수십에서 백여 개의 한자를 배정하지 않으면 안 되기 때문이다.

일본 가나의 더욱 큰 비극은, 「ㅊ·ㅍ·ㅌ·ㅋ·ㄸ·ㄲ·ㅉ」등의 한 글 자음과 「C·K·L·P·T·Q·X」같은 영어 자음, 그리고 한글 「으·어」에 해당하는 모음이 없어 이들 표음이 불가능할 뿐 아니 라, 받침 자음마저 단 하나뿐이어서 모든 단어가 거의 모음으로 끝난다는 사실이다. 따라서 한글이나 영어 알파벳이 나타낼 수 있는 수천 자에 달하는 표음 중 극히 일부밖에 표기할 수가 없 다. 따라서 뜻은 다르되 동일한 일본식 발음을 가진 한자가 수 십·수백 개가 되는 것이다.

가나 문자가 보급되기 직전까지도 일본어는 고대 조선어와 큰 차이가 없었다고 추정된다. 이유는 간단하다. 2400년 전, 총 인구 16만 명 내외의 토착민이 500~600개 단어 정도의 유치한 언어를 사용하고 있었던 원시 사회에, 조선에서 금속기와 벼농 사 기법을 지닌 수십만의 집단 이주민이 야오이 시대에 밀고 들어간 것은 기정사실이다. 그런데 당시 문화어이던 고유의 조 선어를 이들이 버리고, 극소수의 피정복자가 사용하는 유치한 토 착 언어로 바꾸었다는 것은 상상도 할 수 없는 일이기 때문이다.

어떤 언어도 변하지 않는 것은 없다. 조금씩 천천히 바뀌기도 하고, 짧은 기간에 많이 변하기도 한다. 오랜 세월 속에서 아주 소멸되는 언어도 있고, 새로 생겨나는 것도 있다는 사실을 우리는 알고 있다. 인류 언어사에 별처럼 빛났던 라틴어조차도 현재는 일상생활에 사용되지 않고 있으며, 인도 같은 대국에서도 수백 개의 언어 중 수십 개가 현재도 간단없이 소멸이 진행 중에 있다는 것이다.

지금 나는 일본어 형성 과정을 면밀히 고찰하고 있는 중이다. 일반적 일본어 사전에는 10만에 가까운 표제어가 실려 있다. 그 중 상당 부분이 근세 들어 서구 문명 유입 후 150여 년간에 새로 등장한 것들이다. 사전의 표제어는 가다가나片仮名와 히라가나平仮名로 양분되어 있다. 가다가나로는 외래어를, 히라가나로는 재래의 고유 일본어와 한자 성어漢字成語를, 괄호 안에 해당 한자該當漢字를 곁들여 표기한다. 문제는 바로 여기에 있다. 가나 문자로는 한글·한자·영어 등의 표음이 제대로 되지 않는 것이다. 세 나라 말을 가나 문자로 표기하고 그것을 소리 내어 읽으면 무슨 말인지 아무도 전혀 알아듣지 못하는 것이다. 반대로 일본어를 세 나라 글로 표기하고 읽으면 누구든지 다 알아들을 수가 있다. 이렇게 된 명백하고도 확연한 이유가 있다. 비근한 예로 간단한 영어 단어 몇 개를 예로 들어보자.

영 어	발음기호	가다가나표기	한글표기
apple	æpl	アプル(아뿌루)	애플
clock	klak	クロ-ク(구로-구)	클락
global	gloubəl	グロ-バル(구로-바루)	글로벌
kingdom	kiŋdəm	キングトム(깅구도무)	킹덤
peak time	piːktaim	ピ-クタイム(삐-구다이무)	피-크타임

( )안은 가나 발음을 한글로 표기한 것

　위 표에서 가다가나 표기는 일본어 사전에서 인용한 것이며,
한글 표기는 각기 영어 발음과 일본어 발음을 필자가 한글로
바꾼 것이다. 위 표의 한글과 가나를 영어 원어민에게 읽어 주고
알파벳으로 써 보라고 하였더니 한글 표기는 다섯 어휘를 정확
히 영어로 적었지만, 일본 가나仮名 표기는 단 한 단어도 어느
나라 말인지 모르겠다는 것이다.

　일본 국어사전에는 현재 통용되고 있는 영어 등 외래어가 '가
나' 문자 표제어로 수없이 올려 있다. 그 순간부터 영어 원음은
소멸되고, 원어민이 전혀 알아들을 수 없는 가나仮名 발음으로
바뀌어 버린 것이다.

　11세기경 나라奈良 시대까지 조선어를 상당부분 공통으로 사

용하던 일본어가, B.C. 10세기 평안平安 시대 초기에 음절문자音節文字인 50음의 가나가 보급되자, 그 당시 사용되던 유일한 문자인 한자 성어의 표음에 소리 범위가 극히 제한된 가나로 토를 달면서, 일본어의 발음이 대폭 바뀌기 시작한다. 그리하여 그 후 1000여 년간에 지금과 같이 원어민인 조선 사람이 알아들을 수 없는 말로 변해 버렸다고 추정한다면 지나친 억측이라고 누가 감히 자신 있게 부정할 수 있겠는가.

일본인들이 조선식으로 발음하던 한자 성어의(현 일본어사전에 실린 어휘의 80% 이상이 한자 성어임을 감안하면) 발음 변천은 상상을 초월하는 것이었음이 틀림없다. 그 근거로는 현재 사용되고 있는 두 나라의 말이 발음만 틀리지, 언어가 지니는 기타 모든 특성이 95% 이상 동일한 것이 이러한 사실을 여실히 입증하고 있는 것이다. 1000여 년 동안에 일본어의 표음이 거의 다 바뀐 까닭으로 지금 현재 음운音韻이 대응되는 어휘가 얼마 남지 않았다고 하더라도 이상한 일이 아니다. 음소문자音素文字인 한글이 7개의 단모음과 4개의 중모음, 그리고 13개의 자음이 자리에 구애받지 않고 자유자재로 서로 합쳐가며 만들어 내는 소리글자의 수는 무한정이다. 이에 반하여 가나는 불과 5개의 모음으로 만들어진 50개의 음절문자音節文字로 제한되었을 뿐 아니라 모든 낱말의 어미는 거의 모음으로 끝난다. 따라서 자음으로 끝나는 조선어의 어미에 붙는 자음 조사助詞가 가나로 인해 모음으로 바뀐 일본어에서는 음운音韻변화를 일으켜 음표가 다른 문자로 변하여 버린 것이다. 하지만 뜻은 그대로 보전되어 두 언어에서 동일한 기능을 여전히 발휘하고 있는 것이다.

한 글	가 나(仮名)
a. 누(何人)가	e. たれ(何人)か(다레가)
b. 이것(此)은	f. これ(此)わ(고레와)
c. 그(彼)는	g. かれ(彼)わ(가레와)
d. 그(彼)가	h. かれ(彼)が(가레가)

위 주어主語 어미에 붙은 주격 조사主格助詞는, 한일 양국어로 된 문장에서 주어에 붙여 무수히 사용되고 있으며, 이렇게 중요한 역할을 하는 10여 개의 조사 문자助詞文字들 중 대표적인 것들이다.

가나의 e.와 h.에서 사용되는 조사 'が(가)'는 한글 a.와 d.의 '가'와 어미 음운 대응이 되고 있다. 일본어 전체 문장의 50%가 주어의 어미에서 한글과 대응하고 있는 것이다. 또한 양국 의문문의 100%가 어미語尾에서 '가' 소리와 사용법에서 동시에 대응하고 있는 것이다.

끝으로 하나만 더 예로 들겠다. 한국어사전에서 한글로 '쑥쑥
자란다'가 일본어사전에서는 '힘차게 스구스구(すくすく) 자라
는 모양'으로 되어있다. '쑥쑥'의 일본어 표기는 'ㅆ' 받침이
없는 가나로 '스'가 되고 'ㄱ' 받침이 '구'로 발음되는 것이다.
조선어가 가나로 바뀌면 당장에 이렇게 변하는 것이다. 그러니
1000여 년 간에는 전혀 알아들을 수 없게 되어 버려도 이상할
것이 없고 도리어 당연하다고 할 수 있다. 덧붙일 말은 일본 고
유어인 'すぐ(스구)'는 곧·금세라는 뜻이다. 어원은 물론 '스구
스구'일 것이다.

현 일본 언어학자들은 한국어와 일본어의 친족관계를 규명하
는데 천변 일률적으로 음운체계音韻體系 증명에만 몰두하는데, 이
는 크게 잘못된 현상이다. 양국 언어가 친족관계라는 사실을 시
사하는 다른 모든 특성이 95% 이상 일치하는 내용을 제쳐 놓고
전체 낱말의 불과 0.01% 대의 몇 개 안 되는 낱말 음운체계에
매달리는 것은 불합리한 것으로 생각된다. 음운체계의 변화가
수천 년에 걸쳐 서서히 자연적으로 진행된다는 일반론과 한일
양국 언어 간의 발음 변화의 원인 사이에는 큰 차이가 있다. 가
나의 출현으로 인한 일본어의 음운변화는 비교적 단기간 내에
빠르게 진행되었다. 일본의 가나 문자는 조선말 표음이 불가능
한 제한된 표음 방편이다. 일본어의 전반적 음운변화는 역사적
으로 비교적 단기간이라 할 수 있는 11세기 이후 대략 1000여

년 간에 걸쳐 급격히 일어났던 것으로 보인다. 특히 일본의 데라고야(寺子屋)식 한문 교육이 성행했던 관계로 한자의 발음이 가나로 표기되면서 한자 낱말의 망요가나식(조선어의 이두식) 다양한 표음방법마저 완연히 사라져버린 것이다.

원래 인도·유럽어족 친족관계를 증명하는데 성공적으로 이용되었던 음운변화법이 알타이어족(특히 한일 양국 언어)간의 친족관계 규명에는 절대적인 요소가 될 수 없다고 생각된다.

왜인倭人 이야기

　왜倭가 처음 거론된 것은 중국의『산해경山海經』으로 '왜倭는 연燕 나라에 속한다'고 기재됨으로써 탄생의 머리를 내밀었다. 그후 반고班固가 쓴『한서漢書』「지리지연지조地理志燕地條」에 '낙랑樂浪 해중에 왜인이 있어 백여 국으로 나누어져, 세시歲時에 와서 공헌貢獻을 하다'라고 기술되어 있다.『후한서後漢書』「동이전東夷傳」에는 '안제安帝 영초永初 원년(서기 107년) 왜의 국왕 사승師升 등이 생구生口(노예) 160명을 바치고 알현을 청함'이라 적고 있다. 또한『위지魏志』「한전韓伝」에는 서기 110년경에 '한韓·예濊·왜倭 등이 변한弁韓·진한辰韓에서 철을 수입'이라고 기술되어 있다. 중국 사서에 객관적 입장에서 기술된 것으로, 상당히 신빙성이 있다고 여겨진다.

　왜인이라는 호칭의 유래는 아마도 왜왕이 공물貢物로 바친 생구의 왜소함에서 비롯된 것으로 보인다.

여기서 생구라 함은 노예를 뜻한다. 공물을 물품이 아닌 사람으로 대신하였다는 점이 이채롭다. 그 당시 왜에는 공물로 바칠 만한 물품이 없었다는 방증傍證이 되는 것 같다. 왜의 공물은 그 후로도 누차 생구로 정립되어, 서기 240년 전후의 비미자와 그녀로부터 왕위를 이어받은 태여台與의 조공朝貢까지도 생구 일색이었다. 이제 왜가 철의 수입 대금으로 변한과 진한에 무엇을 어떻게 지급하였는지가 궁금해진다. 머리를 쥐어짜내어 봐도 공물이 될 만한 물품이 머리에 떠오르지 않는다.

오직 한 가지, 당연히 생구가 아니었겠는가. 예나 지금이나 철광석 채굴에는 막대한 노동력이 소요된다. 현 시점에서 기계가 아닌 순전히 노동력에만 의존한다고 가상을 해보라. 왜의 생구야말로 철정 값으로 안성맞춤이었을 것으로 생각된다. 철광석을 채굴하고 운반하는데 왜의 생구만큼 손쉽게 얻을 수 있는 대가는 없었을 것이기 때문이다.

생구로써 제공된 당시의 왜인들이란 왜소하였다는 것으로 정평이 나 있다. 원주민의 남자 키가 평균 153cm 내외라는 사실이, 20세기 들어 일본에서 고대 유적지 발굴로 얻은 유골 연구에서 밝혀진 바 있다. 평균 신장이 정복자인 조선반도 이주민 유골보다 10여cm가 작다는 것이다. 앞서 밝힌 대로 그 당시 왜의 사회상은 신석기 시대가 한창 진행 중인 가운데, 금속기를 지닌 조선 반도의 정복자들이 왜소한 원주민들을 밀치고 다수의 새로운 지배 계층 집단(소위 작은 나라들)으로 터를 잡기에 난장판을 벌이고 있을 무렵이다.

중국의 몇몇 사서에도 당시 조선 남부에 왜인들이 살고 있었다고 기술되어 있다.

이 무렵 왜의 실체가 무엇이었나에 대해 몇 가지 검토할 일이 있다. 벌휴伐休 10년 6월(서기 193년), 왜인들에게 대기근大飢饉이 들어 걸식자乞食者 1000여명이 신라에 들어왔다는 역사 기술에 관해서다. 이 많은 구식자求食者가 일부러 배를 타고 바다를 건너왔다는 것은 말이 안 된다. 중국사서의 조선 남부 왜인 존재설 기술은 분명 체구가 작은 일부 소수의 조선 정주민들이거나, 왜나라에서 철정의 대가代價로 끌려온 생구들의 후예로서 토착화한 자들을 가리키는 것이 분명하다. 이들과 바다 건너 왜인과는 구분되어야 한다. 또한 앞서의 『후한서後漢書』 「동이전」에 왜국왕이 생구 160명을 중국에 공물로 바쳤다는 것이 어떠한 내용인가를 살펴보자. 이는 왜왕이 조선인 이주자 출신이며, 생구는 조선인들에게 정복된 체구가 소인처럼 작은 남방계 원일본인 선주자先住者들이었다고 생각된다. 이로 인해 중국인이 작은 사람이라는 뜻으로 왜인·왜국이라는 이름을 붙인 것으로 보인다.

후기: 일본정부의 거짓말 만들기 전형

　오랜 세월에 거쳐 일본의 역사 왜곡 수법엔 하나의 특이한 패러다임paradigm이 이어져 내려오고 있다. 정상적인 역사기록은 후대에 전해 줄, 기록할만한 큰 성패成敗나 사건 등이 있어야한다. 그것을 국가 차원으로 전문가가 객관적 시점視點에서 사실대로 기술한 것이 한 나라의 참역사서이다. 물론 팔이 안으로 굽어, 위정자의 입김이 작용할 개연성은 감내해야할 것이다. 하지만 허위·왜곡과대 날조된 기록은 오래가지 못한다. 잘못된 기술은 후대에 가서 권력이 바뀌고 잘못이 발견된다면 반드시 고쳐진다. 이는 역사의 일반론이다. 하지만 인류 역사 상 특이한 예도 종종 발견되고 있다. 비근한 예가 근세에 와서 몇몇 독재국가에서 경험한 바와 같이 폐쇄된 국가 내에서는 상식을 벗어난 사건이 예사로 일어나곤 했다.

단도직입으로 일본의 역사왜곡은 이와는 전혀 유형이 다르다. 일본은 스스로 가장 민주화된 선진국으로 자처하지만, 그들에게서 좌우를 살피는 보편적인 논리나 균형 감각이 결여된 지 오래다. 편협한 자가당착적 합리화가 있을 뿐이다. 사전辭典에 실린 낱말의 뜻이 전 세계적으로 공통적이 아니라 일본 것은 따로 있다. 일본 수상 아베 신조安倍晉三가 「침략이란 낱말의 뜻은 당한 나라와 침략을 일삼은 일본의 개념이 서로 다르다」는 식의 주장이 바로 그 본보기다. 아베는 지난해 12월 총선 때 '무라야마 담화' 수정을 공약으로 내세웠고, 당선 후에는 실행에 옮길 기회를 엿보고 있지만 미국을 비롯한 전 세계 평화 애호국들의 견제에 걸려 있는 상태다. 무라야마 담화란 1995년 8월 15일 태평양전쟁 종전 50주년을 기해 당시 일본 총리 무라야마 도미이치村山富市가 일본이 저지른 침략전쟁의 책임을 명확히 밝히고, 일본의 침략과 식민 지배를 공식 사죄한 발표문이다. 오죽 답답했으면 1995년 담화 발표의 당사자인 무라야마 전 일본 수상이 "침략이란 일본군대가 남의 나라에 쳐들어가 국토를 뺏는 행위가 바로 침략이다"라고 일침을 놓았겠는가.

　또한 아베는 2007년 제1차 아베 내각 때, 그리고 2013년 제2차 수상 취임 후 의회 증언에서 "협의俠義의 위안부 강제동원이란, 관헌이 직접 집안으로 쳐들어가 납치하는 식으로 연행한 행위"라고 정의를 한 다음, "그와 같이 관헌이 납치하는 위안부 강제동원 자료는 없었다"고 증언하였다. 일본국은 위안부 강제동원에 직접 관여하지 않았다는 궤변이다.

청부 살인 사건에서는 하수인뿐만 아니라 살인을 명령하였거나 교사教唆한 사람도 중벌에 처해진다는 것이 누구나 숙지하는 법리 상식이다. 도시·농촌을 막론하고 조선 도처에서 위안부·정신대원 등을 관헌이 납치하는 장면을 녹화한 기록이 없다하더라도 실제 납치당한 당사자나, 필자를 포함한 목격자가 수십만~수백만 명이 있었다. 70년 가까이 된 지금에 와서 직접증거를 대라고 오리발을 내미니 기가 차기에 앞서 분노·혐오감이 앞을 가린다.

백보 양보하여, 일본은 관헌 대신 그들이 내세운 모집 대행업자의 죄과로 돌리며, 일본 관헌의 직접 납치는 없었다고 발뺌하려 드는데, 그렇다고 일본의 죄과가 사라지거나 감면되는 것은 결코 아니다. 설사 업자한테 시켰다 해도, 제3자를 통한 살인교사죄에 못지않은 중대 범죄에 해당된다. 생명보다 더 소중한 수만 명 조선 처녀의 순결을 앗아간 일제의 위안부 죄과는 그렇게 쉽게 소멸될 수는 없다.

일국의 수상이라는 자가 얼굴에 철판을 깔고 거짓말을 예사로 지껄이는 모양보다 더 흉측한 모습은 없을 것이다. 최근(2013. 6. 10) 아이러니하게도 일본 내부에서 아베 수상의 거짓말이 폭로되었다. 일본공산당은 우익 정권에 대해 거리낄 일이 없었던 모양이다. 아베 수상은 2007년 3월 제1차 아베 내각 참의원 질의 답변 당시, 일본군 위안부강제납치사건이 실지 발생하였던 사실을 기록한 자료의 존재를, 1993년 고노河野 위안부사죄담화 발표 시부터 이미 잘 알고 있었음이 밝혀진 것이다. 다시 말해 아베는 강제동원 자료가 발견된 것이 없다고 거짓 증언을 하였다는 것이다.

수마랑Semarang 사건이란 1944년 인도네시아 자바 섬에 설치한 적국인敵國人수용소에서 일본군이 네덜란드 여성들을 강제로 납치하여 항구 도시 수마랑 일본군위안소에 억류하고 성노예로 농락한 사건이다. 종전 후 일본군 범법자들은 인도네시아 바타비아 군사법정에서 전범戰犯으로 엄중한 단죄를 받게 된다. 그러한 수마랑 위안부사건 자료의 존재야말로 아베가 주장하는 일본 관헌에 의한 '협의狹義의 강제 납치론'에 합치되는 엄연한 입증 자료인 것이다(참조: 『일제강점기 진실의 문』16쪽). .

참고로 당시 일본군 점령하의 자바 섬에는 일본군 위안소가 도처에 널려 있었는데, 그 중에는 멀리 조선에서 강제로 끌려온 조선 여성 상당수가 성노예로 고역을 당하고 있었다. 가령 매춘이 그들의 목적이었다면 조선·만주·일본 현지에서도 위안부 수요가 넘쳐 공급이 턱없이 딸릴 때였다. 강제적 납치 동원이 아니고서는 치열한 전시에 생명의 위협을 무릅쓰고 조선 여성이 수만리 태평양 남단까지 스스로 찾아온다는 것은 있을 수 없는 일이다.

이와 같은 '위안부 강제동원설을 부정하는 아베 수상의 의회 증언'을 일본 매스컴이 위증으로 밝힌 **"위안부 강제 연행 문건 - 고노담화 때 이미 확보 - 아베 정부, 알고도 은폐"** 표제의 기사 (2013. 6. 24 중앙일보 서승욱 특파원)내용을 인용한다.

'일본 공산당 아카미네赤嶺政賢 중의원 의원은 "위안부가 강제로 동원된 사실을 구체적이며 직접적으로 드러내는 바타비아 군법회의 자료가 있었음에도 2007년 아베의 답변서에서는 이런 강제연행 자료의 존재를 부인했느냐"고 아베 수상에게 힐문詰問한 것이었다. 이에 대해 최근 아베 내각으로부터 제출받은 답변서에서 '그러한 존재를 알고 있었다는 사실이 확인·인정 됐다'고 공산당 홈페이지에 공개한 것이다.'

이상은 근래 우리가 겪은 일본의 파렴치한 가치관 표출의 한 예에 불과하다. 과거 1000여 년에 걸쳐 일본이 저지른 수많은 역사 날조·왜곡 사건을 잠시 되새겨 보자.

동양 3국 중 일본의 역사 기록은 일천日淺한 것이 특색이라 하겠다. 자체적인 기록은 불과 1300년 전에 편저한 『일본서기』가 유일하다. 현 시점에서 인구 면이나 국력을 감안한다면 조선과 중국의 2~3천 년 이상의 유구한 역사기록에 비해 일본의 역사는 턱없이 짧고 빈약하다. 특히 일본의 고대사는 허술하기가 이를 데 없다. 동양적, 아니 일본식 사고방식으로는 자존심에 걸리는 모양이다. 한마디로 일본역사서의 국제관계 기술은 고금을 막론하고 왜곡, 날조, 과장으로 점철되었다고 하여도 과언이 아니다.

앞서 상세히 비판한 바와 같이 『일본서기』의 조선관계 기술은 황당무계한 공상 소설이나 다름없다. 사실적인 기술은 한 마디도 없다. 즉 터무니없는 허위 사실을 만들어 놓은 것이다. 예컨대 일본의 역사교과서는 총 인구가 60만 명 안팎이던 야오이 시대 말기(4세기)에 강력한 야마도 정권이 성립되었을 것이라는 근거 없는 추정을 하고 있다. 또한 100여 개의 미약한 소국들이 난립해 아옹다옹 다투던 시기인 서기200년대에 '신공황후라는 무당이 삼한정벌을 해서 조선 남단에 거점을 확보하고 고구려와 맞대결하였다' 는 등의 공상 소설에 버금가는 허황된 이야기를 『일본서기』에 빗대어 가상적 기술로 학생들을 호도하고 있다.

작금 그것이 생판 허위 날조로 밝혀졌음에도 일본 사학계는 나 몰라라 하고 도리어 한술 더 떠, 그 시대를 3세기 초에서 임의로 4세기 후반으로 옮겨 마치 그것이 진실인양 국사교과서에 기정사실로 기술하고 있는 실정이다. 허위 날조된 『일본서기』는 절대 불가침인 것이다.

고대사는 차치하고 불과 70년 전 20세기 과학 시대에 들어서

서도 일제가 저지른 죄과에 대한 현 일본 정부의 인식은 황당하기가 이를 데 없다. 강점기에 일제에 의한 조선에서의 모든 수탈 행위가 근래 점차 부정되고 아전인수 격의 합리화가 진행되고 있다. 위안부·정신대·징용·징집 등의 강제동원도, 미곡·문화재·지하자원·노동력의 수탈도 없었다는 것이다. 심지어 3·1 운동, 관동 지진 조선인 대학살 사건조차도 사죄나 반성은커녕 내용을 왜곡·날조하여 불법이 아니었다는 것이다. 뿐만 아니라 일제는 조선인의 중·고등 교육을 극도로 억압하여 근대화를 막고 방해하였으며, 35년간의 식민지 억압 통치 끝에 조선을 세계 최빈국으로 몰락시켜 놓았다. 그러고서도 일제 강점기에 조선을 근대화시켰다는 주장이다.

일제가 원자탄 세례를 받고 쫓겨난 1945년 8월 15일 기준, 전체 조선인 중학생수는 10만 명 미만, 전문·대학생 수는 5천 명에도 미달하였다. 해방된 조선은 일제 강점기 시정施政 기간과 동일한 35년 후인 1980년도에 남한에서만도 중·고등학생 수는 40배가 넘는 400만 명 이상, 전문·대학생은 100배가 넘는 54만여 명으로 늘어났다. 그리고 물가 상승률이 미미하였던 달러 화폐 기준으로 한국의 1인당 GNP는 $50에서, 같은 기간인 35년 동안 $1,598로 30여 배가 늘어났다. 세계최빈국에서 벗어났을 뿐만 아니라 전 세계가 경탄하는 한강의 기적을 이룩한 것이다. 더 이상 무슨 부언이 필요하겠는가.

고대나 근대를 막론하고 일본의 역사 왜곡에는 외줄기로 이어진 전형이 있다. **일개 집권자가 백지에다 하나의 가설을 기술한다.** 후대에 가서 그 가설의 진위는 가리지 않고 자가당착에 빠져 이것저것 살을 붙여가며 합리화 작업에 집중한다. 설사 허위나 거짓이 드러나더라도 감히 시정은 엄두를 못 내고, 진중珍重한 역사 자료라고 에워싸며 불가침의 기정사실로 고착시켜버린다. 그 대표적인 사례가 고대의 '신공황후 삼한정벌설'과 '임나일본부설'이며, 또한 근래의 조선 식민지기에 대한 터무니없는 역사 왜곡이다. 전 세계의 빗발치는 비난도 아랑곳하지 않고 침략도 수탈도 시점視點에 따른 해석 나름이라는 막무가내莫無可奈식이다. 일본은 600만 명의 무고한 사상자와 치욕적인 패전을 맛본 지 불과 70년이 채 안 된다. 일본 극우의 유아독존식 사고방식이 언제까지 이어질지, 끝내 벗어나지 못하고 자멸의 수렁에서 허우적댈 모습이 가련할 따름이다. 아베 총리를 비롯한 일본의 극우 국수주의자國粹主義者들은 그 과보果報가 언젠가 그들에게 철퇴로 돌아온다는 세상의 섭리를 명심해야 할 것이다.

일본이 국가적 차원에서 저지른 중대 범죄를 뼈저리게 뉘우치고, 진심으로 사죄하고, 적어도 미국 의회 위안부결의안 수준의 보편타당성에 어울리는 배상을 실행에 옮기지 않는 한, 앞으로 기약 없는 시공에 걸쳐 한국인과 중국인 그리고 기타 일제에 의한 피침략국가들의 정신적인 성전聖戰 위협에서 영영 벗어나지 못할 것이다.